晏婴传

治国与修身

南门太守 著

中国出版集团 现代出版社

图书在版编目（CIP）数据

治国与修身：晏婴传 / 南门太守著 . — 北京：现代出版社，2023.5

ISBN 978-7-5231-0137-7

Ⅰ . ①治… Ⅱ . ①南… Ⅲ . ①晏婴（？– 前 500）—传记 Ⅳ . ① K827=25

中国国家版本馆 CIP 数据核字（2023）第 027578 号

治国与修身：晏婴传

作　　者	南门太守
责任编辑	王志标
出版发行	现代出版社
社　　址	北京市安定门外安华里 504 号
邮政编码	100011
电　　话	010-64267325　64245264（传真）
网　　址	www.1980xd.com
印　　制	北京飞帆印刷有限公司
开　　本	710mm×1000mm　1/16
印　　张	16.25
字　　数	281 千字
版　　次	2023 年 5 月第 1 版　2023 年 5 月第 1 次印刷
书　　号	ISBN 978-7-5231-0137-7
定　　价	48.00 元

序言：治国的典范，修身的楷模

司马迁愿意为其执鞭，诸葛亮视其为人生楷模；他是弱邦里走出的"大相国"，几乎凭一己之力支撑起一个国家；他是春秋时期最著名的外交家之一，凭借智慧与勇气维护了国家的地位和君主的尊严；他是思想的先驱，是孔子、孟子、曾子、墨子的前辈；他不是天才，七十三岁才当上国相；他反对迷信，反对苛政，关心人民，是较早提出民本思想的政治家之一；他拒绝豪宅、拒绝封邑、拒绝美女，不贪图物质享受；他不是美男子，却让美男子们惭愧。

他，就是晏婴，春秋时期齐国的重臣。

晏婴，字仲，谥平，世称晏平仲，史称晏子，春秋时期齐国夷维（今山东省高密市）人，齐国上大夫晏弱之子。齐灵公二十六年（前556）晏弱病死，晏婴继任上大夫。之后，晏婴历事齐灵公、齐庄公、齐景公三位国君，于齐景公四十八年（前500）去世。在五十多年的政坛生涯中，晏婴始终将"社稷之臣"作为自己的目标，与历史上那些靠着奉承君王以及施展权谋手段而成为政坛"不倒翁"的人相比，晏婴始终有自己的为官原则和为政追求，始终保持着独立的思想与品格。孔子多次称赞晏婴，曾感叹："古之善为人臣者，声名归之君，祸灾归之身。入则切磋其君之不善，出则高誉其君之德义。是以虽事惰君，能使垂衣裳，朝诸侯，不敢伐其功。当此道者，其晏子是耶。"还说："救民百姓而不夸，行补三君而不有，晏子果君子也。"司马迁十分仰慕晏婴，甚至感慨道："假令晏子而在，余虽为之执鞭，所忻慕焉。"

春秋时期齐国出了两位著名的国相，还有一个是比晏婴早约一百年的管仲，《史记》认为他们二人齐名，于是合为一传。虽然管仲在后世的名气更大些，但晏婴也很了不起。在管仲生活的时代，齐国是一流的大国，而到晏婴时齐国已沦为随时会被周边强国吞并的小国，权臣分治，国君手中无权，或立或废听从权臣，其他不向权臣低头的要么被杀头，要么走人。晏婴没有低头，也没有走，他个子虽矮，本事却很大，靠着智慧和忠诚帮助国君夺回实权，正君道，修礼仪，维护了国君的尊严。

作为政治家，晏婴以民为本，以德治国，不信天命鬼神，省刑罚，薄赋税，强公室，抑私门，举贤用才，使齐国由松散衰落走向富强；作为外交家，晏婴为维护和改善齐国的生存环境，外合诸侯，反对侵略，维护了国家发展的良好环境，在他辅政的数十年间齐国得以重拾昔日大国的尊严；作为思想家，晏婴出生和成名早于孔子、孟子、曾子、墨子，他的哲学思想和政治实践对儒、墨等思想的形成产生了巨大影响。

晏婴还是修身的楷模，留下了许多关于加强个人修养方面的故事和论述。对于如何加强个人修养，晏婴提出了很多真知灼见，他自己也身体力行。晏婴一生勤政廉政，留下许多动人的廉政故事。在性格上，晏婴外柔内刚、刚柔兼济、以柔克刚，遇事能审时度势、因势利导，退能明哲保身，进则辅君佐政，赢得历史上无数名人的赞誉，人们纷纷将他视为人生的榜样。

提起晏婴，人们印象深刻的还有他敢于直言进谏的精神。春秋时期正处在奴隶制向封建制度过渡时期，君主拥有生杀予夺的绝对权威，臣下处于无条件服从的地位。在这种情况下，臣下反对君主的决策、匡正君主的过失需要有足够的勇气，即使所进之言利国利民，但不合君主之意就会给自己惹来麻烦甚至祸事，被贬官夺禄乃至杀头的大有人在。晏婴一心为国为民，每当看到君主不行仁政、言行有所偏差时便不吐不快，不顾个人得失，敢于进谏。《晏子春秋》是记载晏婴思想和言行的专著，共八篇二百一十五章，其中有二百一十二章涉及谏言，可谓"谏言之书"，这是《晏子春秋》与同时期其他古籍不一样的地方。

唐太宗在位时，魏徵也敢于进谏，魏徵由此成为古代谏臣的代表。与魏徵不同的是，晏婴生活的环境更为复杂和险恶，进谏的风险更大。晏婴辅佐的第一位国君齐景公是在齐国权臣崔杼弑杀齐庄公的刀光剑影中即位的，那个时候齐国政局异常混乱，权臣们的势力越来越强，除崔氏外还有国氏、高氏、庆氏、栾氏、施氏、田氏等，这些新老贵族之间、贵族与国君之间围绕权力和财富展开了尖锐斗争。晏婴如果为个人及家族利益打算，只能选择明哲保身，在权臣、国君之间曲意逢迎，因为得罪任何一方都随时会为他惹来杀身之祸。但晏婴的心中装着国家和人民，这让他充满勇气。无论国君还是权臣，晏婴都能指出他们的不足与错误，从不回避问题，也从不计较直谏可能会带来的后果。

晏婴不仅勇于进谏，还善于进谏。从《晏子春秋》记载的大量进谏事例看，晏婴在君主面前并非一味强言直谏，而是能在不同的时间、地点下，根据事件涉及当事人的情况，分别采取不同的方式来提出自己的意见，有时据理力争，有时委婉规劝，有时加以讽刺，有时以情动人，使被进谏者乐于接受，这是晏婴的高明之处。

晏婴的一生可谓多姿多彩，对后世的影响也可谓深远。然而，关于晏婴的史料较稀少和零散，《史记》虽然为其立传，但不足四百字，这使得晏婴在人们心目中的形象并不清晰和完整，在遵循史实基础上记述晏婴生平的大型作品也较为少见。笔者认真研究了《左传》《礼记》《墨子》《史记》等先秦著作中关于晏婴的记载，勾画出晏婴的生平轨迹，吸收《晏子春秋》一书对晏婴言行事迹的描写，以时间为经，以事件为纬，用文学的笔法丰富晏婴的生平。

本书严格依据正史而写，同时广泛吸收了前人的研究成果。《晏子春秋》一书中所记载的故事多数没有交代发生的具体时间，有的还存在重复记述、前后不统一等现象，需要加以梳理和分析，以期与史书记载相互印证。本书坚持的原则是，有明确时间记载的以史书记载为准，没有明确时间记载的以合理推理为参照，从而串联起晏婴一生完整的轨迹。在人物内心世界探究方面本书也力求有所创造，使人物形象更加丰满、更加可信可读。

然而，限于第一手史料的有限，也限于作者水平的有限，书中难免有错漏或其他不足之处，还望读者朋友予以指正。

南门太守

目录 / Contents

第一章

东夷之子

第一节　世间无管仲

面朝大海，春暖花开。

这不是现代诗人的理想，这是齐国青年晏婴的生活。

齐灵公十年（前572）春天里的一个下午，二十五岁的晏婴独自在海边散步。这是一片北方的海，在齐国东北部一个叫鄑的地方，归邶殿县管辖，位于今山东省昌邑县以北。潍水和胶莱河虽然日夜不息地冲积出大片土地，但莱州湾的海岸线还要在今天的位置上向内陆缩进数十里。

晏婴的父亲晏弱是齐国大夫，也是齐灵公身边的重臣之一。作为贵族子弟，晏婴本应该生活在繁华的都城临淄，享受着锦衣玉食，但他来到了这个别人眼中的蛮荒之地，过起了几乎与世隔绝的生活。

在齐国的贵族子弟中晏婴有两处与众不同：一个是学习勤奋，脑子聪明，看书过目不忘，爱思考、有主见，辩才一流；另一个是长相不怎么样，个子不高，史书说他不到六尺，这个六尺不是两米，换算成今天的高度还不到一米五。学习好却长得差，在那个时候想在上层社交圈里混出名堂来还真不容易，除非背景硬、财力足。

晏婴的父亲虽然是高官，但他们的出身有点小问题，严格说来他们并不是齐国人，而是莱国人。泰山以东本只有莱国，莱国人是胶东半岛上的土著。周朝立国，封首席功臣吕望于齐地，吕望即姜太公，打下整个天下都不成问题，对付小小的土著更不在话下。在周天子的支持下，姜齐在莱人的地盘上建立了国家，并不断攻击莱国，仅姜太公在位时，征伐莱国即有七次之多，随着一次次军事行动，齐国的地盘不断扩张，莱国节节后退，如今已完全退出了他们世代生活的淄水流域，范围只限于淳于、夷维以东的胶东半岛。

晏婴的祖籍是莱国夷维，孔子后来称他为"东夷之子"。据《孔子家语·曲礼子夏问第四十三》记载：

子贡问曰："闻诸晏子，少连、大连善居丧，其有异称乎？"孔子曰："父母之丧，三日不怠，三月不解（懈），期悲哀，三年忧，东夷之子，达于礼者也。"

夷维属今山东省高密市，除了晏婴，这里在汉代出过郑玄，清代出过刘墉，当代出了个莫言，可见是人杰地灵之地。晏氏一族何时离开莱国到齐国效力的不太清楚，但至少可以追溯到百年前，当时齐国处在最鼎盛辉煌的齐桓公时期，晏氏的先祖已经在齐国当大夫了。

莱国、齐国互为敌人，但这是两个不对称的对手。在齐桓公时期，齐国在诸侯中首先称霸，成为天下一流的大国，莱国连三流国家都算不上，自然无法对抗，最后只能成为齐国的附庸国。

沦为附庸，就是二等公民，即使靠自身努力跻身上层，也会被人瞧不起。晏氏数代仕齐，在政治上的作为有限，既比不上国、高、栾、施等老贵族，也与崔、田、庆等新贵族没法比。

但是，作为晏氏家族的嫡长子，晏婴的前途还不成问题，他想谋取一官半职是轻而易举的事。可是，晏婴对仕途似乎没有兴趣。就在去年，晏婴不顾父亲和一些朋友的反对来到这里，在海边筑起简陋的住所，过起了避世隐居的生活。

逃避往往出于挫折，在某种打击之下突然心灰意懒，或者看透或者看不透，都没了继续看下去的兴趣和勇气，所以躲了起来。晏婴没有遭受过这样的打击，他其实过得挺好，由于勤奋好学又天赋过人，他在临淄的公子圈里还挺有名气，大家都认为他有学问、有思想，谁也不敢小瞧他。

晏婴虽然长得丑，却也没有失落于爱情，他娶了一位美丽的妻子，史籍中没有记载他妻子的姓名，二人感情很好，晏婴决定隐居于海滨，妻子全力支持，陪他来到了这里。

晏婴的避世来自对现实的失望。晏婴曾专门研究过齐桓盛世，对齐桓公开创的霸业十分仰慕，最钦佩的人自然是管仲。当年齐桓公与管仲君臣二人亲密无间，在齐国推行了一系列革新，创造了一个强大的国家，九次作为盟主会盟诸侯，成为天下第一个霸主。晏婴的内心其实有着强烈的进取心，他渴望成为管仲那样的人。

晏婴不缺乏管仲的才华，但他缺少管仲那样的机会，或者说他缺少一个齐桓公。齐桓公称霸后齐国又经历了八位国君，他们一个比一个差，齐国国力衰退，而晋、楚、吴等国先后崛起，齐国虽然还硬撑着一流大国的面子，事实上已沦为二流国家。

目前在位的齐灵公，名吕环，继位以来由于实力不足只得尊晋国为霸主，但心又不甘，不断有小动作。比如，多次攻打晋国的盟友鲁国，但齐国国势已颓，一次次拼命用狠换来的只是自取其辱。

在晏婴看来，齐国大国地位的丧失来自内政的衰败，齐国不仅有世卿还有新崛起的私族。世卿是老贵族，私族是新贵族，齐桓公在位时集大权于一身，新老贵族皆听命于己。齐桓公之后再无强人，世卿的力量继续壮大，几家私族也大权在握，这几大家族不仅分割了齐国的政权、军权，还通过不断扩大封邑，控制着齐国的经济。

世卿和私族为了争夺权力多次掀起内斗，内政、外交成为他们斗争的工具，而齐灵公昏聩无能，平时被一帮佞臣包围，在政治上被世卿和私族所左右，只知道一味地在他国面前逞强，其实毫无建树。

在晏婴眼中，齐国若想振兴首先要有齐桓公那样的强人出现，把权力集中起来，大刀阔斧推行革新，埋头发展经济，增强国力，到那时自然会恢复失去的大国地位。这是一个漫长的过程，需要国君的雄才和大略，还要有足够的耐心和勇气。

有齐桓公，管仲自会有。管仲随时都有，关键不在管仲，而在齐桓公。没有齐桓公，管仲永远不会有。

二十岁之前，晏婴拼命读书求学，磨砺自己，增长阅历，是因为他处处以管仲为榜样，立志成为管仲那样的人。然而，对照过去和现实，他失望地发现这些都是空想，齐国曾经的辉煌已成为不可复制的往事，现在的国君齐灵公既无雄才也无大略，甚至没有起码的胆气，他本质上是个贪图享乐的人，又是个好虚荣爱听奉承的人，嘴上整天嚷着重振先祖伟业，内心却是得过且过，希望他出面革新时弊，等于痴心妄想。

这些正是晏婴避居海滨的原因。

第二节　莱人的危机

正当晏婴一边在海边散步一边思考着自己和齐国未来的时候，一场危机悄然向莱国袭来。

这天，晏婴刚回到住所，晏婴的妻子便有些紧张地小声对他说："王舆来了。"晏婴一惊，心里涌出不祥，不由自主地顾盼一下左右，生怕妻子的话被人听去了。

晏婴来到内室，把门关上。一个三十岁左右的壮实青年出现在他面前，此人正是王舆，是晏婴在临淄读书期间结交的挚友，他也是莱国人，他的一家至今仍居住在莱国，莱共公手下的将军王湫是他的堂兄。

晏婴虽避居海滨，但信息并不闭塞，他知道最近一个时期齐国与莱国的关系骤然紧张。前几天，连齐国东北边境的这个小地方也接到告令，说要严密盘查由莱国入境的人，本地居民如果发现从莱国方向过来的人都要及时报告，知情不报或者藏匿莱国人的将被严处。

晏婴判断，上面颁下此令预示着齐国将对莱国有所动作。本来，莱国已成齐国的附庸国，地位与鲁、莒等国还不同，对外不具备独立性，齐国没有必要再去攻打它，但外面纷纷传言，齐灵公已发下话来，要用一个月时间灭掉莱国。王舆的话印证了这个传言，据王舆说，他们得到确切消息，齐灵公近期已做出部署，将派重兵讨伐莱国，莱国将面临一场浩劫。

王舆激动地说："莱国为避让齐国，已退出淄水，又退出潍水，再退就是大海了。齐国欺人太甚，咱们的莱国可不能灭亡啊！"

晏婴听后陷入沉默，想了一下说："齐国确实霸道，对外用兵打了败仗，对内又恃强用武，再这样下去也有亡国之忧。只是，现在的情况下齐国军力数倍于莱国，莱国虽仁义，却无法保全自己，硬拼肯定不行。可否建议莱公派使臣去谈判，对方无论开出什么条件都答应下来。只要莱国不亡，其他的慢慢儿再说。"

王舆苦笑道："你的想法固然好，但行不通啊，齐侯根本不跟莱国谈，在他眼里莱国不是一个国家，没有谈判的资格。"

"那就投降吧，硬拼是无谓的牺牲，投降至少能少死一些人。"

"你怎么能说出这样的话？我们是不会投降的，从莱公到莱国每一个人都将誓死保卫国家，血战到底！我莱国当年地方三千里，东至泰山，西到大海，为避让齐人，一步步后退。为了不亡国，我们已经让出了所有底线，可齐人贪得无厌，得寸进尺，莱国上下已群情激愤，即使莱公和王将军肯再让，莱国的百姓也不会答应啊！"

"是啊，你说得也对。"

王舆的话激起了晏婴心中的共鸣，他虽然出生在临淄，不像王舆那样对莱国有着强烈的热爱，但他这个东夷之子始终对莱国也有一份本能的牵挂。生活在齐国，晏婴从不以二等公民的身份觉得耻辱，相反，在内心里他始终站在莱国一边。

"晏子，还记得咱们吟过的那首诗吗？"

"当然记得。"晏婴深情地吟道，"东方之日兮，彼姝者子，在我室兮。在我室兮，履我即兮。东方之月兮，彼姝者子，在我闼兮。在我闼兮，履我发兮。"

"东方之日，东方之月。只要吟起这首诗，天下谁人不知道是我莱国？如果莱国灭亡了，这首诗还会有人再吟起吗？"

"这大概是命吧，人有命，国亦如此！"

"可我们还想努力争取，这正是我此行的目的。"

"哦，难道我能帮上莱国？"

"你能，一定能！你知道这次齐侯派的征莱主将是哪一位吗？"

"不知道，确实没有听说。"

"是你的父亲。"

"啊？"晏婴大吃一惊，"你们不会弄错吧？齐侯手下有好几位现成的将军，怎么会派一名大夫领兵？更何况他还是莱国人，你们一定是弄错了！"

"是真的，这个消息千真万确，齐侯的命令再过几天就会下达，所以我才来找你，希望你能做做你父亲的工作。止干戈，救莱国！"

晏婴在海滨的住所不大，留王舆在此很危险，王舆另有安全的地方，晏婴让他先不要离开鄙。晏婴答应王舆，如果真是父亲晏弱领兵，他不会坐视不管，将马上回临淄说服父亲，尽可能避免这场战争。

可是，王舆走后晏婴马上后悔起来。

不是他不想帮莱国，而是这根本不可能。晏婴知道父亲的脾气，对国君忠心耿耿，只要是国君的命令，他都严格执行，让他违命或者去说服国君，他肯定不干。而且，父亲只是一名大夫，即使肯干也没有能力改变这一切。只要齐侯有攻打莱国的决心，这一切都无法挽回。

齐国政坛复杂微妙，世卿和私族表面逢迎奉承齐侯，但心里只相信实力，在他们的一张张笑脸下拼命蚕食着齐侯的权力。晏氏是外来户，既非世卿也算不上私族，仅靠祖上的封邑和对齐侯的效忠是远远不够的，还必须投靠他们寻找靠山，而父亲一向厌于与他们为伍，只对齐侯效忠，所以在齐国政坛的地位并不稳固。

晏婴想，派父亲领兵攻打莱国的主意没准就是一个陷阱。新老贵族明知晏氏出自莱国又故意让父亲领兵，胜与败都不是晏氏一族的光荣。父亲接到这样的命令一定也陷入深深的痛苦中，这时候再去找他，岂不让父亲更无奈？晏婴实在想不出更好的办法，他觉得以自己的智慧难以破解当前的难题，除非有高人指点。

想到高人，晏婴突然灵机一动：眼前不就有这样的高人嘛，何不向他请教？

这位高人名叫越俟，四十多岁。据说祖上是鲁国贵族，不知什么原因到了齐国，又来到海滨隐居，他平时以授徒为业，弟子不多，只有十来个人，但个个都有很高的才学。晏婴来到海滨后，听说越俟先生的名气，亲自前往拜望，倾谈之下，二人成为知己。

周王朝鼎盛时学在官府，学校教育和一切学术文化被官家垄断，只有贵族才有受教育的权利，所谓"官教不分""政教不分""礼不下庶人"。随着周王室的衰微，社会不断变革，政治权力频繁转换，对新型人才及文化教育的需求十分强烈，私学开始兴盛起来。

和普通开馆授徒的私学不同，越俟知识面很宽，眼界开阔，他教授给弟子的不限于学术文化，还有农学、兵学乃至医学等实用技能。越俟先生还经常派弟子前往各处经商，一方面为了赚钱，支撑师徒们的学业；另一方面是为了收集各地信息，所以他对于时局一向分析得很准确，见解独到，晏婴每次与他交谈都觉得很有收获。

次日，晏婴只身来到越侯先生的私馆，说出自己的难题，希望越侯先生给予指点。

越侯先生说："我刚好有个弟子从临淄回来，昨天我们还在谈论这件事。齐侯突然想起攻打莱国，是有原因的。"

"愿闻其详。"

"两年前晋国发生了内乱，晋公到大夫匠骊氏家里玩，权臣栾书、中行偃带领徒众突然袭击晋公，将他囚禁并杀害，又派人到周京迎回公子姬周，拥立为君，是为新晋公。"

"这个我知道。"

"咱们的齐侯看到这种情况，认为晋国遇到麻烦，顾头顾不了尾，所以对这个霸主也不那么恭敬了。新晋公继位后，召集诸侯到彭城会盟，齐侯借故没有去，一下子惹恼了晋国。这个新晋公姬周是一个年轻有为的国君，继位后立即追查前晋公遇害的事，借此驱逐了七位权臣，之后任贤举能，减刑省赋，晋国实力未减反升，齐侯判断错了。"

"姬周这样的，才是英明之主啊！"

"新晋公为在诸侯间立威，决定惩罚齐国。别看齐侯对外调门很高，一向不把晋国放在眼里，但真要拼两国实力，齐国还远逊一筹。更何况晋国并非独自作战，他们发动了鲁、卫、莒等国组成盟军对付齐国，这些都是齐国平时经常欺负的国家。齐国打了败仗，向晋国承认错误，晋国开始不肯撤兵，齐侯最后答应把太子吕光送到晋国作人质，齐国才退兵。"

"丧权辱国，让诸侯耻笑！"

"是自取其辱。齐侯跟前缺乏像晏子你这样的明白人，没人提醒，所以战略上屡屡失误。他又要面子，吃了亏不肯承认，想通过攻打莱国找回些面子。"

"这是什么道理啊？莱国东面是大海，西面只与齐国相邻，齐国可以完全封闭莱国，诸侯想与之联盟也不可能，何况莱国已成齐国的附庸之国，又不是鲁国、莒国，灭不灭它只是形式，大动干戈，必然生灵涂炭，而齐国也未必能额外得到什么！"

"所以，这件事在齐国卿大夫们中也有争论，意见并不一致。国、高二氏反对，田氏没有表态，在鼓吹和赞成的人中，大夫崔杼不如寺人夙沙卫更积极。你也知道，夙沙卫是个阉人，受宠于齐侯，此人胸无大志，眼里不可能有国家利益，他做事只看自己能得到什么。听人说夙沙卫一直垂涎莱国，一是莱国出美女；二是莱国出好马、肥牛。"

"先生是说，可以从凤沙卫身上找到突破口？"

"正是。可以让莱公派人暗中联络凤沙卫，满足他开出的所有条件，让凤沙卫劝齐侯止兵。如何说动凤沙卫，我想莱公会有办法的。"

"听先生一番话让人茅塞顿开啊，我马上就转告他们。"

第三节　灭莱

齐灵公十一年（前 571）春，莱国向齐灵公的宠臣夙沙卫秘密献上一百头牛和一百匹马。夙沙卫履行诺言，劝齐灵公终止了对莱国即将发起的军事打击。

听到消息，晏婴如释重负，他向越僾先生表达感谢。越僾先生却忧心忡忡："莱国暂时躲过一劫，可躲过此时躲不过彼时啊！"晏婴心中也一沉，按照齐侯的个性，莱国就是他嘴边的一块肉，不吞下去他肯定不会善罢甘休的。想到这里，晏婴决定回临淄。

临淄城西南角有鹿门，鹿门内不远处就是晏氏的府邸，晏婴的父亲晏弱平时忙于公事，经常不在家。晏弱是政务官出身，办事认真，忠于职守，为人小心翼翼，这样的人一般都很累。

晏婴以前专心读书做学问，对官场上的事兴趣不大，父子之间缺少共同语言，也很少坐下来聊天。不过，晏弱发现儿子这一趟回来后，愿意主动跟他聊天了。

一天，晏婴从父亲口中得知，齐灵公突然召见莱国国君莱共公。

晏婴问父亲："会不会是一个阴谋？"

晏弱说："有可能，主君早就想吞并莱国，莱共公敢来，恐怕就回不去了。"

"齐侯是想把莱公扣为人质，之后要挟莱国投降？"

"我看是这样的。"

"如此显而易见，莱公岂敢赴约？"

"问题就在这里。莱公如果不肯来，又将惹恼齐侯，齐侯是多么要面子的人，怎肯罢休？莱国上一次侥幸躲过一场兵事，这一回想躲就难了。"

果然，莱公拒绝前来，齐侯下令再向莱国发兵，仍以晏弱为将。晏婴从父亲那里首先听到了这个消息，第一个念头是想把这个消息设法传给王舆，让莱国早有准备，同时设法做父亲的工作，看看这件事还有没有回转的余地。

但接着一想，晏婴又打消了这个念头。莱国有自己的消息来源，想必他送出去的消息还没有到，那边就已经知道了。而做父亲的工作，也几乎没有任何效果。

可晏婴还想为莱国做点儿什么，他对父亲说："伐莱事大，弄不好齐国将有覆国之忧，我有伐莱之策，想当面呈予齐侯。"

齐宫位于临淄城的正中心，自西周初年姜氏封齐开始，齐国便在此筑城建宫，经过数百年经营，齐宫规模已经很大，高墙深池，宫室连绵，不输周京。

齐宫里有青室，齐灵公在此召见了晏婴。

齐灵公已继位十一年，尽管他有重振霸业的雄心，在对外关系方面也很活跃，但不知是因为策略失当还是齐国国力确实远非昔比，所以业绩乏善可陈。齐灵公之前听说过晏大夫家的这个儿子挺有才华，不过还听说这个年轻人有点孤傲，只做学问不愿意出来做官，所以对他的印象并不好。若不是晏弱主动请求，齐灵公实在懒得搭理这个年轻人。

齐灵公道："听说你有伐莱的见解，请告诉我。不过，要简明扼要，我一会儿还要接见鲁国使臣。"

晏婴道："好。我从邶殿来，那里与莱国相接，平时有不少莱人往来贸易，我从他们那里听到一些关于莱国的消息，所以不敢不陈。"

齐灵公有了兴趣："请讲来听听。"

"我与莱人接触，发现他们保家卫国的意识特别强烈，他们说莱国早在殷商之际便已在此建国，世世代代栖居淄水、潍水，土地广阔，草场肥美，他们宁死也不会再放弃。"

"那又怎样？"齐灵公冷冷地说。

"我觉得这很可怕。莱人性情温顺，过去不治兵戎，所以屡战屡败，人们一直认为莱人不善战，容易征服，但我与他们接触，知道这是误解。莱人性格其实很倔强，一再忍让是因为他们还没有被逼到最后，如果被逼急，一定会拼死而战。到那时，齐国虽胜也是惨胜，反而会因为伐莱而国力大减，晋、鲁各国如果乘虚而入，岂非得不偿失？"

"照你这么说，莱国就不打了？"

"不是，要打，只是用什么办法打。愚以为不能硬打，不能与莱国互相消耗，既灭莱，又不至于让齐国国力受损。"

"说说你的办法。"

"莱人退居潍水以东后，收入主要来自牧场、铁矿和盐业，农业并不发达，粮食是他们的薄弱之处。莱人富有，是因为用牛马、铁和盐与内地做贸易，除我齐国外，鲁、莒、宋、卫等国也是他们贸易的对象。如果断其贸易之路，莱人将不攻自破，到时候他们要么主动请降，要么失去战斗力，不堪一战。"

"这个办法虽然好，但怎样才能做到呢？齐、莱交界处有几百里，怎么能做到不让他们出来贸易？"

"这一点不难。齐、莱虽有几百里边境，但要害处在东阳，东阳以南有穆陵关，东阳以北有弥河，控制东阳就可以对莱人实施锁国。国君可以下令在东阳筑城，由北向南，用城墙建立一道封锁线，让莱人插翅难过。"

"好！寡人也头疼跟莱人拼个鱼死网破，你的这个办法解了寡人之忧，我这就下令，在东阳筑城！"

"国君，这个办法虽好但必须慢慢来，不能急于求成，一旦决定筑城就不可动摇，也许几个月，也许几年，都不可改变主意，否则前面所做的都白费了。要耐心等待，等到莱人不战而降的那一天。"

晏婴所献的这一策是经过深思熟虑的，他知道莱国现在不会投降，兵事一起，一定是一场巨大杀戮。筑城东阳，暂时可以避免这场杀戮。封锁莱国后，莱国将面临一些困境，晏婴期望的是莱人知难而退，到那时主动投降。

齐灵公十一年（前571）夏，齐国大夫晏弱率兵进驻齐莱交界处的东阳，在此沿南北走向修筑起一道很长的城墙，用以封锁莱国。

在莱共公和将军王湫的率领下，莱人坚持不降，但由于实力悬殊，也没有实施反击，而是被严严实实地封锁在胶东半岛东部。

莱人的反抗意志大大出乎晏婴的预料，这场围攻战一直持续了近四年，到齐灵公十五年（前567），莱人才坚持不下去，守卫边境的部队大量减少。晏弱率齐军向前推进，一路上没有遇到多少反抗。到莱国国都时，莱国将军王湫等人组织起一定的反击，但规模并不大。连年封锁让莱国国力大减，尤其是缺少粮食，让士兵们普遍没有战斗力。齐军没费多大力气就占领了莱国国都，莱共公逃往棠邑，王湫逃往莒国。

后来齐兵推进到棠邑，抓住了莱共公。此时莱国已尽入齐人之手，投不投降已无实际意义，但这个小国之君仍然保持了气节，坚决不降，齐灵公下令把他杀了。

第四节　接班当大夫

灭掉附庸莱国，于齐国而言实无必要，在各诸侯国眼中也只能证明齐国的蛮横和愚蠢。

但是，对有的人来说这是一个发大财的机会。莱国虽弱，土地却不少，齐灵公下令对莱国的土地进行重新划定和分配，这项肥差当然落不到晏弱头上，齐灵公交给了高厚和崔杼去办。

齐国贵族可分为二等六级，二等指公卿和大夫。公卿又分三级：最上者是齐公，中间是世卿，下面是卿；大夫也分三级：上大夫、中大夫和下大夫。高氏是齐国的世卿，是老牌贵族。

周天子封姜太公于齐，齐公是齐国爵位最高者，又称次周。同时，周天子还封了国氏、高氏二卿，相当于监国，即世卿，职责是辅佐和监督国君，平时有权代国君出使，特殊情况下可代国君守国，主持国政，可匡正得失，又可废君立君。再往下，是齐公任命的卿，即下卿。大夫虽然也是贵族，地位却次于下卿。

国氏、高氏两位世卿仅次于齐公，他们的地位与一般卿大夫不同。国氏目前在位者是国弱，高氏目前在位者是高厚。此次对莱国的分赃由两位世卿之一的高厚主持，但在齐灵公的心里，更相信的还是下卿崔杼。

不少人都得到了位于莱国的新封邑，而指挥灭掉莱国的晏弱反而不在其列。有人为晏弱鸣不平，但晏婴劝父亲说这样更好，对晏氏来说，亲手灭掉自己的祖国本来就是一件痛苦的事，即使没有人诟骂，内心里也会觉得不安。

除了崔杼，齐灵公目前最信任的人还有夙沙卫。崔杼在外，夙沙卫在内，二人把持着朝政，实际地位高于两位世卿。世卿高厚的人品和能力明显不如国弱，只是国氏之前牵扯进一场政治风波，国弱的父亲国武和哥哥国胜都被杀了，国弱虽然最终仍继承了国氏宗嗣，但在齐国的地位一落千丈。

齐灵公被一帮佞臣、庸臣包围，晏弱等为数不多的几个既忠诚又有能力的大夫并没有发展空间。但齐灵公感觉还挺好，尤其是灭掉莱国后，崔杼等人糊弄他，说齐国的面积扩大了一倍，在诸侯面前的地位空前提高，齐灵公听了挺高兴，认为祖先的基业在他手中实现了新的辉煌。

到了齐灵公二十三年（前559），周灵王派了一个名叫刘夏的特使巡游各诸侯国。到了齐国，给齐灵公下了一道策命，追溯了齐灵公的"伯舅太公"——姜太公辅佐周朝先王的业绩，命令齐灵公继承"伯舅太公"的遗典和优良传统，把祖先的业绩发扬光大。

想必周灵王待在洛邑闲得无聊才有此举，而刘夏手中类似的策命不知道有多少道，所以精明的诸侯恐怕只会一笑了之。但是，齐灵公却像得了个宝贝，看到策命，不禁心花怒放，内心再次萌发出取代晋国当中原霸主的念头。

隔了一年，齐灵公二十五年（前557），晋国作为霸主照例发起会盟，地点是溴梁。以前这样的会盟齐灵公心里即使不愿意也不敢不去，现在突然有了底气，决定不去，派个代表去应付一下。国弱建议派晏弱去，理由是晏弱之前执行过类似的使命，在晋国面前既能坚持原则、不辱使命，又懂得外交礼仪、维护国体。

但齐灵公不听，决定派高厚前往。

这并不是美差，晋、齐这两个新老霸主之间的关系异常微妙，诸侯会盟的场合形同战场，弄不好就会闹出外交纠纷。可高厚偏偏不注意，把事儿办砸了。

此时晋公姬周已经死了，国君是他的儿子姬彪，即晋平公。会盟中，晋平公要求各国参会的大夫们舞蹈助兴，特别强调要边舞边唱，所唱内容要与舞蹈相符。不知高厚文艺细胞缺乏还是不在乎，别人跳得都很好，唯独他跳得马马虎虎，唱的诗与舞蹈内容也不匹配，这被认为是对主盟国的大不敬。晋平公不快，要找机会收拾高厚。高厚觉察到，感到害怕，干脆来个不辞而别。

晋平公大怒，与其他诸侯国共同盟誓，要讨伐齐国。

这一切，与晏婴暂时没有关系了。

莱国被灭后，晏婴又回到海边，他不想待在临淄，除了父亲，那里没有太多的牵挂。晏婴继续在海边读书，还和芮姜种了一块地，耕读之余思考着未来，但总也理不出头绪。

晏婴与越傒先生的交往更加频繁，他们经常在一起议论时局。越傒先生的信息很灵通，除了临淄的事，其他诸侯国发生的事也大致掌握。越傒先生认为现在各国纷争，天下分成大大小小几十个叫得上名字的国家，而那些叫不出名字的就更多了。虽然有晋国和楚国这样的强国，但短期内没有人能统一天下，开辟商、周那样的王朝，这是时代的不幸，更是百姓的不幸，但又无可奈何。

按照越偘先生的看法，要缩短统一的过程就需要更强势的国家出现，这个国家可以是晋国，也可以是楚国或者吴国，是谁不重要，关键是它必须保持强盛，而不能像齐国这样先盛后衰，循环往复，如此，天下只能更乱。越偘先生说："如果有能统一天下的强国出现，天下人应该共庆之、共助之。"

晏婴同意天下因乱而后治的看法，但他认为盼望强国的出现并不现实，对各个国家来说还是应该做好自己的事，即使天下暂时难以平静，建立一个和平之域，造福一方百姓，也是一件有意义的事。

越偘先生明白晏婴的志向，劝晏婴道："你应该回到临淄，凭你的能力一定能影响齐侯，做一番对齐国有利的事。"

每听到这些，晏婴都微笑着摇头不语。

齐灵公二十六年（前 556）夏日的一天，突然有人从临淄来，晏婴看到他时不由得吃了一惊，明白家里可能出事了。

来的人还不到二十岁，名叫高纠，长得很魁实，看着很憨厚，是晏家家老高缭的儿子。家老，就是管家。

高纠是乘车前来的，看样子路上没怎么歇息，满身疲惫，见到晏婴就跪下，流着泪道："公子，快回家吧，大人快不行了……"

"啊？父亲怎么了？"

"大人春天里就有些不舒服，都说晋国要攻打齐国，大人很忙，一天几次进宫，就病了。开始强撑着，齐侯每次召他，一叫他就去，后来跑不动了，让人抬着去宫里，再到后来就倒下了。大人不让告诉您，只是最近大人情况特别不好，大家担心随时有意外，所以让我来告诉公子一声，请您赶紧回家！"

晏婴虽然不喜欢在家中住，但他是个孝子，母亲多年前就去世了，父亲已年迈，为国操劳，仍然像年轻人一样，上次回临淄他就劝过多次，想让父亲辞官，或者去晏氏的封邑之地，或者找一处僻静之所颐养天年，但父亲不听。

晏婴心急如焚，当天便和芮姜离开了海滨。来不及跟越偘先生道别，只留了一封短信让人捎给越偘先生。他们昼夜不停地赶路，回到临淄家中时，看到父亲躺在正室中已油尽灯枯，只有一口气，像专门留着等他回来。

在当时的人们看来，死是人生旅途的结束，但也是新生的开始，所以一定要死在正室，也被称为路寝，以示与横死、客死的区别，死在别的地方都被视为不吉利。

晏婴跪在父亲病榻前，满脸泪水。

"仲儿，你回来了……回来就好，不要再走了……"

晏婴明白父亲想说什么，郑重地点点头："父亲，您放心吧，我不走了！"

"前一阵承蒙齐侯眷顾，亲自到家里来看我……该说的话我都跟齐侯说了。齐侯是个好人……他不容易啊……"

父亲说话越来越吃力。晏婴使劲握住父亲枯瘦的手："父亲，您不必说了，您想说的话我都明白，我最近也在思考这些问题，我不会让您失望的，您放心好了！"

父亲听罢，疲弱的脸上露出一丝微笑，放心地闭上了眼。

父亲的眼再也没睁开。高缭流着泪拿了几缕干净的棉丝放在晏弱的鼻孔处试了试，见棉丝没动，哭道："公子，大人断气了！"

晏婴大哭。哭了一阵，拿了一件父亲穿过的衣服来到厅堂，朝东北的夷维方向跪下，拉起长声一遍遍呼唤着父亲，是在招魂。

守丧期间，晏婴穿着粗布丧服，头上和腰里系着麻袋，手持竹杖，脚穿草鞋，只喝粥，住在父亲坟前的草棚里，睡草垫子，用草作为枕头。一位家臣说："这不是大夫的礼仪。"晏婴说："具有卿的身份才是大夫，才能行大夫的礼仪。"晏弱生前，还不是卿。

晏婴让高缭在府门前立起一面旗幡，上面书写着父亲的姓氏、官衔，算是发丧。当然，还要专门派人报告宫中，让齐侯知道晏弱已经去世。接下来，齐侯会派官员前来慰问，同时按规定明确嫡长子晏婴的继承地位，晏婴可以继承父亲留下来的封邑和财产。

晏弱几十年来勤勤恳恳尽忠齐国，尤其齐灵公继位以来的二十多年，晏弱多次承担艰巨使命，立下不少功劳，在百姓中也有相当好的名声。鉴于此，在晏弱生病期间，齐灵公破例亲自到府中探望。接到晏家的呈报，齐灵公立即派人到晏家慰问，明确晏婴的继承关系，赐晏弱谥号桓，故晏弱也被史书称为晏桓子。

桓，本意为华表，寓意国家栋梁。

父亲的去世让晏婴异常悲痛。在办理丧事期间，人们看到晏婴身穿粗麻布缝制的孝衣，专门不让人给孝衣缝边，腰里扎上用麻布搓成的孝带，手里拄着孝棒，脚穿草鞋，只喝稀粥。在灵堂前，晏婴搭起简陋的苇棚，自己住在那里，睡草垫子，用草做枕头。几天下来，晏婴双眼红肿，面色深黑，前来吊唁的人都夸晏婴尽孝。

丧礼是最重要的礼制，无论是官是民都按层级有其丧仪。晏弱生前是大夫，在三级大夫中是中间一级，他的丧礼有一套固定的礼制，晏婴做的有些并不在这些规定之内，而是比大夫更低一级的士的丧礼。

高缭提醒道："公子，您为大人守丧，可这些不是大夫的丧礼啊！"

晏婴说："我只是一介平民，又不是大夫，怎么能用大夫的丧礼呢？"

高缭听了有些糊涂，丧礼是为晏弱大人办的，晏弱大人是大夫，难道不能用大夫的丧礼吗？但他没敢再说什么。有人猜测晏婴此举是表明他对当时流行的大夫丧礼的不满，是一种委婉的批判；还有人猜测，一向清高的晏婴看重自己布衣的身份，以谦逊的口吻再次表明自己不愿意入仕的态度。

但是，齐侯很快就下达命令，任命晏婴为大夫，接替晏弱的职务，而晏婴没有犹豫就答应了。

后世金圣叹有名言"人生三十未娶，不应再娶；四十未仕，不应再仕"，这一年晏婴正好四十岁，才第一次踏入仕途，看起来有点晚。但春秋时期还有两种说法：一种是稍早些的《礼记》，认为"十年曰幼学，二十曰弱冠，三十曰壮、有室，四十曰强、而仕"；另一种是稍晚一些的孔子，认为"十有五而志于学，三十而立，四十而不惑，五十而知天命"。按照这两种说法，四十岁入仕也还来得及。

周天子推行世卿世禄制，天子由正妻所生的长子继承，是天下大宗；天子的其他子弟和功臣封诸侯，与天子相比是小宗，在本国则是大宗；诸侯由正妻所生的长子继承，其他子弟封卿、大夫，与诸侯国君相比卿大夫是小宗，而在本家族内则是大宗；卿、大夫的地位也是由正妻所生的长子继承，其他子弟封为士，如此形成天子、诸侯、卿、大夫、士等不同等级。作为嫡长子的晏婴，继承父亲的封爵无可非议。

但是，封爵不同于官职，封爵意味着食邑，而官职是另外的体系。大夫在爵位和官职两个体系里都有，如果只是爵位，其实还不能叫入仕。齐侯对晏婴的任命是二者兼有，晏婴明白，这一定是父亲临终前向齐侯当面所托的结果，所以他不能拒绝。

第五节　街上的男人装

作为齐国大夫，晏婴现在有很多机会近距离观察齐灵公。让他失望的是，之前外面的议论和他的判断都没有错：这是一个庸君，庸俗无能外加狂妄，基本已无药可救。

君王是权力的动物，坐在君王的位子上，有人只知道享受，有人只知道专权，有人信任小人，有人穷兵黩武，而齐灵公基本上把这些都占全了，他无能、自信、是非不分又爱瞎折腾。

百年前管仲定齐国官制，齐侯以下形成"三卿五官"的架构。三卿如前述，所谓五官，分别指负责司法的大司理、负责军事的大司马、负责农务的大司田、负责外交的大行和负责谏议的大谏。诸事已有分工，大夫在齐国是一个相对超脱的官职，可以随时由齐侯安排任务，或领兵，或出使，或完成某项临时性工作。

晏婴上任后，秉持谦恭内敛的原则，齐侯不问不答、不命不行，不争功更不争宠。

这天，齐侯把晏婴叫去，交给他一项任务："晏婴，听说你的点子比别人多，现在有一件棘手的事得你去办！"

"请国君吩咐。"

"最近你是不是经常上街，可发现有何异常？"

"臣的家在鹿门内，出门就是国市，是临淄最热闹的地方。我最近天天上街啊，不过并没有发现有何异常，只是城外的饥民似乎有些增加，因为街上多了几个没见过的乞丐，听说还要打仗，粟米的价格每斛涨了十多钱。"

"寡人没问这些，我问的是女人。"

"女人？"

"女人们的穿着。听说现在女人都不穿女人的衣服，改穿男人的衣服了，这还了得吗？"

晏婴想了想，似乎也是。临淄街上的女人不知何时流行起新的穿法，不爱女人装，爱男人装。那时候男人女人头发都很长，衣服再一样，猛一看还真分不出是男是女了。

"服饰是礼，乱穿乱戴是违礼。我齐国是礼仪之邦，怎么能出现这种事情？你去找工政弦章，让他协助你处理此事，用最短的时间改正这种有违礼制的歪风！"

晏婴尽管不情愿，但还是接受了命令。他真没有注意过此事，就找弦章先了解了解情况。弦章才二十出头，也是贵族出身，别看年轻，却很精干，工政管车马服饰，这件事倒是他分内之责。

见晏婴主动来找，弦章笑了："晏大人，这桩差事交给您了？"

"是呀，我还有些莫名其妙呢。现在晋军压境，鲁国又有异动，多少军国大事等着齐侯处理，为什么要抓这样的小事？"

"晏大人，这可不是小事。不按礼制乱穿衣服，一两个人并不算什么，如果满大街都那样，就非同小可了，往大里说是世风异变的征兆，有人在齐侯面前说这是妖术作法，弄得齐侯都害怕了。"

"哪来的妖术作法？我不信。"

"我也不信，但情况确实如此。大家都着了魔似的，怎么禁都禁不住。开始齐侯命凤沙卫大人和在下办此事，凤大人也没当回事儿，在华免大人那里要了五百兵卒，分别在龙门、广门、稷门、鹿门加岗，凡过往穿着男装的女人就扣下，责令其换衣，不从者当场把衣服扒了。都使了这种手段，您猜如何？"

"如何？难道妇人们宁肯衣服被扒也不愿换装？"

"那倒没有。被查被扣的女人无不乖乖就范求饶，可问题是，此风仍然制止不住。又不可能把所有女人都扣起来，而且此风已由临淄向四下蔓延，据说都已经传到了杞国、纪国。不仅如此，现在还有一些传言，说什么女人穿男人的衣服预示着阴盛阳衰，齐国国运堪忧。这样的流言蜚语到处传播，唯恐齐国不乱。"

晏婴一惊："没想到如此严重，会不会是敌国制造的阴谋？"

弦章道："我和凤大人也这么想过，可审问了许多喜欢穿男人衣服的女子，看不出这方面的关联来。"

既然如此，晏婴决定亲自调查一下再说。弄清情况，再对症下药。

晏婴脱了大夫的冠服，上身着一件短襦，下身着一件缁布袍，用布葛缝的方巾裹头，蹬一双麻履，他个儿矮，其貌不扬，走到街上完全是一介平民打扮。

晏婴故意离家门口远一些，来到西门里一个叫康的地方。在临淄城，齐宫的北门外还有一个地方叫庄，日后这两地之间修建了一条大路，两边尽起高宅华屋，是天下最著名的富人区，路也修得通畅便达，世人称之为"康庄大道"。

晏婴在路上拦住一位三十多岁的女子，这个女子长得漂漂亮亮的，却穿了一身明显的男人衣服。

"这位大姐，你这衣服看着真精神，布料也好，式样也好，我家女主人也想买一身，可我去了好几个成衣店都没有见到，敢问你是在哪里买的？"

女人警惕性通常是很高的，但漂亮的女人被人夸奖漂亮的那一刻警惕性会降低。

"成衣店没有卖的，你当然买不着啊！"

"那到哪里买？"

"到国市，找公孙嫂啊！"

"太谢谢你了，大姐你贵姓？"

"我姓白。"白姑娘说完似又觉出不妥，"我只告诉你一个人，你可别告诉别人，这是违法的，最近查着呢！"

临淄城里有大大小小十几个市场，在各诸侯国的国都里市场最多的就是临淄，这还得归功于百年前管仲搞的改革。这些市场里最大的是国市，离晏府不远。

晏婴来到国市，一打听，很容易就找到了做衣服的公孙嫂。

"公孙嫂，西门里的白姑娘介绍我来你这里，给我家女主人定做两身衣服。"

公孙嫂看起来挺忙，没时间多搭话："哪个白姑娘？她家是士还是商？"

"是家里在商的白姑娘，我家女主人就喜欢她身上穿的那种款式。"

公孙嫂看了晏婴一眼："多高？胖瘦？量了吗？"

"不用量，还真巧了，我家女主人跟白姑娘高矮胖瘦都一样，你要留着她的尺寸，照样做就行。钱我先付，不过得快，我家女主人最近要出远门，等着穿呢。"

见客人肯先付钱，公孙嫂客气多了，约定后天来取衣服。

两日后，晏婴来取衣服。

大致翻了一下，晏婴道："唉，这其实就是男人穿的衣服嘛，干吗非得定做呢？"

"啥？这可不是男人的衣服，式样不假，但尺寸完全不同，你看这领口、这腰，还有这衣带，都是改做的。要是男人的衣服，女人穿着能好看吗？"

"原来有这么多讲究啊？也不知道我家女主人怎么喜欢穿这样的，同样的衣服，定做一身比男人的衣服贵了一倍的价钱呢！"

"这就是流行啊。有钱人喜欢啥？不是料子好，不是能保暖，而是流行和时髦，你说对不对？"

"对对对，大嫂说得有道理。唉，我们男人实在想不通，流行什么不好，为何流行这个？"

"这个嘛，你得去宫里问了。"

"宫里？"

"对呀，我在国市做衣服十多年了，什么时候流行什么样的衣服，为什么流行，我都一清二楚，这种男人样的女装最早就是从齐宫里传出来的。"

"齐宫为什么流行这个？"

"你傻啊，齐侯喜欢呗！"

"会不会是外面先流行，传到齐宫里去的？"

"怎么会，你打听打听，国市里做衣服的有几十家，哪一家有我做得好？又有哪一家有我的生意好？我为什么做得好？因为我有诀窍，就是眼睛盯着齐宫，宫里的女人穿什么，外面准流行什么，就是那回事儿。"

线索来得如此容易，让晏婴有些意料不到，看来问题的根源找着了。可是，齐侯为什么喜欢宫里的女人穿男人的衣服？这让晏婴百思不得其解。

弦章管车服，对齐宫里的情况熟悉。晏婴跟他一说，弦章恍然大悟："以前没注意到，还真是那回事，应该是从齐宫流行到外面的。"

"可齐宫里为什么流行起这个呢？"

"还不是夙沙卫一伙干的好事！齐侯爱美女，夙沙卫就给他找各种各样的美女；齐侯爱美乐，夙沙卫就为他弄来好多乐人，都养在宫里。齐侯的想法不管有多少，哪怕一会儿一个念头，一会儿一个主意，夙沙卫都能马上办到。据我观察，在男女之事上齐侯还真有些异趣。"

"异趣？"

"这只是瞎猜啊，晏大人别说出去，否则弦章的麻烦就大了。不过，也许只是哪天有位宫女误穿了男人的衣服，齐侯看见顺口说了声好，夙沙卫就把这当事儿了，弄得宫中到处流行呢。"

晏婴见到齐侯，还没等开口，齐侯着急地问："晏婴，那件事办得怎么样了？听说大街上依旧是女不女、男不男的，什么时候能禁绝？"

"这一点儿也不难，只待国君下一道命令。"

"下何命令？"

"请国君下令禁止宫里女子穿男装，外面的流行之风可顿解。"

"宫里是有个别女子穿男装，可那也是从外面学来的啊，只禁宫里有何用？"

"国君，宫中禁律很多，宫人怎能到外面去学？臣已查实，街上的流行之风确实是由宫里流行出去的，要禁外面，必先禁宫中，宫中一禁，外面不禁即止。国君若不信，臣愿立命状，如果宫中禁而外面不能禁，撤职、夺邑还是杀头，晏婴任由国君发落！"

"好吧，那就依你所奏。"

齐侯下令齐宫女子禁男装，不多日，临淄及各地女子着男装之风顿息。

第六节　兵临城下

这些日子，齐灵公交给晏婴办的基本上都是这一类的事，涉及国家大事，齐侯倒很少听取晏婴的意见。

这天，晏婴突然听说齐侯要下令进攻鲁国，他觉得这件事很重要，于是不召即入，请求面见齐侯。

齐灵公还算给他面子，在宫里见了他。

"主君，晋人已迫在近前，齐国将面临一场大战，在此紧要关头伐鲁，这是大错特错啊！"

"难道鲁人不该讨伐？难道齐国打不过鲁国？"

"都不是，但用兵是大事，当慎重。并非该讨伐的都讨伐，也并非能打过的都去打，否则便是好勇。况且，齐国应对晋国已很艰难，再分兵进攻鲁国，岂不正中晋国下怀？只怕鲁国未下，晋军已迫近我临淄城下！"

齐灵公近年来岁岁伐鲁，但都没占到便宜，前一阵齐军进攻鲁国的北鄙，鲁国向晋国求救，晋军增援鲁国，齐军毫无收获。齐灵公不甘心，做了一段时间的休整，又来了。

齐灵公冷笑道："我攻鲁国，就是给晋国看的，晋国有本事就到我临淄城下试试身手！"

也不知道齐灵公是打了激素还是吃了迷魂药，反正执意讨伐鲁国，谁劝都不听，还放出话来，不怕晋国报复，特别渴望跟晋国的大军过过招。有一种战术叫诱敌深入，把对手放进来狠打，以逸待劳，如果齐灵公想的是这一出那也算是高招，可惜他没有高招，只是嘴硬。

齐灵公二十七年（前555），齐军再攻鲁国北鄙。对晋国来说，两年前溴梁会盟的账还没有算清，新账又来了，晋平公决定好好教训齐国一下。晋平公通知鲁、宋、卫、郑等十一个大小国家，让各国国君都到鲁济会盟，会盟中决定组成联军，共同讨伐齐国。

齐国转眼就面临了一场生死劫难，齐灵公嘴不硬了，忙从鲁国前线撤军，把主力布防在平阴一带，阻挡以晋国为首的诸侯联军的进攻。

齐灵公的自信来自平阴防线，这条防线确实很险要，尤其是平阴外围的防门，齐国花了很大的力气挖了一道深沟，令战车无法通过，如果在平阴、防门固守，晋国联军再强大，也无法逾越。当然，晋军还有另一条路，就是从齐国南面的鲁国、莒国发起进攻，绕开平阴防线，但齐灵公知道，鲁国、莒国出于对晋军的猜忌，绝不会敞开国门让晋军借道的。

晋军很狡猾，他们放出风来，说鲁国和莒国向晋国开出了条件，各要战车千乘，如果晋国答应他们就让晋军借道，而晋平公已经答应了这两个国家的条件。

齐灵公已经到了平阴前线，他听到这个消息，立即心惊胆战，但还有点将信将疑。这时，接到南面的报告，说在齐国南部边境一带多处发现了晋国军队，人数还不少。

这当然是晋人的疑兵计，为配合放出去的谣言，晋人让鲁、莒二国在齐国的南部边境不断打出晋军的旌旗，让对手自乱方寸。

果然，齐灵公坐不住了，他亲自登上平阴附近的巫山观望，发现远处树林后面不时扬起灰尘，也不知道那里藏着多少晋国大军，恐惧之情大增。其实，晋军也没有那么多，为了造势，他们用战车拖着树枝狂奔，故意扬起灰尘。

齐灵公吓傻了，立即下令放弃平阴防线，撤向临淄。齐军在前面跑，晋军在后面追，一口气追到了临淄城下。

在齐国历史上，让人堵到家门口打还真不多。

临淄是一座重镇，城防坚固，城内粮食储备充足，下决心坚守，晋军没有一年半载难以攻克。在这个风云变幻的时代，大家既是猎人也是猎物，以晋国的强大，也不敢把主力长期放在远离中原和本土的临淄，所以大军虽然压境，只要自己不乱，危机尚可渡过。

但齐灵公显然已经没有信心，自己先乱了起来，他下令召集卿、大夫以及百官到宫中议事。

崔杼提出弃城的想法，认为应趁晋军后续主力未到之时，赶紧从临淄撤出，退往东北方向，实在不行就去原来的莱国，待晋军撤退后再收复国都。此议一出，庆封、夙沙卫等人纷纷附和。

晏婴看了看高厚、国弱和田无宇几位，可他们只是听，神色凝重，都不表态。晏婴走出来道："弃城使不得，是死路一条！"

齐灵公见是晏婴，忍住不快："晏婴，不弃城待在城里等死吗？"

晏婴说："主君，临淄的高墙深池是保住齐国的唯一依赖，晋军最具威力的是他们的战车，他们善野战而不善攻城，所以至今不敢贸然向临淄发起进攻。一旦放弃此城，势必陷于和敌军的野战之中，这是拿我们的短处与敌人的长处较量，我们逃到哪里，晋军就会追到哪里，我敢说弃城之日，就是齐国灭亡之时！"

齐灵公看了看田无宇："田卿，你说说。"

在齐国，田无宇早已大名赫赫。田氏出于陈氏，在春秋时田、陈二氏不分。田无宇的先祖叫陈完，是陈国的公子，在陈国竞争国君失利，逃到齐国，在齐桓公手下任职并被赐予卿的爵位，从此陈氏便在齐国立足。田无宇是陈完的五世孙，作为齐国的新贵族，田氏的势力上升得很快，与其他贵族相比，田无宇更加内敛和深沉，做事不张扬，也不与他人结怨，在朝野内外享有好名声。

见齐灵公点名要他发言，田无宇道："晏大夫所言极是，守住临淄就是守住了齐国的基业，但守城也并非一点风险没有。至于弃城，也不失为一招长远之计，只要安排妥当，暂避危机也是不难的。"

等于什么都没说，齐灵公多少有些不满。

这时，一个年轻人站了出来："我认为晏大夫的话才是至理真言，弃城就是灭亡！"

众人一看，是太子吕光。前几年，齐国得罪晋国，迫不得已把吕光送到晋国当人质，溴梁会盟前晋国和楚国关系紧张，晋国和齐国一度有所缓和，吕光才被送回齐国。有了这段做人质的经历，吕光比别人更懂得寄人篱下的痛苦。

吕光说完，高厚立即发表看法，认为应守城，不能弃城。

两种意见针锋相对，旗鼓相当。齐灵公拿不定主意，毕竟放弃临淄的决心也并非那么好下，所以决定暂不放弃，守一守再说。

晋军没想到此役会如此顺手，竟然不费太大力气就打到了齐国的老巢，晋平公下令对临淄展开猛攻，一战灭亡齐国。

晋军主力源源不断赶到，他们焚烧城外四郭，准备器具，展开攻城。齐灵公登上稷门城头一看，大惧，也不再跟大家商量，命令工师弦章备车，准备逃出城。

弦章一边备车，一边让人悄悄通报晏婴，晏婴立即往稷门赶去，路上差一办事可靠的随从，让他无论如何设法找到太子，让太子速来稷门。

晏婴赶到时，看到夙沙卫正指挥宫里的一部分人往车上搬东西，搬得也差不多了，看样子就等齐侯下令开城门冲出去了。

晏婴来到齐灵公跟前，急道："国君，现在出城等于寻死，万万不可，望国君三思啊！"

齐灵公看到晏婴更生气："早些走哪有这事？晏婴你把寡人害苦了！"

晏婴道："别看晋军气势汹汹，他们肯定无法攻破此城，望国君率军民全力守城，只要上下一心，晋军将无法踏入临淄一步，到时候晋军不击自退！"

齐灵公根本没心思听，夙沙卫在一旁喝道："晏婴，国君的安危是你空口可保的吗？还不住嘴！"

晏婴最看不惯此人，为拖延时间等太子到来，他灵机一动，突然高声对齐灵公说："臣下奏请国君，夙沙卫是晋军奸细，请斩此贼！"

齐灵公愣了，夙沙卫气得满脸通红："晏婴休要胡言，你可知诬陷大臣的后果？"

晏婴不理他，对齐灵公说："此次平阴之战，国君让夙沙卫殿后，殖绰、郭最二位将军协助夙沙卫，夙沙卫命人在道路险隘之处杀死马匹，阻塞道路，殖绰、郭最二将不能速行，晋将州绰追上，州绰箭射殖绰，殖绰中肩，和郭最都做了晋军俘虏。国君可查是否有此事，如果有，夙沙卫不是晋人奸细是什么？"

晏婴并非信口一说，而是确有此事，起因是殖绰、郭最二将认为夙沙卫是阉人，有点儿看不起他，让二将听夙沙卫指挥，二将不服，给了夙沙卫一些脸色，夙沙卫是个记仇的人，故意使了点儿坏，让二将落到晋人手中。

夙沙卫急眼了："晏婴，你又没在前线，你怎么知道这些？分明是胡编乱造！国君，请给臣下做主，严惩晏婴！"

齐灵公现在已没有心思管这些，他已登上一辆战车。

晏婴顾不上君臣礼节，上前一把抓住了齐灵公的脚踝："国君，不可出城！"

齐灵公想把晏婴踢开，晏婴却抓得紧，甩不掉，夙沙卫上来一下把晏婴抱住，晏婴个头小，夙沙卫人高马大，夙沙卫就把晏婴拎了起来。

正在这个危急时刻，太子吕光和大夫郭荣赶到了。吕光和郭荣上去拽住为齐灵公拉车的马。吕光说："各国的军队行动快速且勇猛，不过他们都忙着劫掠物资，说明他们退走了，主君怕什么？主君不能逃走，逃走就会失去人心，主君一定要坚守啊！"

太子言之恳切，边说边流泪。但齐灵公仍不听，命令御人催马。太子情急之下拔出了佩剑，众人大惊，不知道他想干什么。太子挥剑向马砍去，砍的却是马鞅，也就是马胸前的牛皮束带。天子的车有六匹马，诸侯是五匹马，转眼这五匹马胸前的马鞅都被太子砍了，车子没法走了。

经过这一番折腾，齐灵公终于平静下来，无奈地叹了口气，从车上走下来，谁也不理，一个人径直朝齐宫方向走去。

临淄军民齐心协力顶住了晋军的攻势，过了没几天，晋军突然撤退了。

后来才知道，楚国趁晋军主力攻打临淄之际，突然挥师北上，攻打晋国的主要盟国之一郑国，郑国眼看被灭，晋军主力只好从临淄城下撤回。齐国渡过了一场危机，要不是晏婴力谏齐侯坚守临淄，真不知道齐国的下场会是怎样的。

第二章

任性的君主

第一节　齐庄公继位

齐国躲过一劫，但齐灵公扛不住，病倒了。齐灵公已经在位二十七年，算一算也不短，但回顾一下，总结总结，却没什么政绩可言。

在此次临淄保卫战中，太子吕光让晏婴刮目相看，他对这个未来的国君充满了期待，齐侯现在的病情随时可能驾崩，如果太子继位，对齐国倒是一次复兴的机会。

可晏婴观察，晋军退兵之后太子一直无精打采，心事重重，晏婴还以为太子冲撞了齐侯，齐侯未能原谅他。直到有一天，晏婴单独与太子待在一起，太子才道出了隐情。

太子还有两个弟弟，一个叫吕牙，一个叫吕杵臼，齐侯最喜欢的人并不是太子，而是吕牙，齐侯生病以来，有几个人拼命在齐侯面前吹风，要齐侯把太子废了，改立吕牙。

齐灵公最早娶的是鲁国女子颜姬，但颜姬没有生男孩，为她陪嫁的侄女声姬却为齐灵公生下了一个男孩，就是吕光，由于是长子，很早便被立为太子。吕光成年后多次代表齐国参加诸侯会盟，在诸侯中有一定的人脉和声望。齐侯后来又娶了仲姬和戎姬姐妹，仲姬生下吕牙，而戎姬更受宠，齐侯让仲姬把吕牙托付给戎姬抚养。戎姬为了自己，请求改立吕牙，并得到高厚、夙沙卫的支持，他们一起说服齐侯，齐侯已经动心了。

吕牙的生母仲姬其实不同意这么做，劝齐灵公："吕光立为太子，这件事早已宣告于诸侯，现在无故废弃，众人未必肯服！"

"有我在，怕什么？"

"还是深思为好，否则便害了牙儿啊！"

"你懂什么，不要多说！"

晏婴感到事情很严重，废长立幼既不符合制度，又人为地造成分裂，他觉得自己不能沉默。晏婴求见齐侯，侍卫告知齐侯身体不适，已下令除了夙沙卫、高厚、崔杼、田无宇四人谁都不见。

晏婴知道找夙沙卫、高厚没有任何作用，他又不愿意面对崔杼这个暴发户，想了想，决定去见田无宇。

晏婴对田无宇说："齐国灭亡的危机刚刚解除，新的灭国之灾又来临了，田大人，您是国君面前的重臣，可不能坐视不管啊！"

田无宇说："晏大人，您所说的危机从何而来，我怎么一点儿都看不出来呢？"

"废长立幼之事，田大人一点儿都没听说吗？"

"没有呀，晏大人不要相信流言蜚语，要相信国君不会做出废长立幼的事，即使真的有，国君那样做自然也有他的道理。"

晏婴知道田无宇这个人身上有很多优点，但他也有个致命的缺点，那就是太圆滑、太世故，即使在大是大非面前，从他那里你也听不出什么倾向性的话来，晏婴知道在废不废太子一事上田无宇仍然是个骑墙派，走一步看一步。

晏婴不再往下说，告辞。

齐灵公的命令很快颁布出来，太子被废，迁往齐国东部居住，立吕牙为新太子，任命高厚、夙沙卫二人分别为太傅、少傅，辅佐吕牙。

吕牙年纪还小，一旦继位，大权肯定落入戎姬和高厚、夙沙卫等人手中，齐国近年来国势颓败，齐侯愈加昏聩，正与这几个人有关，他们大权在握，齐国更没有前途了，想到这些，晏婴真想一走了之，回海滨种地去，但是想到国家正在危亡之际，他又忍住了。

又熬了一年，到了齐灵公二十八年（前554年），在没有任何征兆的情况下，一向与齐国没有多少来往的楚国突然派一支军队向这边开来。在诸侯博弈中，齐国是前霸主，晋国是新霸主，楚国是潜在霸主，齐、晋是对头，晋、楚也是对头，所以齐、楚之间虽未结盟，但也互不相犯，楚军突然到来让众人很吃惊。

这支楚军没有进入齐国边境，但也没有马上撤回的迹象，他们像是在等待什么。通常情况下，这预示了有一场阴谋正在上演。

果然，临淄城里发生了一场政变。就在这一年春天，齐灵公躺在病榻上已不省人事，崔杼、庆封二人突然联手起事，到东部迎回废太子吕光，重新举为太子。

原来，高厚、夙沙卫把持了吕牙，又有齐灵公撑腰，势力陡增，打破了新老贵族之间的势力平衡，田无宇没有发话，但崔杼、庆封不干了，他们悄悄谋划，设计了重新迎立吕光的行动，为了做到万无一失，崔杼还联络了楚国，得到了楚军的配合，一旦高厚、夙沙卫反抗，或者田无宇等人从中作梗，他们便把楚军放进来，宁可齐国灭亡，也不让高厚、夙沙卫得势。

崔杼、庆封出手果断，夙沙卫、高厚也的确不得人心，所以政变成功了。齐灵公虽然还没有咽气，但已经不能过问任何事，吕光跑到父亲病榻前叩头禀告一番，算是履行了重新当太子的程序。之后，吕光在崔杼、庆封等人支持下召集卿、大夫及百官议事，吕光特意下令把戎姬、高厚、夙沙卫都叫来。

齐宫有三朝，内朝、中朝、外朝，此次议事本应在中朝进行，由于人太多，改在外朝。吕牙没来，他已被严密控制起来。

吕光首先宣布，将吕牙流放到齐国东部。戎姬当场不满，嚷道："吕牙即使不是太子，他也是国君的亲生骨肉，除了国君，谁都没有权力流放他！"

吕光多年来一直对这个戎姬忍气吞声，受够她了，没好气地说："此事我已禀告父君，他同意。"

戎姬不信："国君现在已人事不省，别人说话他都听不到了，更说不出什么，你说他同意，他是怎么同意的？是说出来的，还是写出来的，我怎么不知道？"

吕光强压怒火："有些事你不一定都要知道！"

戎姬继续嚷道："我不信，不信，这里面有阴谋，大家要替我们孤儿寡母做主啊！"

见她胡闹，吕光脸色铁青，从座位上走下来，一边走一边抽腰间的佩剑，有人看见了，知道坏事，太子要杀人。

吕光二话不说，来到戎姬跟前，挥剑砍去，这一剑积压了太多愤怒，又使尽了全身力气，加上剑也确实是把好剑，居然将戎姬一斩为二。

鲜血四溅，全场震惊，胆小的赶紧闭上眼。

吕光拎着滴血的剑，恶狠狠地说："此妖姬惑乱宫闱，拨弄是非，长年以来欺君罔上，又勾结外臣，把持朝政，让齐国险遭灭国之难，今斩此妇，以告天下！"

吕光把戎姬的尸体摆在朝廷上，此举受到诟病，因为这不合礼制。那时没有针对妇女的专门刑罚，即使用刑，也不能把尸体摆放在朝廷之上。

众人还未从惊魂中醒来，一片沉默，不知是谁弱弱地叫了声好，看四下死一样沉寂，吓得把嘴又赶紧闭上。

吕光宣布，剥夺高厚、夙沙卫的爵位，撤销他们二人的官职，当场抓起来，交司寇审判。二人在狱中不堪酷刑，对所有指控均认罪，吕光拿着二人的认罪书，又跑到齐灵公的病榻前禀告一番。

齐灵公有没有听进去，也不清楚，他就这样死了。灵是他的谥号，根据《逸周书·谥法》，"乱而不损曰灵，好祭鬼神曰灵"，评价不怎么样。

吕光随后继位，后世称为齐庄公。齐国很奇怪，一百多年前已经有一位国君被称为齐庄公，就是齐成公的儿子吕购。吕光死后也谥为庄，成为第二位齐庄公。

吕光知道高厚、夙沙卫树大根深，所以不仅把他们杀了，还开展了大规模清洗活动，直到把他们的势力彻底肃清。为防意外，吕光还派人到东部，把弟弟吕牙也杀了。

第二节　螳螂的力量

齐庄公意外上位，重燃了晏婴心中将要熄灭的希望之光。齐庄公为齐太子多年，诸侯对他很熟悉，他当上齐侯，的确有利于齐国在诸侯间地位的恢复和提升。这时，晋、楚矛盾上升至主导地位，齐、晋之间的矛盾降低，使齐国缓了口气。齐庄公继位，崔杼最得势，他和楚国关系很好，齐国的外部环境开始好转。

齐庄公知道晏婴的忠诚和能力，所以一开始对他也格外敬重，向他请教治国之策。齐庄公问晏婴："扬威当代，让天下人顺服，依靠什么？"

应该说，这个问题问得实在不怎么样，反映出齐庄公内心的浮躁，可毕竟也能看出来齐庄公一心振兴齐国的渴望，所以晏婴耐心回答道："要做的事情很多很多，如果挑首要的说，那就是爱护百姓。只有爱护百姓，才能使外部那些对齐国不亲善的国家不敢轻易挑起争端；能看到百姓的生死劳苦，才能发现并阻止危害国家的叛逆行为；施仁政，多为百姓办好事，才能让天下臣服。"

"除此之外呢？"

"那就是听取忠言、任用贤良，这样做可以震慑诸侯，也可以壮大国威，把国家的事交给贤良之人去办，他就会尽心尽力地办好，如果是奸佞之徒，不仅会把事情办糟，而且会无端地生出奸邪，作乱内政，危害百姓和国家。一个国家，不能保护他的百姓，百姓就不会支持它，邻国自然轻视它，邪恶的叛逆行为无法提前发现，也不可能及时阻止。一个国君，如果身边没有忠臣贤良，而是被那些背离仁义准则贪求虚名实利的人包围，百姓不满，诸侯轻视，无法扬威天下。"

齐庄公想了想，晏婴的话他虽然听懂了，却不是他想要的："先生能否告诉我，现在欲重振齐国霸业，应该最先做哪些事？"

"就是我上面说的呀，从保护百姓做起，重用贤良之臣，贬斥奸佞之徒，恢复国力，富民强军，齐国霸业定可再兴！"

"除了这些呢？"

晏婴没明白齐庄公的意思，他想这些难道还不重要吗？晏婴说："有些东西看着简单容易，但道理就是这些，只要扎实去做，就会收到成效，桓公在世，天下熙熙攘攘，桓公重用管仲等贤臣，就是从爱民护民做起，通过长时间努力，壮大了国力，霸主的名号不求自得。"

"先生说得当然也没错，不过寡人以为此一时彼一时也。当初天下群龙无首，大家的力量都有限，谁的国力强盛谁就抢占先机，现在不同，强国、大国已在那里，你发展它们也在发展，如果没有特殊办法，你永远落在后面。寡人想向先生讨教的，是有没有一些特殊办法。"

这难住了晏婴，他感到齐庄公又是一个急于求成的君主，在这一点上，跟他的父亲齐灵公没有太大区别。

"主君，打个比方，齐国就像一个病人，病得还不轻，想强身先得祛病，欲祛病就得吃药，吃什么药呢？猛药固然力大，但更容易伤身，旧病未除又添新病，所以急不得，要认真诊断，对症下药，还得静心调养，不能急于求成。"

"是啊是啊，先生说得也对。"

这次谈话结束，齐庄公和晏婴都很失望。

齐庄公一心恢复霸业，他认为只有凭借勇力才可完成。为此，齐庄公把心思都用在招募聚集那些勇力之人上，不问出身，无论职业，只要有力气、能打仗，他全都要。

一次，齐庄公出游，半路上休息，有些无聊，就蹲着看地上的小虫。他发现车子前方的地上有个小虫，就在车轮的前面，在那里气宇轩昂的样子，不知道害怕，也不打算让路。这让齐庄公十分好奇，他不认识这种小虫，就问车夫这是什么虫，车夫告诉他这叫螳螂。

齐庄公不解："这么一个小虫，横在车前，不肯让道，就不怕被轧死吗？"

车夫回答："螳螂生性如此，它只知道进不知道退，在敌人面前从不考虑自己的力量如何。"

齐庄公大为感慨："螳螂如果是人的话，一定是好勇士，是勇士就值得尊重啊！"齐庄公下令车辆绕行，不要伤害这只螳螂，这就是"螳臂当车"这个典故的由来。

应该说，齐庄公不是矫情的人，也不是作秀，他感慨螳螂的精神是发自内心和对现实的思考，作为弱国，他想奋起，渴望他手下的勇士们都具备螳螂这样勇往直前、不怕牺牲的精神。这件事传了出去，产生了很大影响，大家知道了齐庄公对勇士的渴望和敬重，所以天下的勇士和那些自以为是勇士的人都纷纷来到齐国效力。

晏婴看了直摇头，崇武尚勇没有错，但不去发展国力、打牢基础，一味凭勇恃武，对救治本已十分虚弱的齐国来说，根本不是良药，而是一服毒药。

为了更多地集聚勇士，齐庄公下令创设了一个新的爵位，叫勇爵，禄比大夫。齐庄公为此张榜求贤，条件是能力举千斤、箭射七札。"七札"即七件薄甲，叠穿在一起而能射透，臂力当十分惊人。榜文贴出，即有许多勇士来应征。经过筛选，得勇士九人，他们个个都能力举千斤、箭射七札。被晋军俘虏的殖绰、郭最二将也设法逃了回来，由于他们最勇猛，齐庄公便让他们做了勇士的头领。

看到齐庄公将这件事越闹越大，晏婴觉得不妥，进谏道："所谓勇力，维护礼仪而不惜牺牲叫作勇，诛伐暴虐不怕强敌叫作力，有能力的人立于人世间，靠的是行为合乎礼仪。商汤、周武讨伐暴君不算叛逆，兼并别的国家统一天下也不算贪婪，这都是因为他们的行为符合礼仪，诛伐暴虐不怕敌人力量强大，惩治罪臣不怕他们人多势众，这才是勇气和力量的表现。古代有勇力的人都是那些被人们认为行为合乎礼仪的人，殖绰、郭最等人只有力气，还不具备除恶伐暴的品德，如果以此横行于世，臣担心国家会灭亡！"

齐庄公正在以武力重振齐国的兴头上，被晏婴当头泼下一盆冷水，心里很不快，对晏婴的一片苦口婆心，干脆置之不理。

齐庄公的举动让崔杼、庆封十分警惕。二人不仅是扶持齐庄公上位的功臣，而且实力雄厚，在诸侯间也有很多关系，是齐国目前事实上的控制者，在他们眼中齐庄公只是傀儡。现在齐庄公突然热衷于招募勇士，显然是要培植自己的势力，怎能不让二人起疑心？二人又怎能不设法加以防范？

齐庄公的冒失举动惊动了两位权臣，如此看来他的做法有些不明智。历史上君王的身边时常会出现权臣，将君王架空，但聪明的君王往往先隐忍不发，悄悄准备，待时机成熟、有足够把握时再突然出手，即使以小博大，也是在有充分胜算的情况下再行动，而没有直接跟权臣硬碰硬的。

晏婴劝谏，真正想说的恐怕也是这一点，他不想齐庄公飞蛾扑火，自取灭亡，那样一来齐国又将陷入新的动荡，遭殃的是齐国百姓。可齐庄公似乎很自信，并没有把权臣的威胁放在眼中，他心里想的全是振兴齐国的大业，所以眼中只盯着老对手晋国，而不是身边的威胁。

第三节　晋国逃亡者

齐庄公的"称霸大业"需要一个契机，而这个契机只等了一年多就来了。齐庄公二年（前552），晋国发生了一件大事：晋国权臣栾盈在内斗中失利，逃出了晋国。这件事本与齐国无关，但事情发展得很快，并且将齐国牵扯进来。

栾盈的父亲名叫栾黡，是晋国名臣；母亲名叫栾祁，是晋国另一位权臣范宣子的女儿。四年前栾黡病逝，栾盈接替父亲的职位成为晋国下军佐。栾祁守寡，耐不住寂寞，暗中与家臣州宾私通。不巧的是，这桩丑事被栾盈发现了。栾祁害怕，与州宾一通密谋，决定恶人先告状。

栾祁跑回娘家，对父亲范宣子诬称栾盈要叛乱。栾氏、范氏本是亲家，但栾盈平时乐善好施，礼贤下士，身边聚集了不少宾客，也很得人心，这让范宣子不悦。经女儿一说，范宣子于是密告晋平公，说栾盈谋反。晋平公没有详细调查，听信了范宣子的一面之词，要抓栾盈。

栾盈在晋国也有不小的势力，他提前得到消息，只是已来不及举兵起事了，只得仓促逃出晋国。范宣子立即捕杀栾氏余党，箕遗、黄渊、嘉父、司空靖、邴豫、申书、邴师、羊舌虎、叔罴、董叔等十人被杀，他们都是栾氏的支持者。栾盈跑到楚国，希望借助楚国的力量实施反攻，至少也要做到自保。可楚国还不想在这个时候与晋国开战，对栾盈虽作收留，但暗示他尽快另找落脚点，此处不能长留。

范宣子为彻底断绝隐患，就鼓动晋平公搞了一次诸侯会盟，地点在商任，参加的有鲁、宋、卫、郑、莒等诸侯国。齐庄公刚即位，也参加了。此次会盟只有一个议题，那就是告知各诸侯国栾盈是晋国叛逆，谁都不能接纳他。看到对手内部出了事，齐庄公挺高兴，不过也只是高兴了一下，并没想别的。

一天，有两个人来到齐国，说是听到齐侯招募勇士的消息，前来应聘。二人有勇有力，几轮比试下来，便在一大群勇士中异军突起，齐庄公闻听大喜，决定亲自召见他们。二人自报姓名，一个名叫州绰，一个名叫邢蒯，他们为齐庄公表演了一套格斗技法，又展示了一下力量，齐庄公大为欣赏。

齐庄公把殖绰、郭最叫来，对州绰和邢蒯道："也让你们见识一下，这二位是寡人的大公鸡！"齐人好斗鸡，齐庄公常以大公鸡夸赞手下的勇士。

哪知州绰、邢蒯面露不屑："主君说他们是大公鸡，当然谁也不敢说他们不是。只是，臣下不才，在我们眼里他们只是手下败将而已！"

口气好大，但齐庄公就喜欢这样的。

齐庄公问："手下败将？难道你们交过手？"

二人道："是的。"

"在哪里？"

"在平阴。"

齐庄公闻听脸色一变，意识到这两个不是普通人，于是让左右退下，详细询问。原来，这二人是栾盈手下的勇士，参加了当初齐晋两国的平阴之战，那一仗晋国取胜，所以他们视殖绰、郭最为手下败将。既然是晋国勇士，为何来到齐国？二人说，他们从楚国来，是栾大夫派他们来的，想秘密联络齐侯，栾大夫想投奔齐国。

栾盈在楚国的日子越来越不好过，不仅楚王不断催他走，而且得知楚国内部斗争得很激烈，有意派大臣暗中亲晋，栾盈怕自己被牵扯进楚国内斗中，到时候被人当成礼物送给晋国也未可知。栾盈想走，看看四周的诸侯国，觉得只有齐国有可能收留自己，一来齐国有一定实力，二来齐晋两国之间向来面和心不和，栾盈觉得可以去齐国试试。

晋国已建立起对付栾盈的统一战线，栾盈此时已成烫手山芋，但齐庄公却以为捡到了一个宝贝，他马上同意了栾盈的请求，让州绰、邢蒯去迎接栾盈。就这样，栾盈秘密来到了齐国。齐庄公开始还想保密，但这么大的事岂能一点儿风声都不透露出去？晏婴很快便知道了，他感到问题很严重，立即来见齐庄公。

晏婴谏道："商任的会盟主君您也参加了，也接受了晋国禁锢栾盈的命令，现在把栾盈等人弄到齐国来，主君打算怎么安排他们？请主君慎重考虑！"

齐庄公道："这件事我自有主张，不必多言！"

晏婴继续道："微臣听说晋国为彻底禁锢栾盈，又在筹备一次新的会盟，地点选在沙随，会盟的邀书很快就会向诸侯发下来，到时候诸侯们得知栾盈在齐国，我们将何以自辩？"

齐庄公有些不耐烦："你说的，寡人都知道了。"

晏婴想对齐庄公说的是：您想利用栾盈，可也得看看如今齐国的实力，齐国现在不如晋国，收留晋国的叛臣，等于向晋国宣战，齐国做好这方面的准备了吗？

晏婴不能直接把这些话说出来，那样太刺激齐庄公了，会让内心一向骄傲的齐庄公下不了台。可是，不直说齐庄公又似乎不明白。当然，也有一种可能，那就是齐庄公对收留栾盈的后果是完全清楚的，但是他并不怕，他已经做好了与晋国全面开战的准备。可如果是这样那就更可怕了，那样一来齐国百姓将陷入无比危险的境地。

晏婴从宫里出来，在门口遇到了田无宇。晏婴又忧又气，不由得在田无宇面前发起牢骚："做人君的要保持信义，做人臣的要保持恭敬，忠诚、信义、笃厚、恭敬，上下都要保持，这是上天之常道。主君现在这么做，是要自弃啊！"

一听这话，不用多问就知道晏婴刚才遇到了什么。田无宇本来也是去劝谏的，他一向处事圆滑，但眼前这件事实在太大了，如果齐国危险了，田氏再强也无法逃脱厄运，所以还是来了，想劝劝齐庄公。看到晏婴碰了钉子，田无宇决定不去了，只草草安慰了晏婴几句。

齐庄公与栾盈，可谓一见如故。

栾盈痛诉自己的冤屈，母亲与人私通，还没有去讨个公道，反而被诬陷为叛臣，听起来确实值得同情。齐庄公当即表示，一定主持正义，帮助栾盈重返晋国，报仇雪耻。这当然只是说辞，齐庄公的真正意图是借此将晋国搞乱，甚至利用这件事将晋国一举消灭，实现称霸的梦想。

齐庄公与栾盈秘密谋划，打算通过一定渠道把栾盈偷偷送往晋国的旧都城曲沃，即今山西省曲沃县一带，栾盈在那里很有势力，现在仍有许多追随者。栾盈以曲沃为根据地，偷袭晋国心脏地带，把晋国搞乱，最好趁机一举灭掉晋国。

有了这样的想法，齐庄公首先与崔杼商议。崔杼是一个野心很大的人，看着齐庄公即位以来整天把称霸挂在嘴上，又四处招募勇士，他心里很不舒服。霸主与权臣无法共存，崔杼的目标是权臣，所以需要一位弱君而不是霸主。崔杼正琢磨如何对付齐庄公，现在听齐庄公说利用栾盈的计划，他立即意识到这就是一个对付齐庄公的契机。

崔杼道："这是一个千载难逢的好机会，是上天佑我齐国啊！只不过，栾盈起兵固然能使晋国猝不及防，但他的实力毕竟有限，如果后继无援，则未必成功。主君可由濮阳北进，与栾将军遥相呼应，对晋国形成两路夹攻之势，一定稳操胜券！"

齐庄公大喜，决定就按崔杼说的办。

这毕竟是一件大事，齐庄公也征求了其他重臣的意见。庆封同意崔杼的看法，他看懂了崔杼的心思。田无宇则不置可否，没有反对，但表示应谨慎行事，至于如何谨慎，没有说出具体内容来。只有晏婴坚持反对："这太冒险了！这是拿齐国国运作赌注，一旦失败，后果不堪设想啊！"

晏婴反复向齐庄公进言，希望停止这种疯狂的冒险行动，不要把齐国的全部希望都寄托在一个外国逃亡者的身上。然而，齐庄公正被幻想出来的霸主梦充斥着头脑，对于晏婴的谏言根本听不进去。

晏婴不放弃，又进谏道："君王得到的越多，欲望就越多，恣纵欲望，意气就更骄横。得到的越多、欲望越多是很危险的，恣纵欲望、意气更骄横就会招致困厄。现在主君任用勇力之士，去攻伐圣明之君，怎会成功呢？不顾德义而冒险征伐，忧患将降临到主君身上啊！为今之计，非但不应该与晋国开战，反而应该与晋国搞好关系，把栾盈送回晋国。晋国内部的事，应由晋侯去处置。"

晏婴把晋国国君称为"圣明之君"，那自己岂不是昏君？换作别人，齐庄公一定当场翻脸，将说这些话的人抓起来治罪，但鉴于晏婴一向深得民心，同时也知道他的忠诚，所以没有过于计较。齐庄公面露不悦之色，谈话不欢而散。

齐庄公决意与晋国交恶，晏婴反而建议与晋国搞好关系。晋国是齐国的对手，双方互相仇恨，晏婴此举是否站错了立场呢？其实这是晏婴的清醒之处，就当前形势来看，齐国综合实力远逊于晋国，尤其是在诸侯国之间的影响力更远逊一筹，此时向晋国发起全面挑战，并无取胜的把握。

晏婴更清楚齐国目前的状况。齐国刚刚经历了一场内乱，齐庄公虽然坐上了国君之位，但权臣势力很大，政局并不稳定。齐国的当务之急在于内修政理，而不是对外部发起挑战。晏婴希望齐庄公是一代名君，如果能有齐桓公那样的霸主之才更是齐国百姓之福，果真是那样的话，他愿意成为第二个管仲。可是，现实与理想之间还隔着高山大河，一个并不能完全掌握权力的国君，不要说励精图治、称霸天下了，能否稳住局面都是问题。

晏婴与齐庄公的这次谈话发生在齐庄公三年（前551），地点在齐国国都临淄。在数百里外的鲁国陬邑，即今山东省曲阜市，有一户人家，男主人名叫叔梁纥，已经六十多岁了，妾室颜徵在这一年为其生下一个儿子，取名孔丘，这就是孔子。

齐庄公四年（前550），晋国要将公主嫁往吴国，齐庄公抓住这个机会，以派人去晋国送礼为名将栾盈及其亲信运进了晋国的曲沃。

栾氏在曲沃的确有相当大的势力，其旧部胥午在曲沃很得人心。栾盈一到曲沃就秘密联络胥午，准备发动兵变，与齐国里应外合。胥午认为这样做不可能成功，但为了旧主，他二话不说，愿意起兵。栾盈又联络盟友魏氏，魏氏此时的家主是魏舒，表示支持。栾盈于是领人杀往晋国国都绛城，即今山西省绛县。

晋平公对栾盈回国一事毫不知情，听到消息，不禁大吃一惊。这时又得到消息，说齐国的军队也已经出动了，显然是来配合栾盈的。晋平公能力平平，而且胆小，看到两路大军来袭，其中栾盈这一路已逼近了绛城，便以为大势已去，一度竟想自杀。

范宣子的儿子范献子很有见识，他劝阻了晋平公，率领部下反击栾盈，又迫使魏舒站在了晋平公一边。结果，栾盈大败，退回曲沃。栾盈这时仍有活命的机会，他可以再次逃出晋国，但他没有这样做，因为还期望着翻盘，同时寄希望于齐国的军队，希望自己在曲沃坚守，能等来援军。

齐国的军队确实出动了，不过速度有些慢，原因是他们先攻占了卫国的旧都朝歌，即今河南省淇县，对那里劫掠一番，之后才兵分两路杀往晋国。一来二去，耽误了时间。

齐军分为两路，一路由孟门关西进，一路登上太行山。晋军主力这时都在曲沃附近围攻栾盈，所以齐军一路势如破竹，一口气杀到了距绛城不到百里的地方。齐庄公大为兴奋，如果上天护佑，让齐国大军杀进绛城，无论能否活捉晋侯，也无论能否借此一战将晋国灭掉，他都创造了齐国新的历史，这个纪录甚至比齐桓公九合诸侯还要辉煌。

绛城内，晋平公刚刚平复下去的心又被悬吊起来，看到一天几次军情急报，吓得要命，只想丢下绛城逃命。好在范献子很冷静，派人通知曲沃城外的晋军主力立即回撤至绛城，先不管栾盈，打退齐军再说。范献子还建议联络卫国，他们刚被齐国欺负过，一定想报仇。卫国见到晋国来使，果然没有犹豫，立即出兵支援晋国。卫国实力虽弱，但位置很重要，夹在齐、晋两国之间，齐军主力已深入晋国境内，卫国就成为齐军回师的必经之路。

如此一来战事便陷入胶着，对劳师远征的齐军而言是不利的。到了这一年八月，齐军仍未取得明显进展，看到后勤供应越来越艰难，齐庄公有些害怕。齐庄公担心退路被卫军完全抄断，只得下令撤军。晋军抓住机会，发起全面反击，齐军损失惨重。

齐军撤退，令曲沃城中的栾盈陷入绝境。待齐军全部退出晋国国境后，晋军主力再次蜂拥至曲沃城外。曲沃城里，有人担心城破后自己被株连，于是向栾盈发起攻击。最终栾盈和栾氏亲族悉数被杀，只有一个栾鲂逃了出去，去了宋国。曾经显赫一时的晋国栾氏成为春秋时期又一支覆亡的世卿家族。

第四节　城门突然关闭

晏婴没有随齐国大军出征，听说齐军在晋国打了败仗，他知道自己的担忧已经变成现实。此次齐晋会战，不仅卫国派军队支援晋国，鲁国也站在晋国一边，看到齐军打了败仗，鲁国也趁机派出军队参战，虽然多半是象征性的，但也造成极大影响。经此一战，晋国的霸主地位没有受到任何动摇，反而更稳固了，齐国面临被周边邻国孤立的境地。

这还不是晏婴最担心的。晏婴担心的是，齐庄公执意伐晋，又亲自制订方案，亲率主力远征，结果打了败仗，无疑使齐庄公的权威受到极大损害，这大概正是崔杼、庆封等权臣希望看到的结果吧。晏婴对齐庄公尽管有些失望，但作为齐国臣子，他希望有一个强有力的国君，能带领齐国逐渐强大起来，让百姓过上好日子。

晏婴希望齐庄公也能想到这些，从而早日回师，之后反躬自省，再设法予以弥补。晏婴想，待主君回到临淄，自己一定好好向他进言一番，无论主君是否爱听，自己都要把话说透，齐国再也禁不起折腾了。

可是，晏婴迟迟没有等来大军回师临淄，反而听到了另一个让人不安的消息：齐庄公虽然打了败仗，却不打算就此回师，他将率齐军主力攻打莒国。

莒国也是东夷古国，是春秋时期齐国和鲁国之外的东方大国，都城为莒，即今山东省莒县。近三十年晋国势力一直很强大，莒国便依附于晋国。晋国牵头举行会盟二十四次，莒国全部参加。由于得到晋国的支持，莒国国君慢慢以为自己很了不起，开始对外用兵，近年来曾三次进攻鲁国。齐灵公二十七年（前555），以晋国为首的十二个国家联合讨伐齐国，莒国不仅参加了，还被晋国要求出动一千乘战车从东南方向袭击齐国。春秋时一乘战车包括四匹马、一辆战车、乘车的甲士三人以及步卒七十二人，一千乘战车至少包括七万人，在那时这是一支强大的力量。那一战齐国损失惨重，虽不曾灭国，但颜面尽失。齐庄公对此念念不忘，始终有复仇之心，也一直将莒国视为仇敌。

不过，齐庄公决定现在去攻打莒国并非完全出于复仇的目的。这一次齐军主力尽出，原本想一举灭掉晋国，成为中原霸主，没想到被晋军打败，齐庄公自然也考虑到晏婴的那些担忧。不过，与晏婴的想法不同，齐庄公认为此时只有另外来上一场胜利方能化解内外部的危机。

　　随同齐庄公出师的庆封敏锐地觉察出齐庄公的这种心理，适时提出了攻打莒国的建议。庆封此举与崔杼怂恿齐庄公攻打晋国是同样的意图，就是让齐庄公一败再败，让其本就不多的威望一再折损。只有削弱君主的权威，他们这些权臣的地位才能更稳固。

　　晏婴听到消息后如坐针毡，但齐庄公不在，他无计可施。

　　这一天，未到关闭城门的时间，临淄的各个城门却突然关闭了，引起人们恐慌，晏婴不知道是怎么回事，赶紧让高纠出去打听。在这个非常时期，主君不在城中，各种意外随时都可能发生。

　　高纠出去没多久就回来了，因为根本去不了城门处，也到不了宫城附近。城中每个里巷口都聚集着很多人，有的是普通居民，有的是城中的商户，甚至还有一些官员的家仆，很多人的手中都执有兵器，一个个严阵以待的样子。显然大家都不知道发生了什么，听说城门无缘无故提前关闭，心中有了各种猜测与担忧。有人担心是敌国来攻城的，有人担心是有大臣趁主君不在谋反作乱。

　　晏婴正思考着如何应对这个突发事件，忽然有一乘车子来到府门前。来的是宫里的人，那特有的服饰与车饰在临淄城里颇为引人注目，因而能穿过层层封堵来到晏府。晏婴这才得知，齐庄公已经回到城中，下达关闭城门命令的正是他。晏婴被告知，齐庄公紧急召见，不得有任何拖延。晏婴顾不上再问许多，急忙坐着车子进了齐宫。

　　齐庄公见到晏婴，忙道："寡人下令关闭城门，是想商议攻打莒国的事。国都里的人却以为城中发生了叛乱，个个拿起了兵器，站在里巷口处，随时真有可能发生叛乱。这该怎么办？"

　　晏婴道："此时只有请主君亲自前往稷下学宫，学宫门前向来是人们打听消息最愿意去的地方，主君在那里将真相晓告众人，以解不安，城中危情自然很快化解。"

　　齐庄公犹豫道："伐莒乃是机密，怎能如实相告？"

　　晏婴劝道："我军新败，需要休整，此时伐莒本就不妥。不如告诉民众，原欲伐莒，以雪前耻，念战事一开，双方生灵涂炭，故暂时搁置，也给莒国一次自我反省的机会。"

齐庄公摆手道："那怎么行？伐莒之事已定，现在要商量的是如何讨伐而不是中止！"

一旁的大臣睢休相插话道："其实这件事也好解决。"

齐庄公忙道："快说说看。"

睢休相道："没有发生祸乱，而百姓却以为有，是因为百姓误以为有仁德的贤人不在都城中。请主君下令，告知百姓，只说晏大人现在就在城中，众人听了，自会散去。"

齐庄公看了看睢休相，又看了看晏婴，似乎有些怀疑。睢休相道："主君不必怀疑，这个办法如不能让百姓散去，微臣任凭惩罚！"

齐庄公于是让人出去通令全城："谁说都城发生了祸乱，晏婴大夫现在就在城中，一切安然太平。"齐庄公不放心，命晏婴乘车前往稷下学宫等处，晓告四方。

神奇的一幕出现了：众人听说晏婴仍在城里，很多人还目睹了晏婴在里巷间巡视，于是安定下来，聚集在各处的人纷纷散去。

晏婴只是齐国一名大夫，职位不算显赫，手中更无兵权，在外面也没有嫡系势力，但他在人们的心中已经具有了无形的威望。这种威望存在于普通人之中，不以权力为基础，不以财富为手段，是崔杼、庆封那样的权臣所达不到的。齐庄公即位以来的这几年里，晏婴恪尽本职，兢兢业业，一切为齐国着想，心里装着百姓，还廉洁无私，敢于为国家、为百姓直言，这些都被人们看在了眼里，记在了心里。

第五节　杞梁妻"哭城"

临淄城中的不安气氛慢慢散去。齐庄公立即召集大臣商议伐莒的事，除晏婴外，还有几位大臣也反对伐莒，但齐庄公一律不听，谁都劝不住。

伐莒之事就这样定了下来，齐庄公仍亲自出征。

大军出发前，为激励士气，齐庄公特设"五乘之宾"，也就是享受五乘爵禄的勇士，其"一乘"已如前言，包括乘车的甲士三人和步卒七十二人。之前招募的勇士州绰、贾举等人皆名列"五乘之宾"。爵禄到手，可以享受荣华富贵，人便有了畏死之心，贾举于是向齐庄公竭力推荐两个人，说他们英勇无比，此战莒国，非二人充当前锋才能取胜。

齐庄公大喜，召二人来见。都是临淄人，一个名叫华周，一个名叫杞梁。齐庄公赐二人为"一乘之宾"，即享受一乘爵禄的勇士，命他们随军出征。

杞梁回家，与母亲告别。母亲见杞梁有些闷闷不乐，一问之下，才知道他为没有成为"五乘之宾"而失落。母亲道："如果活着的时候不讲道义，死后也没有名气，那么即便你是'五乘之宾'，谁不讥笑你？你活着的时候重道义，死后也有名气，那么那些'五乘之宾'也全都在你之下。"母亲催杞梁赶紧吃饭，吃完饭立刻赴军中报到。

齐军进入莒国，杞梁、华周自请为前锋。

齐庄公问道："你们用多少乘甲车？"

二人道："臣等二人，愿只身前往。主君所赐一车已足够我们乘坐了！"看来，二人对没能成为"五乘之宾"仍耿耿于怀，不惜身涉险境以自证勇毅。

杞梁、华周冲杀在前，莒国三百甲士迎战，被他们杀死杀伤一半。莒人劝二人不要死战，试图招降。杞梁、华周道："离开自己的国家，投降敌人，不是忠臣；离开自己的主君，接受别人的赏赐，不是正义的行为；在鸡叫时盟誓，到中午就忘得一干二净，是不守信。我们只知道深入敌阵，多杀敌人，其他的事一概不知！"

齐庄公听说二人英勇之状，大为感动，派人召他们回来。齐庄公让人捎话："你们的勇敢我已经知道了，不必死战，赶紧回来吧！"

二人对使者道："主君此来带着'五乘之宾'，我们没有份，这是小看我们的勇猛；临敌遇险，又来阻止我们，这是侮辱了我们的名声。我们只知道多杀敌人，别的都不知道！"杞梁、华周别了使者，继续带领追随者向前冲杀，直逼莒国都城外。

为阻止齐军，莒军在城门口堆积起炭火。二人无法前进，有一个名叫隰侯重的勇士站出来高声道："来，我帮你们越过炭火！"说着，隰侯重执盾跃上炭火，伏在上面，用盾盖置于背上，杞梁、华周便踩着隰侯重背上的盾冲了进去。

回头看时，隰侯重已死于火中。

华周哭了。

杞梁道："你怕死吗？为什么哭得这样伤心？"

华周道："我哪里是怕死？是他的勇气跟我一样，而他比我先死，我感到悲哀！"

二人继续冲杀，共杀死二十七个人。但寡不敌众，二人也死于乱兵之中。杞梁的尸体被莒人夺去，后来又还给齐人。齐庄公下令运回齐国，交与杞梁的家人祭奠。

这场伐莒之战也无果而终，齐国付出很大代价却未能达到灭亡莒国的目的，齐庄公只得下令撤军。

回到齐国境内，大军正行进中，忽见路旁有一妇人在那里祭奠死去的亲人。齐庄公让人去打听，得知是杞梁的妻子。齐庄公心中感到愧疚和感伤，命人去凭吊。

杞梁的妻子却道："如果我丈夫有罪，就请主君治他的罪；如果我丈夫没有罪，那我不接受在这里吊唁！"

齐庄公听了，有些不悦。

回到宫中，晏婴已早早在那里等候。齐庄公知道晏婴有许多话要说，但他实在太累了，不想听晏婴讲那些大道理。没等晏婴开口，齐庄公先将杞梁妻子说的话讲了一遍，问晏婴这些话是何意。

晏婴略加思索道："杞梁的妻子知道自己丈夫有功于国，而主君派人在郊外吊唁，既缺乏诚意，又仓促草率，对烈士不够尊重，所以她回绝了。主君应亲赴杞梁家中，正式吊唁。"齐庄公想了想，接受了这个建议。

齐庄公乘车来到杞梁家中，来到设立在厅堂上的灵位前进行祭奠，礼成，才离去。

杞梁的妻子无子，也没有其他亲人，想想世上唯一的亲人死在战场上，越想越难过。她枕着丈夫的尸身，不停地哭泣。

为丈夫下葬那天，杞梁的妻子哭诉道：

吾何归矣！夫妇人必有所倚者也。
父在则倚父，夫在则倚夫，子在则倚子。
今吾上则无父，中则无夫，下则无子。
内无所倚以见吾诚，外无所倚以立吾节。
吾岂能更二哉？亦死而已。

无父、无夫、无子，多么哀伤，多么凄凉，听到的人无不跟着落泪。杞梁的妻子最终赴淄水而死，恰在此时莒国都城有一段城墙无故倒了，人们便纷纷传说那是杞梁的妻子哭倒的。史书并未记载杞梁妻子的名字，明朝以后人们提到她时称她为孟姜女，称杞梁为范喜梁，又说孟姜女哭倒的不是莒国都城的城墙，而是长城。

第六节　蓼藿与荆棘

大败而归的齐庄公，心情很沮丧。幻想着能成为新一代霸主，却一败再败，损失了齐国的实力，更折损了自己的威望。齐庄公是个自负的人，总也想不明白其中的原因。

齐庄公问晏婴："寡人渴望威震当世而使天下归服，却无法如愿，是因为选择的时机不对吗？"

晏婴答道："不是时机，是行为。"

"是什么样的行为？"

"只有爱护国内民众的国君，才能使疆界以外那些心怀叵测的人归服；只有重视百姓为国家竭尽全力付出劳苦的国君，才能及时消除国内的邪恶逆乱；只有能听取正直之言并任用贤人的国君，才能威慑各路诸侯；只有施行仁义并乐于为百姓谋取利益的国君，才能让天下人纷纷拥戴自己。"

"寡人不是这样的国君吗？"

晏婴没有直接回答这个问题，而是继续道："不能爱护国内百姓的国君，就不能让疆界之外心怀叵测的人归服；轻视贤臣、不怜惜百姓疾苦的国君，就不能消除国内的邪恶逆乱；刚愎执拗、不听取劝谏、傲慢地对待贤人谏言的国君，就不能威慑住各路诸侯；背弃仁义而贪图名利的国君，就无法使天下人拥戴。如果想让天下人归服，其中的道理已经很明显了。"

晏婴这番恳切谏言，是希望齐庄公能重视贤良、肯于纳谏、爱护百姓、遵行仁义。这些道理齐庄公其实也懂，但他不喜欢晏婴以这样的口气讲话，他觉得晏婴的话过于刺耳，甚至让自己下不了台。齐庄公更喜欢崔杼、庆封，在自己面前，他们任何时候都很谦卑，说起话来总是让人觉得舒服，即便有些话并不符合自己的想法，但齐庄公也愿意听下去。

齐庄公实在忍不住了，对晏婴道："你应该向崔卿、庆卿多讨教讨教。关于治国理政，寡人想听的不是那些大道理，而是切实可行的方法。"

晏婴心中想：主君你好傻啊，难道没有看出来，齐国最大的隐患其实不在外面，而正是此二人吗？晏婴道："主君既然提到崔杼、庆封，我正好有些话要说。"

齐庄公却立即拦住了："寡人只是顺口一说，你不愿屈身讨教，那就算了。寡人累了，今天就到这里吧！"

晏婴愕然，只得告退。

就同样的问题，齐庄公也问了崔杼、庆封二人。

崔杼道："此次远征晋国、莒国，上有主君神威，下有将士用命，敌人纷纷败退，眼看大功告成，但敌人命不该绝，发生了意外。晋国是栾盈未能按约定成事，令我军失去内应，强攻受阻；莒国是敌人又太狡诈，不敢与我强大的军队野战，施阴谋诡计，才意外得逞。"

庆封道："卫国也曾经是中原强国，我大军一到，立即土崩瓦解，朝歌被我军轻易攻克，谁敢说我齐国战力不强？这都是主君的神威，上天的佑护！"

齐庄公听了，心中的不快立即消散了许多。齐庄公道："可是，晏婴认为打了败仗，责任主要在寡人身上。"

崔杼抢先道："晏婴好大胆！此人一向自以为是，总觉得自己了不起，别人都不行，其实只不过是个夸夸其谈的人罢了。让他上前线杀敌，恐怕比谁都逃得快。"

庆封也帮腔道："晏婴这个人只会沽名钓誉，说些大话，还假装清廉。主君对他的话不必放在心上！"

齐庄公道："寡人自然知道，哪能跟他一般见识？只是每次听他说话都觉得不舒服。"

崔杼道："主君以后不召见他就是了，眼不见心不烦。"

庆封道："对，不搭理他，让他自命清高去。"

齐庄公道："晏婴还想在寡人面前说你们的坏话，寡人根本不给他机会。寡人知道他想说什么，无非是大权在握、欺上瞒下、架空主君那一套。"

二人闻听，扑通一声跪倒在地。

崔杼道："臣冤枉啊！臣对主君忠心耿耿，日月可鉴！"

庆封道："臣敢对着太阳发誓：对主君绝无二心！"

齐庄公笑了，笑容里透出自信与满意。齐庄公忙上前把二人扶起来，说道："寡人当然知道二位贤卿的心迹了，否则也不会对你们说这些。寡人相信你们，齐国正因为有你们在才得以安定强大。我只是有些郁闷，要是能把晏婴这个人从身边赶走，那就心情舒畅了。"

庆封道："这还不容易？主君下令，让晏婴滚出临淄，回他的东莱种地去！"

崔杼道："臣以为不可。晏婴虽然只是一名大夫，主君一句话，他不敢不从。可是，晏婴善于收买人心，临淄城以及整个齐国没有不说他好的，如果强行驱逐，恐怕会引发众人不满，那将有损主君威严。为了一个晏婴而失了主君的威严，不值得。"

庆封斜了崔杼一眼，心想："你怎么糊涂了？赶走讨厌的晏婴，又打击了眼前这个人的威望，不正是一举两得吗？"崔杼意会，心中却想："你还是把眼前这位看低了，他要想赶走晏婴，早就做了，何必跟咱们商量？"

齐庄公道："崔卿说得极是，寡人也有此顾虑啊。"

崔杼道："臣倒有一个办法，保证让晏婴自己提出走人，到那时既达到目的，又不会让人说三道四。"

齐庄公大喜："快说快说。"

崔杼说出自己的主意，齐庄公和庆封都拍手叫好。

这一天，齐庄公在宫中设宴，提前召集一些大臣，然后吩咐人去请晏婴。晏婴有好一阵子没有见到齐庄公了，见召，立即乘车前来。

走到宫殿外，听见里面飘出来乐声，知道酒宴已经开始。刚要进去，听见有乐人在里面歌唱。歌词是：

已哉已哉！

寡人不能说也，

尔何来为？

晏婴听了，不觉一怔。歌中的意思是：停止吧，停止吧，我无法高兴起来啊，你来做什么呢？

我来做什么？是你让我来的啊！既然不高兴让我来，为何还派人去召我？晏婴的心中升起不快，那是每一个有血性的人被公开羞辱后所产生的正常反应。本想扭头就走，但又想，是不是自己多心了呢？是不是将一首普通的歌曲联系到了自己的身上？

晏婴走进宫殿。齐庄公见他进来，连头都没有点一下，似乎晏婴是一团空气，于众人中无形无影、可有可无。有一个朝东的座位是空着的，晏婴径直入座。

这时，乐人继续奏唱，又将上面那几句歌词连唱了三遍。晏婴确认，这是齐庄公故意针对自己的。再看在场的大臣，崔杼、庆封面露得意的微笑，或者是嘲笑，其他大臣脸上多木然，有人不敢看他，始终低着头。

晏婴从座席上起身，前行几步，直接坐在了场中的地上。

齐庄公不解，问道："晏卿，这是何意？"

晏婴答道："臣听说，被审判的人得坐在地上。如今主君要审判臣下，臣下怎敢不坐在地上呢？"

"寡人何时要审判你了？"

"主君请臣来，却让人唱这样的歌，这比审判还让臣难堪。主君如果对臣下不满，尽可议罪。"

崔杼从席上起身道："谁都知道晏先生是齐国第一贤臣，齐国可以没有我等，但不能没有晏先生，我想主君绝不会对晏先生有任何不满。晏先生进来之前我们一直在听歌赏曲，没有任何人对此歌觉得不妥，晏先生多心了吧！"

庆封也站起来道："晏先生有些小气啊！"

二人说完，有三五个大臣也随声附和。晏婴不禁怒火中烧，不顾是在宫殿之上，也不管周围还有众多大臣，对着齐庄公正色道："依仗人多就不讲道德仁义，自以为强大就不讲礼仪，喜好小人而厌恶贤才，如果这样，灾祸一定会降临到他的身上！"

齐庄公厉声道："晏婴，你在诅咒寡人吗？"

晏婴道："微臣没有诅咒主君，微臣只是陈述一些道理。既然微臣的言论不被主君喜欢，也不被采用，希望主君准许我辞去官职，离开这里。"

说完，弓了下身，退出宫殿。

晏婴满怀委屈与悲愤，快步走出了宫。来到外面，吸了一口新鲜空气，胸中的郁结才稍稍通顺一些。平复一下心绪，也不坐车，步行往家里走。一边走，一边回想刚才的情景。过了一会儿，晏婴稍微冷静了一些，发现自己似乎上了别人的当，被故意激怒，当众自行宣布辞官，这不正是某些人心中所想的吗？

可话已经说了，没有了挽回的余地。

唉，这样的昏庸之君，不辅佐也罢！想到这里，晏婴加快了步伐。回到家中，晏婴将自己掌管的公家锁钥以及存放在家中的公文整理好，派高纠送往宫里。又吩咐人收拾东西，把不方便带走的明日拿到集市上卖掉。芮姜见状，大吃一惊，问晏婴为什么这样做。

晏婴道："君子如果有能力为百姓做事，那加官晋爵、享受俸禄就是可以的，也可以不推辞富贵；如果没有能力为百姓做事，再享有这些就不合适了，应该退居乡野，自食其力。"

芮姜知道丈夫的脾气，他既然决定的事，必然也没有劝他回头的可能，于是默默帮助丈夫收拾东西。

晏婴走后，他在临淄城的家门户紧闭。渐渐地，堂下生出蓼藿，门外生出荆棘。偶有百姓路过，便会叹一口气："唉，只有晏大夫肯为下等人说话，可这里不容他啊！"

第七节　海边论政

晏婴带着妻子芮姜和高纠等几名家仆重新回到鄑邑，在几年前曾隐居的那间简陋居所住了下来。仍然是曾经熟悉的生活，种种菜，开辟一小块田地，又过起了恬淡安静的日子，闲时便去找越傒先生畅聊，倒也过得自在。

如果从此不再想临淄城里的事，不再想齐国，那确实很自在，但晏婴做不到。此时已是深秋，漫步在海滩上，风是冷的，水是凉的，心中丝毫不觉得惬意，心情如同远处海岸线之上的浓云那么阴沉。

只有坐在越傒先生那间简陋的小屋里，晏婴才感觉到一丝踏实。越傒先生知道晏婴的心事，所以尽量不提临淄，只说些读书心得，或吟诗或品茶，偶尔调琴自娱。晏婴不善乐理，琴技还是跟越傒先生学的，二人倒因此多了一个话题。

谈论中，二人说得最多的是读书。越傒先生年轻时曾周游各诸侯国，又在稷下学宫待过两年，观览过不少古籍，尤其关注齐国最繁盛的时代——齐桓公和管仲的时代，这正是晏婴格外关注的。

论起管仲，晏婴问道："我总觉得管仲是世间少有的奇才，他完成了很多传奇的事情，那些看似不可能的，在他手中都做到了，从未失手，让齐国在各诸侯国中率先称霸。可就是这样一个无所不能的人，却未能让齐国长久兴盛下去。我总也想不通，这是为什么呢？先生能否赐教于我？"

越傒先生想了想，说道："原因当然有很多，其中最重要的还是用人不明，这主要说的是先君桓公。"

"您说的是公子开方、竖刁和易牙这几位吗？"

"是的。桓公晚年进取心大减，整天被公子开方、竖刁和易牙等几位宠臣包围，桓公跟他们很对脾气，只要有他们陪着就高兴，一天看不着他们就难受。"

"现在也一样啊！"晏婴想起崔杼、庆封等人，不禁感叹。

"其实并不一样。桓公身边的宠臣，充其量只是宠臣，桓公有办法掌控一切，包括他们。现在呢？只怕咱们那位主君还不知道自己的真实处境吧！"

"是啊，这是最让人忧心的地方！当年公子开方、竖刁和易牙迷惑桓公，不过后来的齐国史官对此多讳莫如深，主要是为桓公避讳。先生遍览古籍，想必知道得更多更清楚，能否讲讲？"

"这个公子开方，他是卫国公子，为讨桓公欢心，十五年不回家探望父母，父亲死时都没回去奔丧，让桓公相当感动，认为公子开方爱他胜过爱自己的父母。竖刁也是贵族子弟，很小的时候就被送到齐宫服侍桓公，长大成人后可以做别的选择，但为了能继续服侍桓公，他毅然决然地阉割了自己，此举同样感动了桓公，认为竖刁爱他胜过爱自己。不过，以上二人如果跟易牙一比就算不了什么了。易牙是一名厨师，专门侍候桓公的饮食，他的烹饪水平很高，很得桓公欢心，有一回桓公一边品着乳猪肉一边随口说：'寡人尝遍天下美味，只是从来没有吃过人肉，遗憾啊！' 其实这只是桓公随口一说，真要给他一块人肉，估计他未必咽得下。但易牙不这么想，他觉得自己向桓公表忠心的机会来了。不久，桓公用午膳，易牙上了一道肉汤，桓公喝完觉得鲜美无比，问是什么肉做的，易牙跪到桓公面前，没有开口先流下眼泪，桓公很纳闷，追问怎么回事。易牙道出实情，原来这是用他四岁小儿子的肉做的，为了让国君身体安康，他果断杀了心爱的幼子，做成汤给桓公吃。明白真相的桓公哪能咽得下这碗汤？但他被易牙的忠心深深感动，认为易牙爱他胜过爱自己的亲生骨肉。"

晏婴问："桓公被这三个小人包围，哪里还能再励精图治啊？可这时管相国还在世，怎么不管呢？"

越偃先生道："管相国对这三个人也看不惯，多次提醒桓公远离他们，引起竖刁等人的不满，他们利用一切机会诋毁管相国。管相国年纪大了，患了重病，桓公前往探望，病榻前问谁能接替相位，管相国没有正面回答，大概心中还没有合适人选。桓公于是问易牙怎么样，管相国说易牙为了讨好主君连自己亲生儿子都烹杀，这种没人性的人不能当国相。桓公又提到竖刁，管相国认为人都把自己的身体看得最重要，连自己身体都不在乎的人，还能在乎别的什么？桓公又提到公子开方，管相国依然摇头，认为连父母都能抛弃的人，还有什么不能抛弃？"

晏婴问道："直到这时桓公心中最看重的还是管相国吗？"

"是的，毕竟没有管相国就没有齐国的称霸，桓公对此十分清楚。况且管相国的能力桓公最了解不过了，他始终听管相国的。管相国一连否决了三个人选，桓公着急了，一定让他推荐一个人。最后，管相国向桓公推荐了隰朋，他是齐国宗室，多次参加诸侯会盟，熟悉内政及外交事务，管相国认为他眼光远大又能虚心下问，是辅佐国君的最佳人选。桓公倒也肯听管相国的，打算让隰朋接任国相。竖刁等极为不满，跑到鲍叔牙那里挑拨，说管相国应该推荐鲍叔牙才对。鲍叔牙与管相国有几十年的交情了，'管鲍之交'嘛。鲍叔牙不为所动，认为管相国推荐隰朋，恰恰说明他一心为社稷宗庙着想，没有私心，让竖刁等人闹了个没趣。"

"鲍叔牙不是国相的合适人选吗？"

"并不是每个人都能当国相，鲍叔牙性格过于温和，不够果决，他自己也意识到这一点，最初桓公打算让他当国相，他觉得自己不行，才推荐的管相国。管相国死后，隰朋接替了国相之位，桓公想起管相国临终前说的话，把易牙等三个人赶出了齐宫。可惜的是，十个月后隰朋也死了，鲍叔牙偏偏也在这时候死了，桓公身边的忠臣越来越少，小人自然有了机会。桓公看不到易牙等人，吃饭也少了滋味，就把他们三个人召回宫里。"

晏婴感叹道："真是天不佑齐国啊！"

越僳先生继续道："没过多久，桓公病重，考虑继任国君人选。桓公有六个儿子，因为没有一个是嫡出，所以都有继承君位的机会。桓公先立公子昭为太子，但竖刁等人不喜欢他，怂恿桓公另立公子无诡，太子昭担心被迫害，逃往宋国，齐国因此发生了内战。这场内乱史书里有记载，就不多说了。人们不太知道的是，一代霸主桓公最后很可怜，在内战中易牙指使人堵住宫门，不让任何人进宫，以便自己随时可以假传君命。最后有两个宫女乘人不注意越墙进宫，发现桓公快饿死了。桓公并不知道外面是怎么回事，宫女把易牙等人作乱、堵住宫门不让人进来的情况告诉桓公，桓公才追悔莫及。齐桓公最终还是饿死了，死后六十天竟没人问没人理。桓公死后齐国内乱不止，齐人最后杀了公子诡，竖刁等人要么被杀要么逃往国外。齐人把公子昭接回来当国君，也就是孝公。这场内乱让齐国从此衰落，随着晋国的崛起，诸侯争霸的主场也换到了别处。"

齐国在春秋时期最辉煌的一段就这么昙花一现似的过去了，有人称齐国为"一世而衰"。辉煌与衰落的交替尽管也是一种规律，但辉煌来得这么快，之后的衰落又来得这么急、这么彻底，却让人多有不解，这正是晏婴感到最困惑的地方。晏婴问："即便有小人，但齐国的衰败也来得太快了吧？再怎么说，管相国治国几十年也给齐国留下了丰厚家底，为何一遇挫折，就从此一蹶不振了呢？"

越俟先生道："你算是说到点子上了。确实，先君桓公'一世而衰'，其中的原因，除了小人是众人最容易想到的，还有不易想到的地方。"

"哪些地方？先生请快讲！"

"还应该想想，管相国的治国之策其实也有不妥之处。"

"哦，有哪些不妥呢？"

"管相国最擅长的是理财，他主张以商治国，固然创造了经济繁荣，国家财力因此大增，甚至打造出了数量可观、装备优良的军队，但这些繁荣和强盛又是脆弱的。"

"为何？"

"先说说管相国是如何带领齐国赚钱的。在以前，君主管理经济通常是顺其自然，顶多随势引导、加以教诲，一般避免对其管制约束，因为大多数国君都主张不与民争利。管相国做过商人，懂商道，他认为国家应该对经济加以干预，也就是'通轻重之权，徼山海之业'，为此提出'工立三族，市立三乡，泽立三虞，山立三衡'，实行这些措施的目的就是国家利用钱币、物价和集市等调剂经济。管相国说'通权重'，即统一钱币。还有'以农为本、本末并举''寓税于价''与之为取'，都是说理财的，倡导的是发展工商业和贸易，降低关税，从而促进商业繁荣。除此之外，还打了几场商战，把诸侯国打得很惨。"

晏婴道："商战的事情我倒知道一些。鲁国、梁国产绨，管相国就劝桓公穿绨做的衣服，让大臣也穿，带动齐国百姓都去穿，结果齐国绨价大涨，管相国对鲁国和梁国来的商人说，你们贩到齐国一千匹绨就奖励给你们三百金，商人们于是都争着往齐国贩绨，这两个国家的百姓也争着生产绨，最后几乎全员参与到织绨运绨中，放弃了农业生产。管相国这时又劝桓公改穿帛，同时下令'闭关，毋与鲁、梁通使'，十个月后'鲁、梁之民饿馁相及'，只得花钱来咱们齐国买粮食。管相国让齐国商人抬高粮价，每石要花上千钱，三年后鲁国和梁国被彻底打垮了。不过，我有点想不通：这么简单的招数，真的能打垮鲁国和梁国吗？"

越俟先生道："是可以的。因为人都有贪婪的一面，明知道有风险也会不管不顾地去逐利，况且那时候商战还是很稀罕的事物。管相国用商战还打败过楚国，买他们的鹿，诱使楚人捉鹿、养鹿。还有代国的狐皮，也都被管相国拿来打商战。"

晏婴道："大概苦于征伐，人们才觉得以商战手段打击对手，这种方式耳目一新。不过，也只有精熟于商业之道的人，才能把这种商战运用到炉火纯青的程度吧？"

越偞先生道："是的。不过管相国创造了内外贸易繁荣，赚了很多钱，却不见得全是好事。商业重在交易，轻视生产，这样一来经济便不稳定。商业获利更容易，人们既然可以通过这个法子去致富，就不再愿意投身繁重的生产劳动，更不会冒着生命危险去战场上厮杀以博取晋升机会，这是以商治国的弊端。管相国也认识到了这一点，他提出'利出一孔'，想把百姓和所有东西都绝对控制在国君手中，强调百姓希望得到的一切都由国君来掌握、分配和赐予，但这时的齐国重商业、重贸易，人人追求金钱，国君其实很难控制住人们的想法，自然也无法完全控制人的行动，'利出一孔'说白了只是目标，却不是手段。没有手段的目标又有什么意义呢？"

晏婴听了，深受启发。想了一会儿，晏婴道："确实是这样的。人人重商重钱，就忽视了个人的修为。人人都想一夜暴富，想不劳而获，为达成目的而不择手段，这样会给小人以可乘之机。看来只重商业和理财并不能使国家真正强大起来，国富并不等于国强。国家要强大，还要有道德规范，还要人人讲修身，不仅国君讲、大臣讲，普通百姓也要讲，这样小人就没有可钻的空子了。"

越偞先生微笑道："看来你悟出了管相国没能悟出的道理。如果将来你当了齐国国相，希望还能想起今天的话，带着齐国走出另一条富强之路啊！"

话题回到现实与未来，晏婴的心情低沉下来。他也希望自己是齐国下一个管仲，辅佐国君重振雄风，不为称霸天下，只为百姓过上平安幸福的好生活，也就够了。只是，这一天看起来实在太遥远了，无论已故的灵公还是现在的主君，都与求贤若渴、志向远大的桓公相去甚远，即便他想如管仲那样为国家效力，也难有这样的机会啊。

第三章

腥风血雨

第一节　情敌的帽子

晏婴走后，齐庄公觉得清静了许多。国家的大小事务更加依赖崔杼、庆封，对二人言听计从。崔杼、庆封却不敢大意，他们深知君主与权臣历来都无法和平共处，除非君主真正昏庸无能。

二人都知道万万不可大意，尽管他们之间也有矛盾，但也都知道现在不是他们之间大打出手的时候。面对齐庄公，二人还要联起手来。

经过勾兑与密谋，崔杼与庆封达成一致：必须找机会除掉齐庄公，另立一个真傻而不是有可能在装傻的人。

一天，崔杼带着妻子东郭姜去拜见齐庄公。崔氏虽然也是贵族，但毕竟是小宗，每逢重要节日有拜见大宗的习俗，一般要带上妻子，以示隆重。这本是一次礼节性的拜见，喝喝茶，寒暄一二，大多数时候连饭都不吃就回去了。

可是，这一次却有些特别。齐庄公之前没有见过东郭姜，所以看得特别仔细，眼睛时不时在东郭姜身上瞟来瞟去。东郭姜长得很美，这种美不是俗艳，不是珠宝、美服所映衬出来的，而是天生丽质，有一种艳而不俗的气质。宫里藏着不少美女，但齐庄公承认还没有哪一个能跟东郭姜一比高下。

齐庄公心不在焉地同崔杼说着话，目光由游移而变得迷惘，再由迷惘变得有些感伤。崔杼一向善于察言观色，齐庄公的这些神情变化怎能逃过他的眼睛？

崔杼知道齐庄公很好色，为此四处搜罗美人，也为齐庄公的这种爱好做出过贡献，曾先后将十多位从各地搜罗来的美人送进宫中。崔杼看看齐庄公，又偷偷看了看妻子，发现了问题。崔杼的第一感觉是愤怒，而且是极其愤怒，这种反应出自一个男人的本能。

东郭姜确实很美，正因为如此崔杼才娶她为妻。东郭姜此前结过婚，丈夫是齐国大夫棠公，所以人们也称她为棠姜。棠公死了，东郭姜寡居。寡妇再嫁这时还是司空见惯的事，所以东郭姜的门前马上涌来无数追求者。可东郭姜都不点头，她是个有心计的女人，她心目中的新丈夫必须样样超过前夫才行。

说来也巧，东郭姜的弟弟东郭偃是崔杼的家臣。棠公死后，崔杼按礼节前来吊唁，东郭偃为其驾车。来到棠公府上，见到棠公的未亡人，崔杼瞬间被其美貌深深吸引。回来后，崔杼满脑子都是东郭姜的影子，到了走火入魔的程度。听说有不少人在追求东郭姜，崔杼坐不住了，马上派人去提亲。崔杼已有正妻，妾室也有不少，东郭偃为姐姐的幸福考虑不同意这门亲事。可是，东郭姜却非常乐意。

东郭偃最后劝道："咱们出自桓公之后，崔氏为齐国丁公之后，桓公、丁公同为姜姓，他娶你，不合同姓不婚之制。"但是，东郭姜认为这并不是问题。

崔杼让人占卜，得到的是困爻变大过爻，祭官们都说这是吉卦。崔杼与田无宇的父亲田文子交好，把卦拿给他看。田文子道："男子追风，风吹物毁，此妻不能娶啊！卦辞说：'被石墙所围、受蒺藜所困，进其家中，不见女主，凶。'被石墙所围，就是走不进去；受蒺藜所困，就是刺要伤你。进其家中，不见女主，凶，这是不得善终啊！"

崔杼道："一个寡妇罢了，又何妨？即便是凶卦，也已经应到她的先夫身上了。"崔杼非娶东郭姜不可。

东郭姜唯一的要求，是必须以正室之位迎娶自己，她不想做偏室。这本来是个问题，而且是个不小的问题，但说来也巧，崔杼的正妻偏偏这时候死了。于是，崔杼便以正室的名分将东郭姜娶进府中。

自己如此钟爱的女人哪能容别人觊觎？如果不是东郭姜，而换成其他女人，崔杼二话不说，会立即献给齐庄公，但这个女人能让自己牵肠挂肚，实在难以割舍。

带着复杂的心情回到府中，崔杼闷闷不乐。

崔杼想了很久，慢慢从开始的不快、愤怒中冷静下来。权力与女人，如果二者不可兼得，他宁愿选择前者。想到这里，崔杼的心中突然生出一个奇思妙想来。夜深人静，崔杼将妻子请到密室。这间密室，厚墙无窗，只有一张席子，平时只在商议极隐秘的事情时才用。

崔杼先向妻子施一大礼，东郭姜一愣。

崔杼道："贤妻，崔氏即将有大祸临头，你可知道？"

东郭姜的脸一下子飞起了红晕。

半晌，东郭姜低声道："难道是主君……"

崔杼道："正是。主君看上你了，以他的脾性，不得到就不会罢休。"

"夫君难道畏惧不成？"

"不是畏惧。贤妻有所不知，主君表面信赖我跟庆封，但暗中极为防范，正在积蓄力量，一旦时机成熟就将向我们两家下手，到时候阖府上下将无一人能幸免！"

"啊？有这么严重吗？都是贱妾惹的祸啊！"

"这其实与贤妻无关。在主君眼中我们是权臣，除掉我们，他才能真正掌权，所以这一天是迟早的事。"

"那该怎么办？"

"现在有一个好办法，可化解我崔氏灭门之祸，只是有些冒险，而且还要委屈贤妻。"

"夫君请讲，只要贱妾能做到，刀山火海我都敢上敢闯！"

崔杼于是说出了自己的计策，那就是顺势而为。既然齐庄公看上了夫人，就给他来个美人计，先将他彻底控制住，再找机会除掉他。不仅让他死，还得让他死得难堪，死得无话可说。

听完丈夫的话，东郭姜沉默了。

她贪慕虚荣，但尚知廉耻。美貌是她的财产，她也希望借此谋得越来越好的生活，这是她愿意嫁给崔杼的原因。但她并不想冒险，也不想掺和到任何政变中去，更不希望自己的美貌和身体是政变密谋的一部分。然而，东郭姜深知此时此刻如果拒绝，自己将不可能再走出这间密室。这是天大的秘密，涉及多少人的生与死，怎能让秘密存活在自己的心中？

良久，东郭姜点了点头。

于是，人们看到崔杼频繁地带着妻子去拜见齐庄公，每次都找出一些借口。崔杼也频频邀请齐庄公来府中做客，每次齐庄公都愉快地答应了。

齐庄公来到崔府，崔杼总是找个理由回避出去，让齐庄公与东郭姜单独相处。一个有意，渴望激情；一个身负重任，故而一再施展魅力以诱惑。就这样，二人在崔杼的府中完成了私通。这种事就像洪水打开了闸门就再难以关上，有了第一次，就会有许多次、无数次。

一开始，齐庄公心里还有些惴惴不安，担心被人发现。但一次又一次后看到一切太平，崔杼毫无异常表现，又觉得很奇怪。不对呀，这种事情再保密也难免有透风的墙，崔杼如此老奸巨猾，哪能觉察不出来呢？很快，又想通了：崔杼不是不知道，而是装作不知道，这从他总是找借口躲出去就能看出来。不错不错，有眼色，会来事。齐庄公这样一想，又心安理得起来，不再小心翼翼，越来越明目张胆。

一次私通后，齐庄公看到卧房里有一顶帽子很好看，就顺手戴在了自己的头上。不用说，帽子是崔杼的。齐庄公把情敌的帽子顺手拿走了，不仅不再归还，还拿来赏赐给别人。有一名侍者常跟齐庄公去崔府，对所有事情都很清楚。这位侍者觉得把崔杼的帽子拿走已经很过分，再赏赐给别人，对崔杼而言是极大的羞辱，不应该这样做。

齐庄公听了，眼睛一瞪："崔杼的一切都是寡人的，难道帽子不是？"这些话悄悄传了出来，人人都为崔杼叫屈，觉得主君实在是太过分了。只有崔杼听后觉得很满意，知道自己的计划快要成功了。

第二节　弑君

崔杼的计划继续进行，为确保万无一失，他觉得有一个人必须事先拉拢过来，没有他的配合，再好的计划也难以成功。

这个人就是贾举，"五乘之宾"之一，正是他向齐庄公推荐的杞梁、华周。贾举有勇力，但贪生怕死，推荐杞梁、华周的目的就是让他们替自己当前锋。贾举虽是武人，心思却极细腻，善于察言观色，能左右逢迎，深得齐庄公信任，成为齐庄公的内侍，负责安全保卫。

贾举身上的毛病不少，有一次因为一些事情被齐庄公抓住把柄，一怒之下，齐庄公命人鞭打贾举。贾举既受刑又受辱，大愧，心想在齐国的事业算是到头了。正当贾举思考着如何离开齐国时，齐庄公却对他既往不咎，仍让他担任内侍，仍对他信任有加。此举可称为"用人不疑"，表面上看是赏罚分明、心胸开阔的表现，其实大有问题。"用人不疑"之前还有一句"疑人不用"，不放心的人、受到怀疑的人不能再用，至少不能再重用，贾举如此，后世的吕布也一样。吕布以勇力被董卓所信任，董卓也将自己的安全保卫工作交给吕布，结果吕布因为一两件小事而将董卓触怒，董卓一气之下曾差点儿失手杀了吕布，事后虽相安无事，但吕布从此战战兢兢，心生叛意，最终亲手将董卓诛杀。

贾举与齐庄公之间已有裂痕，这件事或许较为隐秘，不为外人所知，但瞒不过对齐庄公一举一动都十分敏感在意的崔杼。崔杼如同后世一心谋除董卓的王允，发现了机会并且果断抓住。崔杼经过一番试探、拉拢，最终把贾举说服，贾举愿意参加到诛杀齐庄公的行动中来。

大网已张开，锁链已勒紧，可齐庄公仍毫无觉察。齐庄公还像往常那样，时不时去崔杼的府上，崔杼也创造条件让他与自己的妻子幽会。

这一天，崔杼派人向齐庄公报告，说自己病了，不能理事，请求准许几天病假，在家休养。齐庄公一听十分高兴，因为这又多了一个去崔杼府上的理由。

齐庄公带上贾举，还有一队侍卫，立即前往崔府。见到崔杼，看起来真的病了，躺在床上，面色不那么好看。齐庄公敷衍着说了几句安心养病的话，就迫不及待地出来了。

东郭姜早在外面等候，二人来到经常幽会的府中一个僻静的院落。一切轻车熟路，一切都如往常那样。院门关闭，里面只有齐庄公与东郭姜二人，贾举率众卫士在院外守卫。

偷情的刺激与快感让齐庄公完全放松了警惕，很快便放飞在身心的愉悦之中。通常这也需要耗费很大的体力，所以心满意足后，齐庄公不知不觉沉入梦乡。

不知过了多久，齐庄公慢慢醒来，发现院中只有自己一个人，东郭姜不知去了何处。之前，齐庄公醒来后第一时间看到的总是东郭姜美丽的面容，微笑着看着自己，目光里充满崇拜与爱怜。今天却没有，齐庄公不禁有些失落。齐庄公这才想起，此处并非自己的宫室，已经盘桓得实在有些久了，还是早走为好。

略微整理一下衣冠，来到院门前，见门仍然紧闭着。推门，却推不动。想高声喊人，又觉得不妥，于是拍了几下，还不敢太重。

外面却毫无反应。

贾举不在外面吗？齐庄公提高音量，喊道："贾举，贾举！"

外面仍无反应，死一样的沉寂。一种不祥之感泛过齐庄公心头，那是一种猛然袭来的寒意，让他不禁打了一个哆嗦。

"贾举，贾举！"

齐庄公又冲外面喊了两声，回答他的仍然是死寂。齐庄公觉得自己的声音已经足够高了，已经足够传遍整个崔宅，甚至能传到齐宫深处，所有的人应该都能听到，但所有的人却不愿意回答。

齐庄公绝望了。

没有人，没有回声，这才是真正的煎熬与恐惧。齐庄公从来没有这样恐惧过，他紧紧抱住身边的一根廊柱，以不让自己被突然降临的神秘鬼魂带走。为给自己壮胆，齐庄公还哼起歌来，那是宫中乐人们经常演唱的歌曲，至于内容，齐庄公已经无心去想了。

唱了一支又一支，唱累了，嗓子也沙哑了。

终于进来一个人，是崔杼。他已经恢复为正常的人，病显然是装的。崔杼的脸上有淡淡微笑，那是胜利者的笑容，是稳操胜券后的自信与从容。齐庄公从这张脸上看出了自己的结局，但他不甘心，还想做最后挣扎。

这时有一些甲士拥进来，有人手里握着刀，有人手里挽着弓箭。不用说，里面没有贾举。

齐庄公道："请听寡人说，那些都是误会。"语气是那么柔和，仿佛对面站的不是情敌而是自己的情人。

崔杼冷哼一声："主君，什么误会呀？我怎么听不懂？"

齐庄公稳了稳心神，慢慢道："我知道错了，对不起爱卿。爱卿有什么条件只管对我讲。"不知是紧张还是出于谦卑，齐庄公不再自称"寡人"。

崔杼抬起头，仰望天空："你好好看一看这片天吧，多么明朗！"齐庄公本能地也抬起头，但旋即又低下了。

齐庄公嗫嚅道："能不能不杀我？"

崔杼摇摇头："不能！"

"我愿意与您举行盟誓，将齐国让给您，您来当国君！"

"不行！"

齐庄公将眼睛闭上，泪水随即涌了出来："我只有一个请求，希望您不要再拒绝。我知道自己罪孽深重，也情愿一死。但我毕竟是一国之君，我的体面就是齐国的体面，请让我最后去一下太庙，祭祀完齐国先祖们，我在那里自裁！"齐庄公还想拖延时间，想寻找最后的机会。只要不马上就戮，他相信还能找到机会，他还没有当上霸主，怎能这样窝囊地死去？

"不行！"

齐庄公猛地松开柱子，拼命向后面跑去。但没跑几步，就有箭矢飞了过来，其中一箭射中了他的大腿，让他扑通一声倒在了地上。

甲士们一拥而上，刀光映出齐庄公因绝望而变形的脸。

刹那间，血水喷溅，齐庄公命丧当场。

第三节　闯府

崔杼弑杀齐庄公，杀得倒是干脆利落，但麻烦也不小。在这个时代，尽管权臣杀害君主的事在各诸侯国之间不算稀奇，但如果处理不好的话，也会给权臣带来灭顶之灾。

望着齐庄公的尸体，崔杼正思考着怎么办，这时有家臣急匆匆跑进来报告："大人，不好了，那个人来了！"

崔杼没好气道："哪个人啊？慌成这样！"

"晏婴，晏大夫……"

"胡说什么！那个东夷的乡巴佬不是回海边种菜去了吗？怎么可能在这里？"

"大人，确实是晏婴，现在就在府门口！"

"快，快把他堵住，千万不能让他进来！"

"大门已经关上了，晏婴进不来。不过他没有走的意思，在那里使劲砸门，还不停叫嚷。"

"知道了，你先下去吧。"

崔杼想，晏婴平时根本不屑于来我这里，自从当了大夫，他一次也没有来过，今天突然不请自来，一定跟府里刚刚发生的事有关。又想：晏婴是怎么回来的呢？怎么没有人向我报告呢？他又是如何知道刚刚发生了一件惊天大事的呢？在这个节骨眼上回来，是想做什么呢？崔杼脑子里飞快地闪过这些问题，又拼命地思考着答案，盘算着对策。

晏婴近来的确一直在海边闲居，他也想过从此做一名逍遥自在的闲人，不再过问世事。然而，这样的想法在他的心中并不坚定，他是一个忧国忧民的人，让他彻底放下国家和百姓，他做不到，也说服不了自己。

所以，隐居生活没有给晏婴带来内心的平静，他反而越来越焦躁。芮姜看出了问题，有一天在海边散步时，对丈夫说："既然夫君有放不下的事情要做，那也就别为难自己了。"晏婴听了妻子的话，陷入深思中，闻着海风特有的气息，深深地吸了一口气。

"是啊，临淄那边还真的放不下啊！"

就这样，晏婴简单收拾了一下，又悄悄回了临淄。芮姜本想跟丈夫一同回来，但这一回晏婴没有同意："我只是回去看看，如果没有什么特别的事，一两个月内就会回来。"晏婴只带着高纠和一名车夫，主仆三人共乘一辆小车，一路上也没有任何声张。这一次走得实在匆忙，来不及与越偼先生道个别，直到几年后越偼先生去世，晏婴也没有机会再见到他，成为留在晏婴心中的一个遗憾。

进了临淄城，迎面竟然撞见了庆封。庆封似乎在城门附近巡视，又似乎专门在这里等着晏婴似的。见到晏婴，庆封热情地上前打招呼。

"晏大夫，久违久违！"

"庆封大人，你在这里做什么？"

"还能做什么？替主君办事，哪里有需要，我就在哪里。我可不像崔大人那样悠闲自在，家里有好酒好肉，还有美人歌姬，可以在府里伺候主君。我只能风吹日晒地整日奔忙在街头巷口。"

晏婴听了，心中一动："你是说，主君还是常往崔大人府上去？"

庆封道："是啊，今天就在那里呢。哎呀，好像已经去了好久了，巳时去的，现在已是酉时，应该还在那里呢。晏大夫，你有很长时间没有见过主君了吧？你要是想拜见主君，只有去那里了。"

晏婴本就起了疑团，听了庆封这番话，觉得话中有话，好像故意引导自己前往某个地方似的。晏婴的疑心更重了，顾不上与庆封多说什么，立即命家仆驾车向崔杼府上驶去。

来到府门外，顿觉异样。晏婴虽然没有进过这座府宅，但知道这里是临淄城中最显赫的地方之一，府门通常是不关闭的，以方便进进出出的客人。而现在大门紧闭，门口还有武士守着，看服饰并不是主君的侍卫，而是崔府的人。

一种不祥之感掠过心头，晏婴急忙上前，欲进府门。

但没有人理会他，那些身着重甲、手扶兵器的武士，一律铁青着脸，任凭他怎么说，也没有一个人搭话。晏婴上去用力拍打大门，没有人阻拦他，但里面也没有任何动静。

高纠见状，十分不忍，劝晏婴回去："大人，咱们回去吧，从这里进去可是鬼门关啊！"

"从这里离开，又怎能忍心？"晏婴哀伤地说。

"您已经做好殉死的准备了吗？"

"如果主君真有不测，我愿殉死！"

"您还有生的机会，为什么不逃走呢？"

"我有罪吗？为什么逃亡？"

四周杀气更重了，高纠最后劝道："咱们还是回去吧！"

晏婴悲愤道："主君如果死了，我还能去哪里？一国之君，并非高高凌驾于百姓的头上，而是要主持国家社稷啊！作为主君的臣子，难道是为俸禄而活吗？是要保护这个国家啊！主君为国而死，臣子就应随主君去死！"

门，终于缓缓打开了。

晏婴首先见到的人正是崔杼。崔杼望着晏婴，似乎有些无奈。崔杼摇了摇头，脸上挤出一丝笑容来。

"晏大夫，你回来了？"

"崔大人，我回来了。今天登门造访，有些冒昧，您不会不欢迎吧？"

"晏大夫说的是哪里话？请还请不来呢，怎能谢客？请！"

晏婴随崔杼进了府门，门随后关闭了，高纠和家仆想跟进去，被武士挡在门外。晏婴也不管，也不多问，大踏步往里走。

崔杼毫不回避，带着晏婴径直来到齐庄公被杀的那个院子。院外的地上躺着几具尸体，晏婴看出来都是齐庄公的侍卫，其中有一个人晏婴认得，是贾举。

崔杼道："晏大夫，就在刚刚发生了一件令人痛心的事，主君的内侍贾举谋反，在这里弑杀了主君。我一听说就赶紧过来，但已经晚了，主君已殉国。贾举大逆不道，被我诛杀。"

晏婴大悲，泪水夺眶而出。

"主君在哪里？我要去见他！"

"好的。晏大夫随我来吧。"

进了院子，至廊下，晏婴见齐庄公在地上躺着，身边是一摊血。那些血正在凝固，颜色已成暗红。空气里弥漫着血腥味，时间仿佛瞬间凝固。

半响，晏婴突然发出愤怒的高呼："呜呼，崔杼不忠，弑其君！"

晏婴走到齐庄公尸体前跪下痛哭。哭累了，晏婴也像齐庄公那样躺下，头枕在齐庄公的腿上。

崔杼呆住了，不知道如何处置眼前这个活着的人。

有人悄悄来报，说庆封大人来了。

崔杼走出院子，庆封果然站在那里。

"崔大人，听说晏婴在里面哭主君？"

"是啊。有些不太好办啊……"

"晏婴一向沽名钓誉，又跟我们不是一条心，此人目睹了现场的一切，如不除掉他，今后恐对咱们不利！"

"可是，庆大人，杀晏婴不同于杀那个人。晏婴虽然辞了官，但在齐国上下深得人心，如果他死在我的府上，我恐怕不好向齐国人交代啊！"

"不能犹豫啊，不能有妇人之仁！"

"我再想想吧。"

崔杼回到院中，见晏婴仍在地上躺着，口中喃喃自语。

崔杼上前，蹲下，用很低的声音对晏婴道："晏大人，我一向敬重您。今天的事情您也看到了，贾举弑君已成铁案，至于天下人信与不信，我自会向天下人做出交代，这个您不用管。我只问一句话：今后愿不愿意与我合作？"

晏婴睁开眼，看了看崔杼。

"合作怎样？不合作又怎样？"

"您刚才说我弑君。如果能改变这个说法，那么我跟您共同掌管齐国；如果不改变您的话，戟就要扎到您的脖子，剑就要刺到您的心口。希望您考虑考虑。"

晏婴站起身，掸了掸身上的土，对崔杼道："用刀威逼我，让我放弃自己的意志，这算不上勇敢；用利益诱使我改变自己的话，使我背叛自己的主君，这不符合道义。你就是用兵器刺死我，我也不会收回自己的话！"

崔杼的眼中泛出凶光："晏婴，生死只隔一线，你就不再考虑考虑了吗？"

晏婴道："崔杼，你读诗吗？读过'恺悌君子，求福不回'这两句没有？我可以走了吧！"

晏婴说完，向齐庄公的尸体深施一礼，然后昂然而出。崔杼眼看着晏婴离开，却不知道该不该阻拦。

有人附在耳边悄声道："大人，再不杀就没有机会了。"

崔杼低声道:"此人深得民心,杀此一人将失天下人啊!"

晏婴大步流星出了府宅,高纠和车夫还在门外苦苦等着。

晏婴吩咐道:"上车,回家!"

见晏婴能活着出来,高纠有些激动,手因为紧张而有点儿哆嗦。晏婴上前握住他的手道:"麋鹿在山林,其命在庖厨。着急,未必能生;不急,未必会死。"

于是稳定心神,主仆乘车而去。

车子行进在临淄城里的街道上,一幕幕熟悉又亲切的图景映入眼帘。晏婴热爱这座城市,热爱这个国家,但就在今天,这个国家已经没有了主君。这个国家将往何处去?百姓将往何处去?这个国家还有未来吗?

千百种思绪纷纷乱乱,搅得晏婴头脑发涨。晏婴觉得这是自己人生中最艰难最无助的一天,他感到了虚弱。晏婴想大呼,想咆哮。晏婴拉开车帘,高声吟唱道:

羔裘如濡,洵直且侯。

彼其之子,舍命不渝。

羔裘豹饰,孔武有力。

彼其之子,邦之司直。

羔裘晏兮,三英粲兮。

彼其之子,邦之彦兮。

穿着羊羔皮袄,为人正直有道,就是这样一个人,不怕牺牲为国辛劳;穿着羊羔皮袄,高大有力又豪气,就是这样一个人,把国家事务处理得好;羊羔皮袄光鲜灿烂,就是这样一个人,是治理国家的人选。

这个声音在临淄城的上空回荡,良久不息。

这个声音有些嘶哑悲怆,令听者揪心。

第四节　弱者上位

杀了国君，最要紧的是清除国君的嫡系势力，防止有人为国君报仇。崔杼立即动手，把认为属于国君嫡系的那些人一一抓起来杀了。

齐庄公生前所信赖的那些勇士，包括获得的"五乘之宾"，全都被清除干净，贾举之外，州绰、邴师、公孙敖、封具、铎父、襄伊、偻堙都被杀死。大臣祝佗父在高唐祭祀，刚回到临淄复命，还没有脱掉官帽，就被崔杼派来的人杀了。申蒯是管理渔业的大臣，知道情况有变，对家臣道："你带着我的妻子儿女逃走吧，我准备一死。"家臣道："如果我逃走，就违背道义了。"于是和申蒯一同自杀。鬷蔑是齐庄公母家的亲戚，此时替齐庄公把守都城临淄外围的要邑，崔杼专门派人赶去将他就地诛杀。

有一个读书人名叫陈不占，听说国君蒙难，大为愤怒，不顾亲友劝阻，拔剑而起，要去斩杀逆臣。朋友见劝不住，只好设宴为他壮行。陈不占虽然说得慷慨激昂，但他天生胆小，吃饭时手腕颤抖，竟拿不住勺子，勺子掉到了地上。众人见状，诧异无比。众人敬酒，陈不占来者不拒，喝了几大盅。于是豪气大增，一摔酒盅，扶剑上车。可上车的时候还是有些害怕，身体不住地打哆嗦，伸手抓了几次都没能抓到车厢前的横木。

车夫见他害怕成这样，劝道："胆子这么小，算了吧！"

陈不占听了，正色道："杀逆臣是公义，我胆小是私事，不能因私废公。不多说了，赶紧出发吧！"

远远地看到崔杼的府宅，陈不占脸色煞白，额头直冒冷汗，竟惨叫一声，翻身跳下车子。车夫大惊，下车查看，见陈不占已无鼻息，受惊吓而死。人的胆子有大有小，陈不占虽然天生胆小，但内心充满公义，人们仍然敬佩他。

闾丘婴是齐庄公的近臣，得知情况不妙，立即用帷幔包好妻子，用车子载着，和申鲜虞一起驾车出逃。申鲜虞推闾丘婴的妻子下车，说道："君昏聩不能匡正，遇险不能救助，君死不能殉职，只知道庇护亲人，如此行事，又有谁会收留我们？"行至弇中，打算住一宿再走。闾丘婴道："崔杼、庆封的人可能在后面追我们，不能住。"申鲜虞道："一对一的话，没人能挡住咱们！"于是住了一宿。先喂马，后吃饭，头枕马缰而眠。次日驾车上路，一路狂奔，侥幸逃到鲁国。

齐庄公的近臣多数受到了迫害，侥幸逃到其他国家的，除闾丘婴、申鲜虞外，还有逃到晋国的卢蒲癸，逃到莒国的王何。

作为国君，死者应殡于庙，按国君之礼安葬，但崔杼不准备这样做。崔杼把齐庄公的遗体悄悄运到临淄城北外城，在一个叫士孙里的地方埋葬了。葬礼十分简单，出动了七辆木车，不用武卒，薄棺一口，草草了事。

齐国有史官，即太史，负责随时记录国家所发生的大事。崔杼想让太史隐瞒真相，比如用较为隐晦的笔法记录这件事，对于齐庄公之死，用"薨"或"卒"都行。人已死了，不作交代也不行。可太史坚持原则，死活不肯。

太史是这样记录的：

崔杼弑其君。

崔杼大怒，下令将其杀了。太史一职为世袭，哥哥死了，弟弟继之。太史的弟弟太史仲、太史叔先后继任太史一职，仍如实记载，也同样惨遭崔杼杀害。

第三个弟弟太史季来时，崔杼怕了。崔杼道："你的三个哥哥都已经死了，难道你不害怕吗？"声音已不如先前那么凌厉而有底气，已经有哀求的意思了。

太史季正色道："据事直书是史官的职责，失职而求生，不如去死！"崔杼只得放弃，由他去写，于是史书上便留下了这样的话：

周灵王二十四年，齐庄公六年，春三月乙亥，崔杼弑齐庄公光于其府。

南方某个诸侯国也有太史，即南史氏，听说齐国发生了杀太史的事，立即带着竹简和刻刀北上，要继承齐国太史的事业。行至途中，听说太史季已完成了史书书写，这才回去。

杀了齐庄公，谁来继任呢？

按照嫡长子继承制，应该由齐庄公的嫡长子继任，这是周天子制定的继承制。然而崔杼、庆封为控制国政，不想立已经成年的嫡长子，而打算立齐庄公最小的儿子杵臼。杵臼这时还不到十岁，是个孩子。

考虑到会有不少人反对，崔杼特别安排了一场盟誓。

齐国大臣们被通知前往宫中，在门口有持有兵器的武士把守，所有参加盟誓的人都必须解下佩剑才能进去。

崔杼宣布了杵臼为新君，用的不是商量的语气，而是告知众人，但仍有人站出来反对。

第一个大臣站出来："我反对！"

这名大臣立即被武士拖了出去，在门外就地斩杀。首级被送进来，血淋淋的。

第二个大臣站出来："我反对！"

这个大臣也被武士拖了出去，首级很快被送进来。

第三个，第四个……

杀完第七位大臣时，满堂死寂，已无人敢出来说话。

崔杼阴冷的目光扫视全场，嘴角露出一丝微笑。随后，崔杼的目光再次从众人脸上一一划过，他想寻找那个人。

"晏大夫，你可反对？"

晏婴缓缓走出队列，平静地说道："晏婴不仅忠于主君，更忠于社稷。"

"你愿意盟誓吗？"

"我愿意。"

"你想怎样盟誓？"

"我的誓词是：不忠于主君和社稷，天理难容！"

崔杼听了，一时竟找不出反驳的话。

就这样，杵臼被立为齐国新君，即齐景公。崔杼、庆封二人共为国相，崔杼为右相，庆封为左相。左与右谁为长？各时代有不同习惯，这时习惯以右为长，崔杼于是成为齐国国君之下的第一人。晏婴仍为齐国大夫，他没有坚持到最后，但并没有人责怪他。死的人太多了，如果正直的人被杀得一个不剩，那不是正合了权臣的心意？

"我不能死，还要战斗！"

看看两个志得意满的权臣，看看眼光中闪露出惊恐不安神色的不到十岁的新君，看看满堂低垂着头颅的大臣，晏婴的心里发出了呐喊。

第五节 危险的出使

齐国发生严重内乱，这件事还没有完全平息，又一场危机袭来。

齐景公元年（前547），晋国突然派人来到齐国，不是来吊丧的，而是提出了一个要求：将卫献公交给晋国。

卫献公是卫国国君，他应该在卫国，晋国为何向齐国要人呢？这件事还得从十二年前说起。那时还是齐灵公在位，齐国与晋国的关系虽然很紧张，但表面上还算好。晋国以霸主自居，对周边国家的内部事务时常插手。

卫献公是一位弱君，大臣孙文子、宁惠子都很有实力，是两个权臣。卫献公心有不甘，总想找机会给二人一些颜色看。一次，卫献公命孙文子、宁惠子来见自己，专门交代事情很急，如果正在吃饭，把食具赶紧放下，一路小跑过来见自己。二人不知何事，赶紧进了宫。在平时议事的宫殿里却没见到卫献公，打听一下，才知道卫献公正在园中打猎。二人赶至园林，卫献公穿着猎装跟他们说话，让二人觉得受到了羞辱。这还没有完，孙文子的儿子孙蒯侍候卫献公饮酒，卫献公让乐师演奏了一首曲子并配了歌，歌词是：

> 彼何人斯？居河之麋。
> 无拳无勇，职为乱阶。
> 既微且尰，尔勇伊何？
> 为犹将多，尔居徒几何？

这是《巧言》中的最后一节，大意是：究竟那是何等人？居住在河岸水草边；没有勇力与勇气，只为祸乱造机缘；腿上生疮脚浮肿，你的勇气哪里见？诡计总有那么多，你的同伙剩几员？

显然，这也是故意的。孙文子听说以后更加气恼，同时也预感到了危险。孙文子决定先发制人，通过发动政变将卫献公赶出了国。

这是诸侯国之间的一件大事，晋国自然关注到了。晋国当时在位的是晋悼公，他跟大臣师旷就此进行了讨论。晋悼公认为，大臣如果能随意将国君赶走或者杀掉，那天下岂不大乱？晋悼公的意思是，这件事得管。

师旷却道："此事的过错在卫献公，而并非孙文子等大臣。"

晋悼公不解："为何这么说？"

师旷道："如果国君爱护百姓，百姓自然会拥戴国君，不可能将其赶走；如果国君骄奢淫逸，百姓失望，那这样的国君即便被赶走了，又有什么关系呢？国君手中的权力来自天，天之所以将权力交给国君，是希望他能养牧民众。如果国君在民众的头上肆意妄为，上天也会抛弃他。"

一番话让晋悼公省悟，打消了插手这件事的想法。

卫献公先逃到鄄地，之后派人向孙文子求和。孙文子不干，把使者杀了，派兵追杀卫献公。卫献公走投无路，最后逃到齐国。齐灵公处理与他国关系的事务得看晋国脸色，见晋国没有什么表示，觉得自己也不好插手卫国的事情，最后只是把郲地借给卫献公安身。在卫国，孙文子、宁惠子共同拥立卫献公的弟弟公子秋为新国君，即卫殇公。卫国这次政变的实质，是没有实力空有名分的卫献公不满权臣，凭借着君主的名位羞辱对方，没想到对方是一个敢想敢干的人，结果闹翻，君主失国，权臣继续得势。

这件事已经过去了十几年，本来已被人们淡忘了。但到了今年，卫国局势又发生了变化，宁惠子的儿子宁喜与孙文子争权，双方发展到互攻的程度。卫殇公站在宁喜一边，命令宁喜攻打孙文子。孙文子不敌，逃到了晋国。孙文子向晋平公提出请求，请晋国护送卫献公回国复位。晋平公觉得这是插手卫国事务的最有利机会，于是答应下来。卫献公在齐国，晋平公便向齐国提出要求，让他们把卫献公送到晋国，由晋国派军队护送其归国。

如果只是把卫献公送去，倒也没什么，对齐国来说也只不过损失了一个可能插手卫国事务的机会。但晋平公要求由齐国新国君亲自送卫献公去晋国，他同时约了其他诸侯国国君，想在晋国搞一次会盟。

崔杼把庆封、田文子、田无宇、晏婴等人找来商量，除晏婴外，其他人都不主张齐景公去晋国。田文子、田无宇父子不希望国君冒险，崔杼、庆封好不容易选好了一位新国君，不想再出什么事。况且，如果齐景公前往晋国，在座的大臣中就得有人跟着前往，谁敢去？

晏婴却认为："这件事情是躲不过去的。晋侯刻意要主君前往，一定是想好了各种可能，如果主君不去，晋侯就会以此为由对我齐国进行孤立，甚至直接发兵要说法，也是有可能的。"

田无宇道："可晋国一向蛮横，国君深入险地，一旦遭遇不测，该怎么办？"

晏婴道："晋侯现在关心的是卫国局势，最想做的是把卫侯送回国，重新复位，这样就能牢牢将卫国控制住。至于齐国，晋国未必想好了全盘的计划，还不至于彻底翻脸，让主君前往，只是试探而已，不可能同时对我齐国下手。"

崔杼道："即便如晏大夫所说，那也是有一定危险的。"

晏婴道："主君如果前往，我愿陪同。"

最后商定齐景公应约前往，带上卫献公，由晏婴陪同。

事情决定下来，但临出发时又发生了变化。

齐景公还没动身，卫献公那边先有了动作。大概因为晋国与齐国之间的谋划一直在秘密状态下进行，卫献公不清楚晋国有意帮自己复国。卫献公看见孙文子被赶跑了，觉得有了机会，于是派人悄悄回到卫国，找到掌权的宁喜，对他道："卫侯让我转告，如果能回国，将来'政由宁氏，祭则寡人'。"

卫献公的想法是，只要能复位，自己不在乎掌不掌实权，哪怕只负责些祭祀活动以表明自己仍是国君都行，其他大小事务都由宁喜说了算。宁喜想了想，觉得这样做对自己更有利，于是杀了卫殇公，迎卫献公返国。

晋平公闻讯大怒，立即联合鲁国、宋国、郑国组成联军，去讨伐卫国。一番交战下来，卫军大败，卫献公、宁喜都做了俘虏，被押往晋国。可怜的卫献公，只要再忍些时日，就可以无忧无虑地重返国君之位了，结果却做了囚徒。

不用送卫献公去晋国了，齐国君臣松了一口气。然而，忙完卫国的事情，晋平公又派人来到齐国，催促齐景公赶紧出发，因为会盟仍继续进行。齐国君臣刚刚放下来的心又悬了起来。

这一年七月，齐景公一行来到晋国。在这里，晏婴见到了郑国国君郑简公，他也是被晋平公邀请来的。晋国设享礼招待齐、郑两国国君。仪式上，晋平公亲自赋《嘉乐》一篇，晏婴代表齐景公赋《蓼萧》一篇，子展代表郑简公赋《缁衣》一篇。一边演奏乐曲，一边吟咏新诗，气氛显得很融洽。晋国太傅叔向向晋平公报告："应当拜谢齐、郑二国国君。"晋平公道："寡人谨拜谢齐国国君安定我们先君的宗庙，谨拜谢郑国国君没有二心。"

对晏婴来说，此行不仅要保证齐景公的安全，而且还要设法让晋平公把卫献公放回去。卫献公一向对齐国亲近，如果能归国复位，对齐国来说是一件有利的事。晏婴之前听说过晋国太傅叔向的事，知道他为人端正，是一位贤臣。这次相见，发现叔向做事稳重，注重礼节，晏婴觉得可以从叔向身上找到办法。

于是，晏婴私下里找到叔向，对他说："晋侯一向宣扬明德，担心诸侯国内部发生祸乱，多次出兵纠正他们违礼的行为，帮助他们平息动乱，正因为这一点，晋侯成为各国盟主。可是，卫国的大臣发动叛乱，致使他们的国君被拘捕，这件事怎么办？"

叔向把晏婴的话报告给晋平公，晋平公经过一番斟酌，同意释放卫献公回国，但仍将宁喜关押在晋国。卫献公回到卫国后，有大臣劝他给晋平公送礼以赎回宁喜。卫献公精心挑选十二名美女送到晋国，晋平公很高兴，释放了宁喜。

出访完晋国，齐景公携晏婴一行回到齐国。对齐国君臣而言，一场危机算是过去了。

第六节　不祥的女人

　　大权在握，号令一切，崔杼觉得自己登上了人生的顶峰。尽管这条路是由无数鲜血和尸骨堆积而成的，那些冤魂在黑暗中发出一声声诅咒令人不安，但崔杼并不在意，他喜欢享受这种大权在握的感觉。

　　虽然庆封也参与了除掉齐庄公、迎立齐景公的行动，但这些行动背后的主角一直是崔杼。庆封似乎也甘于充当配角的角色，有意无意间成为崔杼的助手，这让崔杼很满意。有了庆封这个同盟，崔杼更有了底气，毕竟不能把人都杀光啊。庆封在齐国的势力不容低估，他所在的家族是齐国的老牌贵族，论真正实力甚至超过自己的家族。

　　唯一让崔杼觉得不顺心的是家事。崔杼有三个儿子，分别是原来的正妻所生的崔成、崔强，以及姬妾所生的崔明。东郭姜嫁过来时还带来一个儿子棠无咎，是东郭姜与棠公所生，算是崔杼的继子。大概出于爱屋及乌的原因，崔杼对棠无咎十分喜爱，其程度超过了对自己的亲生儿子。东郭姜的弟弟东郭偃本就是崔杼的家臣，因为姐姐的缘故更加得到崔杼的信任，东郭偃、棠无咎渐渐成为崔杼的左膀右臂。

　　按照嫡长子继承制，崔成是崔杼的继承人。东郭姜不喜欢崔成，恰好崔成有病，身体很弱，东郭姜便与东郭偃、棠无咎一起向崔杼进言，废长立幼，将崔成的继承人之位夺去，改立崔明为继承人。

　　按理说崔成被废，二弟崔强应该被立为新的继承人，可崔强跟崔成是同母同父的兄弟，东郭姜不放心，所以怂恿崔杼立了崔明。按照东郭姜的本意最好立棠无咎，但毕竟是外姓人，还难以被人们接受，所以暂且立姬妾所生的崔明。崔明无根无脉，便于控制，先让他占着继承人之位再说。

　　齐景公二年（前546）崔成被废，改立崔明。有病不能作为废立的全部理由，所以对外所称的理由中还有一条，说崔成犯了罪。崔成也识趣，向崔杼提出请求，想回崔地居住，崔杼答应了。

西周初年，太师吕尚因辅佐武王灭商有功被封于齐地，这就是齐国的由来。吕尚有一子名伋，周成王时为朝廷重臣，死后谥号为齐丁公。齐丁公的嫡子名季子，本应继承齐国君位，却让位于弟弟叔乙，自己食采于崔邑，其地在今山东省章丘市境内，后以地为姓，遂为崔氏，崔杼便是这一支继承人。崔成想回崔地养老，崔地便是这崔邑。

在夺嫡斗争中落败，自愿走人，按理说这个要求并不过分。然而，棠无咎和东郭偃都不同意，他们担心崔成回到崔氏的发源地后，在那里积蓄力量，以后卷土重来。棠无咎和东郭偃对崔杼说："崔地是崔氏宗庙所在，只能归宗主。"

崔杼对二人言听计从，崔成没去成。崔成、崔强很生气，发誓要杀了棠无咎和东郭偃。然而，以崔成、崔强现有的实力要除掉棠无咎、东郭偃以及二人背后的东郭姜，还是很困难的。

崔强想出一个主意："咱们不如找庆封大人帮忙。"

崔成认为不妥："庆封表面温和恭顺，但据我观察他是一个野心极大的人，某种程度上说也是咱们崔氏的敌人，找他帮忙，岂不是把豺狼、猎狗引到了家中吗？"

崔强不以为然："咱们只是让他帮个忙，正因为他有野心，所以才会答应。等帮完忙，咱们除掉了可恶的棠无咎、东郭偃，掌握了大权，再去对付庆封也不迟。"

于是二人找到庆封，对他说："我们家的那位当家人，您也是知道的，现在只听棠无咎和东郭偃的话，家族父老兄长以及我们俩都说不上话。我们担心有人加害他老人家，特来向您求助。"

庆封心中一喜，表现出来却是一脸难色："我跟你们的父亲是最要好的朋友，你们的父亲如同我的兄长。可感情再亲近，也不能过问你们的家事啊！"

二人急了："正因为您跟我们的父亲亲近，所以我们一直把您当叔父看待。如今我们崔氏即将蒙难，叔父您怎能袖手旁观啊？恳求叔父出手，除掉我们父亲身边的奸人。"

庆封道："你们先退下，让我好好考虑一下。"

二人走后，庆封立即找来卢蒲嫳商议。卢蒲嫳是庆封的家臣，很有智谋，庆封对他十分信任，有事总与他商量。

卢蒲嫳道："崔杼现在权势熏天，但齐国上下都知道他有弑君之罪。现在他家中不和，这是上天要抛弃他了。您不必担心，放手支持崔成、崔强便是，无论成与败对崔氏都是一个打击。崔氏的削弱，就是庆氏的加强。"庆封听了，更坚定了利用此次机会打击崔氏一族的决心。

过了几天，焦急的崔成、崔强又来找庆封。庆封对二人道："如果有利于你们的父亲，我一定支持你们。你们可以放手去做，将棠无咎、东郭偃以及东郭姜全部除掉，如有危难，我一定全力相助。"

二人大喜过望，立即去安排。

齐景公二年（前546）九月初五，崔成、崔强突然动手，趁棠无咎、东郭偃不备，将二人杀死在崔氏府中。崔杼得知消息，如五雷轰顶，他知道自己的两个儿子已经造反，说不定下一个要杀的就是他自己。

崔杼当时正在府中，知道逃命才最要紧，就赶紧命人备车。可是，身边的人这时都已逃走了，想找个人去套车都找不到。崔杼急了，跑到马厩，见有一个养马的圉人，赶紧命他套车。车子套好，总算跑到了街上。

崔杼这才松了一口气："崔氏如果还有福气，还命不当绝的话，那就让我一个人承担所有的罪责吧！"

直到这时，崔杼才发现没有把东郭姜带出来。东郭姜深为二子所恨，落到他们手中，自然结局悲惨。想到这里，崔杼不禁心中一疼，眼角淌出泪来。不过，也顾不得那么多了。

崔杼知道，崔成、崔强敢在今天动手，而且行动如此迅速，也如此顺利，之前一定经过精心策划和准备，现在整个府宅可能已经被二人控制了，下一步他们还会派人追杀自己。要想活命的话，必须找一个可靠的地方安身。崔杼想了想，只有庆封那里最安全。崔杼于是来到庆封府上，把家中刚刚发生的事情说了一遍。

庆封听了，装作吃惊的样子道："怎么会这样？"

崔杼焦急地说："这两个孽种已经疯了，完全失去了人性。只要能除掉这两个恶子，付出怎样的代价我都在所不惜！"

庆封道："崔氏、庆氏本是一家，您先在我府里休息，让我来帮您制服他们。"

庆封当场命人叫来卢蒲嫳，让他带兵前往崔府。庆封当着崔杼的面吩咐卢蒲嫳道："你带兵前去，将二人降服即可，不得伤害他们的性命。如何发落，最后要由崔大人决定。"

卢蒲嫳领命而去。

崔氏府宅有高墙环绕，利于防守，加上崔成、崔强早有准备，所以卢蒲嫳领兵赶到后未能攻进去。

卢蒲嫳正在犹豫要不要付出更大的牺牲参与到崔氏内部之争中，庆封派人来向他传话："不管付出的代价多大，一定要攻进崔府，将里面的人全部杀死，尤其不能放走崔成和崔强。如果东郭姜还活着，可以留她一命。"

卢蒲嫳得令，继续攻打崔府。但攻了一阵，仍然没有进展。

这时一名百姓跑过来，对卢蒲嫳道："大人，我家就住在附近，愿意帮助大人攻府。"

卢蒲嫳有点纳闷："你为何这样做？"

那人道："大人有所不知，这崔家的人个个蛮横，平时欺压我等已是家常便饭，最可恶的是那些下人，在主子面前像狗一样恭顺，可在我们面前嚣张得很，我们早就看不惯了，所以愿为大人效劳。"

"这么说来，对崔家有怨恨的人还有不少？"

"那是自然，大人喊一嗓子，就能过来一大堆呢。"

"好！我现在命你去召集四邻，帮助齐侯的军队剿灭府中乱贼。事成之后，你们可以挑选一些府中的粗笨家具、器物、厨具作为奖赏，其他东西不得擅动，违者斩！"

"好嘞，有您这句话，保证一个时辰内打开这扇大门！"

果然，一声吆喝就来了三四百人，有的拿着棍棒，有的抬来了梯子，有的拎着木桶。还有的抱来了干柴，准备放火，被卢蒲嫳赶紧制止了。

不到一个时辰，府门便被攻破，众人一拥而入。百姓们拥进去急着抢东西，抢到中意的，抱着、扛着、拖着就走。卢蒲嫳带来的人则负责杀人，只要是崔府的人，不管男女老幼，见了就杀。崔成、崔强想逃走，没有成功，被抓了过来。卢蒲嫳也不废话，举刀就砍，二人首级落地。

卢蒲嫳让人去找东郭姜，很快回报，说东郭姜已经上吊自杀了。卢蒲嫳亲自去看，见东郭姜吊死在府中一处院落的门楣上，这座院子正是齐庄公被杀的地方。崔杼逃走后，崔成、崔强找到东郭姜，不顾这位"继母"的苦苦哀求，果断命她自尽。

卢蒲嫳瞅了瞅被一束白绢结束了生命的东郭姜，见她脸已经惨白，头已歪斜，但仍有挡不住的风情与美丽。见此，卢蒲嫳突然打了一个寒战：这个女人，害死了多少人啊！

东郭姜被视为不祥的女人，还有人写诗"枝叶未有害，本实先拨"，说的就是她。齐国后来有一个民间传说：有一种叫缢女的小虫，十分狠毒，也很狡猾，别看小，但能夺人性命，就是由自缢而死的东郭姜的骸骨所化生而成的。

卢蒲嫳回去复命，但没有说过程与细节，只说问题解决了，庆封命卢蒲嫳用车子载崔杼回去。

崔杼回到自己的家，见府宅几乎成了一片废墟，大门倒了，墙也倒塌了几段。进了府，眼中更是一片惨状，家具、陈设被洗劫一空，不要说，藏有金银财物的地方也被抢得空空荡荡。

再看人，东一个西一个，倒得到处都是。崔杼认得他们，他们是服侍和护卫自己的人，一个个鲜活而熟悉的面庞，如今都成为死尸。

找到了两个儿子的尸体，尽管头颅已经不在了，但崔杼一眼就认出来是自己的儿子崔成和崔强。崔杼再也站不住，哎哟一声瘫倒下去。心在疼，手在抖，眼睛模糊了。

崔杼晕了过去。边上有几个人，是卢蒲嫳留下看护他的。卢蒲嫳把崔杼领到大门口，却没有进来，看了看就走了。

不知道过了多久，崔杼才慢慢醒来。崔杼这才想起，还有一个更让他牵挂的人没有看到。崔杼猛然跃起，跌跌撞撞往各处去寻找。来到一个院子前，见到了要找的人，还在那里吊着，样子既熟悉又陌生。

几个时辰之内，自己最熟悉最信任最牵挂的几个人一个接一个离开了人间，死得还这么惨，崔杼实在难以承受如此巨大的打击。崔杼可以振作起精神，召集旧部，去复仇；可以设法逃出临淄，逃出齐国，到其他国家去避难；可以隐姓埋名，退往深山老林，从此不问世事。

但是，他不想了，认输了，也厌倦了。

门边还有一束白绢和一只木几，白绢是东郭姜被逼上吊时没有用完的，木几是用来踩着上吊，之后被人踢开的。崔杼默默走过去，把木几扶起，站在上面，将白绢也绕在门楣上，系成死结，然后把沉重的头颅钻进去。

他，也解脱了。

第七节　太公庙之变

崔杼是齐国右相，齐景公之下的第一人，家中突然发生了这么大的变故，必须给人们一个交代。

这是晏婴当面向庆封提出的问题。庆封望了望眼前这个瘦小的人，看到他锐利的眼神，下意识将目光避开了。庆封知道，他的确欠一个交代，不是给面前这个人的，也不是给主君的，而是给齐国人的，给天下人的。

庆封只想着如何铲除崔氏一族了，没有想过程是否严谨。最大的失误在于让家臣卢蒲嫳去做了这件事，而卢蒲嫳这个蠢货居然发动崔府附近的百姓参与进来，将一场秘密行动弄成了抢夺财富的狂欢。如果向天下人说这件事跟自己毫无关系，不仅没有一个人相信，就连他自己都不信。

想了整整一天，庆封觉得只有一个办法能了结此事。

庆封派人把田无宇和晏婴请来，态度十分谦卑。庆封道："右相府中发生的事情已经查明，一切均为右相的新世子崔明勾结我府中家臣卢蒲嫳所为。崔明畏罪潜逃，下落不明；卢蒲嫳已被我下令抓了起来，听候审判。"

田无宇听了不置可否，没说什么，他一向都是这样的风格，尤其在重大事件上，他通常只说一些废话，而不发表明确观点。

晏婴道："请问左相：贵府家臣卢蒲嫳与右相何冤何仇？为何要下如此毒手？他的动机让人看不懂啊！"

"晏先生，不仅您看不懂，我也实在看不懂——可他就这么干了，现在已全部招认。晏先生如果不信，我可以让人把卢蒲嫳带到这里来，您亲自去审。"

"不必了。即便是卢蒲嫳所为，背后一定有人指使。"

"我也问了，他说并没有人指使。"

"这话有人信吗？一个是右相世子，一个是左相家臣，他们为何联手？谁又能从中受益。"

"我问了，反正没有人指使。"

田无宇插话道："就算是卢蒲嫳所为，那相国打算如何惩处？"

庆封道："这个还真有些麻烦。这件大案是卢蒲嫳与崔明共同所为，必须将二人都抓住，当面对质，才算结案。现在崔明下落不明，当务之急是把他抓住归案。"

晏婴听了，拂袖而出。

看着晏婴的背影，庆封有些发愣。他不喜欢这个小个子，非常讨厌他，但他承认，目前还没有除掉这个人的把握，尽管杀了这个人本是一件简单的事。看着庆封沉默不语，田无宇道："相国既然主意已定，就这么办吧。在下告辞了。"

不仅崔明不见了，崔杼的尸体也突然间神秘消失了。

最早发现这个问题的是一些憎恶崔杼的人，他们打算结伙将崔杼的尸体弄出去，准备公开戮尸。在他们看来，崔杼恶贯满盈，不配拥有全尸。可找了半天，却没有找到崔杼的尸体。

崔杼是在自己府中上吊而死的，当时乱哄哄的，人们的注意力都放在了府中的财物上，没有人太上心，就临时找了间房子，把崔杼和他妻子东郭姜的尸体往里一放，门上了锁，就没人再过问了。等要找的时候，却发现里面只有东郭姜的尸体，没有崔杼的。

众人不肯罢休，非找到不可。其中有一个名叫叔孙穆子的说："肯定能找到。武王有十个治世之臣，崔杼有吗？一定有人会告诉咱们他的尸体在哪里。"周武王是贤君，故而身边贤臣众多，其中周公旦、召公奭、太公望、毕公、荣公、太颠、闳夭、散宜生、南宫适、文母等十位最有名。崔杼这样的权臣哪里配贤人辅佐？用不了多长时间，自会有人提供消息。

果然，没几天就有人跑来报信，是崔杼的一位家臣。这个人见崔氏灭绝了，自己失去了靠山，十分沮丧。不过，他发现一个可以发财的机会：先将崔杼的尸体装进棺材藏起来，然后再让那些希望得到的人出高价赎回去。

这个家臣说："给我一块大玉璧，我就献出棺材。"

崔杼的尸体于是重新出现，有人将其用车子载着在临淄城四处巡游，以发泄心中的怨愤。可是，神秘的事情很快再次发生，到了夜里，崔杼的尸体又不见了。

这件事竟然是崔明干的。灭府那天崔明刚好有事，不在府中，结果逃过了一劫。之后他不敢露面，害怕庆封对他加以迫害，比如将灭府之罪强加到他的头上。毕竟是崔杼之子，多少还能找到几个可靠的帮手，于是悄悄把崔杼的尸体又偷了出去，在外面找了一个秘密的地方安葬。办完这件事，崔明不敢在齐国待下去，跑到鲁国避难。

继崔杼之后，庆封把持了齐国国政，成为唯一的国相，一言九鼎，没人敢反对。时间一长，人们便把崔杼灭门一案渐渐淡忘了，庆封于是把卢蒲嫳放出来，继续做自己的家臣，较以前更加信赖。

庆封是一个贪图享受的人，大权在握，多年的目标变成了现实，没有了对手，也就没有了斗志与追求。庆封开始沉湎享乐，他喜欢打猎，喜欢喝酒，也喜欢美女，卢蒲嫳便想尽办法满足他，庆封十分快活。

一次，卢蒲嫳请庆封到自己家中赴宴，庆封高兴地去了。酒喝得差不多时进来两个美女，一个三十多岁，一个二十多岁，都美貌无比，且风情万种。

卢蒲嫳介绍："这是我的妻子，这是我的妾。"

庆封暗骂："这么美的人，竟让一个奴仆糟蹋了！"

卢蒲嫳让妻妾过来斟酒。二人上前，左一个，右一个，把庆封服侍得十分舒服。那一夜，庆封就住在了卢蒲嫳的府中。

庆封的儿子庆舍被指定为继承人，庆封看到他也长大了，索性把公事都交给他，自己搬到卢蒲嫳的府上去住。为掩人耳目，庆封还把妻妾带上，一起在卢蒲嫳的府里过起了日子。

卢蒲嫳对庆舍也巴结逢迎，庆舍对他十分满意。有这个奴仆陪着老爹开心，自己等于提前继位了。

卢蒲嫳有个哥哥名叫卢蒲癸，前两年去了晋国。卢蒲嫳提出把哥哥接回来，庆舍爽快地答应了。卢蒲癸回到齐国，庆舍见了，交谈一番，觉得他既有才能，情商又高，于是留在身边做事，也成为心腹。为笼络卢蒲癸，庆舍甚至主动提出将自己的女儿嫁给他。这样一来，卢氏兄弟与庆氏父子的关系更加复杂也更加亲密了。

这位卢蒲癸可不是一般人物，他曾是齐庄公的近臣，齐庄公被杀后，由于担心被迫害而逃到晋国。也许当年他与齐庄公的关系并不为太多人所知，也许当年他地位较低而不引人注目，所以再次回到齐国后并没有引起太多关注。

可是，卢蒲癸很有忠义之心，多年来一直都在想着如何为齐庄公报仇。尽管做了庆舍的女婿，但卢蒲癸心中复仇的念头一天都没有断过。

在卢蒲癸的建议下，庆舍还让去了其他国家的王何回到齐国。王何的情况也跟卢蒲癸一样，是齐庄公的忠实追随者。庆舍却不知情，对二人无比信任，让他们负责自己的护卫工作。

勾人心魂的美人，离心离德的内侍，悄悄酝酿着的阴谋，这一切都让人觉得并不陌生。

偏偏这时庆封又因为一些小事与子雅、子尾结了怨。子雅、子尾是齐国贵族，他们都是齐惠公的孙子，在齐国也有很大的影响力。庆封把心事告诉卢蒲癸，希望能除掉二人。卢蒲癸当即道："在我的眼里他们不过是禽兽，您看着吧，我很快就会睡在他们的皮上！"

话说得很坚决也很自信，庆封很满意。可在背后，卢蒲癸却秘密联系上子雅、子尾，将庆封的密谋说了。二人又惊又愤，当即表示愿意跟卢蒲癸结成同盟，联手诛杀庆封。

庆封见卢蒲癸迟迟没动手，有些着急，又想联络别的大臣做这件事。庆封找了很多人，甚至还找到晏婴，希望晏婴站到自己一边。

庆封的心腹析归父悄悄来到晏婴府上，对晏婴道："子雅、子尾二人目无主君，他们欺负主君年幼，想废掉另立新君。晏大夫一向忠君，哪能容忍这样的事？庆大人决心诛杀二人，为齐国除害，还望晏大夫相助！"

对于庆封与子雅、子尾之间的纷争，晏婴早有耳闻，知道他们在内斗。晏婴自然不会掺和进来，对析归父道："请转告国相：我手下没有什么得力的人，只有几名家仆，都不堪重用，我的才智也不足以谋划这样的大事。不过，我绝不敢泄露消息，可以盟誓。"

析归父道："有您这句话，哪里还用得着盟誓呢？"

析归父又去联络大臣北郭子车。北郭子车道："人各自有侍奉国君的方法，但这件事万万做不得。"

庆封没敢联络田文子、田无宇父子，他担心田氏父子借机做他的文章。不过，消息还是传到了田氏父子耳中，田文子道："看来齐国的内乱又将发生，咱们能从中得到什么呢？"

田无宇笑道："可以得到庄街上的一百车木材。"庄街是临淄城中的一条大道，两旁的树木都是庆氏的私产。

田文子也笑了："如果是那样，现在得好好保护那些树。"

齐景公三年（前545）十月，一切准备就绪。

庆封的封地在莱，他习惯冬季来此打猎，今年也不例外。这次打猎，庆封特意邀请田无宇同行。田无宇找不出推辞的理由，只得同去。

十月十七日这一天，田文子突然派人来要田无宇回去。来人道："田大人的母亲病重，想最后见一面。"

庆封狐疑，命人占卜，占得死兆。田无宇哭了："我母亲就要死了，我得回去见一面！"庆封无奈，只得让田无宇回去。庆氏族中有一个名叫庆嗣的，听到消息，觉得诡异，赶紧去找庆封。庆嗣道："赶快回去！国都那边在举行秋祭，您却不在。祸患即将发生，现在回去还来得及。"

庆封认为他危言耸听，没有理会。

田无宇以飞快的速度往回赶，这是他与父亲的约定，他们已与卢氏兄弟、王何、子雅、子尾达成密谋，要在秋祭时动手。渡河后，田无宇命人毁坏了渡船，拆除了桥梁，以防庆封尾随而来。

临淄城里，气氛已经十分紧张了。

庆舍的女儿、卢蒲癸的妻子卢蒲姜看出苗头不对，对丈夫道："你有事情却不告诉我，一定不会成功的。"

卢蒲癸想了想，就将密谋告诉她，说准备在祭祀时将她的父亲杀掉。卢蒲姜听了非但没有阻止，反而建议："我父亲一向刚愎自用，说不定不会出席祭祀活动。而如果有人劝他不要去，他反而执意去。我去劝他。"

卢蒲癸说："好吧。"

十一月初七这一天，齐国将在太公庙举行秋祭。卢蒲姜慌忙赶过来，对庆舍说有人可能会叛乱，劝他不要去。哪知庆舍眼睛一瞪："谁敢？我偏要去！"

庆舍到了太公庙，齐景公随后也到了。庆舍命武士将周围严密包围起来，命卢蒲癸、王何持戈侍卫在左右。田文子、子雅、子尾等也都在祭祀现场，还有一个名叫鲍国的大臣，是鲍氏一族目前的家主，也被卢蒲癸等人策反，将参与今天的行动。

祭祀过程中子尾突然抽出槌子，在门上敲击了三下。这是行动的信号，卢蒲癸当即持戈上前，从后面将庆舍刺倒。王何也挺戈而进，在庆舍身上补了几下。但庆舍没有立即死去，还能挣扎着站起来，可这无济于事，卢蒲癸等人迅速将其击杀，还杀了庆舍带来的亲随。

齐景公目睹了这一切，由于事先毫不知情，所以吓坏了。鲍国对齐景公道："群臣这样做，都是为了主君啊！"晏婴赶紧过来，带着人护送齐景公回宫。

庆封从莱地回临淄时，路上遇到了报信的人，知道国都发生了叛乱。庆封马上组织自己的武士回攻临淄，但这时已经到了十一月十九日，太公庙之变已过去了十多天，城中已被对手控制住了。

庆封指挥武士进攻临淄城西门，没能攻克。又改攻北门，攻克了，进入城内，却无法攻进内宫。攻了几天，庆封发现对手的力量更大，因为对手阵营中有田文子父子。庆封绝望了，为避免被消灭在临淄城内，他主动撤军，逃往吴国避难去了。

第四章

临危受命

第一节　君臣与师徒

权臣崔氏灭亡仅两年多，齐国的另一位权臣庆氏也灭亡了。现在，齐国最有势力的家族无疑是田氏。崔杼弑君后，齐庄公的一些近臣跑到其他国家避难，田无宇父子掌控齐国后派人召他们回国，这些人纷纷回到齐国。在田无宇的主持下，以齐景公的名义对他们进行了妥善安置，有官职的复职，有封地的让他们重新回到封地。相较于崔杼和庆封，田无宇更多了些沉稳与涵养，在政治上也没有那么贪婪，做事也不那么赤裸，因而能为更多的人所接受。

田无宇对晏婴一向十分尊重，对晏婴不与崔杼、庆封合作的态度也十分清楚。太公庙之变后，齐景公赐给晏婴六十座城邑作为封地，位置在邶殿边上。这是田无宇的主意，以此向晏婴示好。不仅晏婴，北郭子车、子雅、子尾等有功之臣也都得到了六十座城邑的封地。

对于这项诱人的赏赐，晏婴表示不能接受。子尾感到奇怪，问晏婴："富有是人们所向往的，您为什么不想呢？"

晏婴回答："庆氏父子有很多城邑，满足了他们的欲望，结果儿子死了，父亲逃亡了。我现在的封邑不能满足欲望，但增加邶殿附近这六十座城邑以后也就满足欲望了。满足了欲望，离逃亡的日子就屈指可数了。一旦逃亡在外，再多的城邑也都没有意义。不接受邶殿附近的这些城邑并不是厌恶富有，而是怕失去富有。再者说，富有如同布帛，应该有尺幅的限制，给它订立制度，使它不随意改变，这样一来，对百姓来说，如果向往富裕的生活就必须端正想法、按照正当的途径去追求。对财富加以制约，既不让它不够，也不让它过度，这就叫作限制私利。我不敢贪多，要从自己做起。"

对于齐景公赏赐的六十座城邑，北郭子车接受了，子雅虽然接受，但觉得有些多，退了一大半。子尾听了晏婴的话，接受以后又全部退还。

齐景公刚被立为国君时不到十岁，还是学习知识的年纪，需要学识渊博、品德高尚的人指导他的学习，晏婴无疑是众人公认的最佳人选。那时还是崔杼主持国政，他也想拉拢晏婴，就让晏婴当了齐景公的老师。对齐景公，晏婴悉心教导，不仅教给齐景公学问和知识，还想方设法将个人修养以及如何治理国家等传授给齐景公，希望他成为一代雄主，带领齐国重现齐桓公时代的辉煌。

晏婴仔细研究过齐桓公一生的事迹，对他取得的功绩十分敬佩，包括如何在艰难困苦的环境中执掌齐国大权，又如何励精图治、推行变革使齐国实现富国强兵、最后如何称霸于诸侯之间。晏婴觉得，除了有管仲的辅佐，齐桓公个人的能力、性格也很重要。齐桓公是一个有雄才大略的人，有能力、有毅力、有魄力，能大胆用人，关键时刻敢于出手，这些都是成为一名霸主的必要条件。

晏婴希望齐景公成为第二个齐桓公，但当他亲自教授齐景公时，心底里却时常泛起一些失望。相对于敢想敢干、英武果断的齐桓公，齐景公的性格有些柔弱，缺乏霸气。

一次，晏婴不在跟前，齐景公不想看书，于是来到庭院里玩耍。院中有一棵树，树上有个鸟窝。毕竟是个孩子，贪玩是天性，齐景公于是脱了鞋子，赤着脚爬上树，去掏鸟窝。

鸟窝里没有蛋，却有一只雏鸟，毛茸茸的，十分可爱。齐景公伸手拿过来，十分喜爱，想带回去慢慢玩。可是，齐景公看到了这只小鸟的眼神，见其中有一种悲伤，忽然想到这只鸟的母亲回来如果见不到孩子该多么伤心，又想到这只小鸟如果被自己带走，即便好生喂养，但也失去族群，孤苦无依。

想到这里，齐景公很难过。虽然贵为国君，但他也是一个无依无靠的人，父亲和母亲很早就死了，哥哥也死了，他在这个世界上几乎没有什么亲人，不正是一只孤独的幼鸟吗？想到这里，齐景公把雏鸟放回窝里，默默地从树上爬了下来。

刚落地站稳，齐景公便发现晏婴老师正在边上看自己。齐景公有些紧张，也有些害怕，这是做了错事的孩子在家长和老师面前的自然反应。齐景公低着头，主动将刚才的事报告给老师。

晏婴没有生气，也没有责怪，反而表扬道："主君能将雏鸟重新放回去，说明主君有仁爱之心。对禽兽尚且如此，何况对百姓呢？这正是圣王之道。"

圣王之道确实离不开仁爱，但只有仁爱又是不够的。晏婴虽然表扬了自己的学生，但心里也有一些遗憾，甚至是担忧。

这一年的冬天非常冷，齐国很多地方偏偏又下起了大雪。雪一连下了三天还不放晴。齐景公披着一件白裘衣，这是一件名贵裘衣，是用狐狸腋下的白毛做成的，称为"狐白之裘"。齐景公想看雪景，便来到正堂旁边的台阶上。晏婴这时走过来，见齐景公看着雪景发呆，就没去打扰他，站在那里看着。

齐景公痴痴地看着宫中的雪景，不知道在想什么。晏婴专注地看着齐景公，也没有说话。就这样，君臣二人在雪地里站着。过了好大一会儿，齐景公才发现老师来了。

齐景公说："好奇怪啊！下了三天的雪，可是天气并不冷。"

晏婴问："天气不冷吗？"

景公笑着说："是的。"

晏婴道："我听说古代贤德的国君，自己虽然吃饱了，但知道别人还在饥饿；自己穿暖了，但知道别人的寒冷；自己安逸，但知道别人的劳苦。现在您却不知道这些。"

齐景公醒悟，对晏婴说："先生说得对，我听从您的教诲。"

齐景公马上叫来人，让他去传下命令，拿出一些衣服、粮食，去分发给饥寒交迫的人。

齐景公的身上虽然没有霸气，也不尚武勇，但生来有一副俊朗的容貌，是一位"英俊少年"。只不过，这位少年并不以此为骄傲，反而有时会因此有一些苦恼，这是一些人在青春期阶段经常会有的一种奇怪心理。

一次，齐景公发现身边有个侍卫不停地瞅自己。国君是神圣不可侵犯的，国君在场，宫人、侍卫都要把头低下，不得乱瞧乱看，否则就是冒犯国君的容颜。

齐景公发现了，有些恼火。

齐景公叫来一个人，吩咐道："你去问问他，为什么这样不恭敬地看着我？"

这名侍卫才突然发现自己犯了大错，回答道："说了也是死，而不说还是死。我只是因为主君容貌出众才忍不住偷偷去看的。"

齐景公听完更加生气，下令将这名侍卫拉出去杀了。虽然有些孩子气，但毕竟是国君，一言九鼎，眼看这名侍卫就将丢了性命。

这时晏婴恰好进来，问清了情况。晏婴道："我听说，拒绝内心的想法是没有道理的，憎恶别人的仰慕也是不吉祥的。他虽然因为仰慕主君的容貌而做出冒犯的事情，但依照律法不至于杀头。"

齐景公道："哦，是这样啊。那就不杀了，可也得惩罚他才是。"

晏婴道："主君想怎么惩罚他呢？"

齐景公想了想道："这样吧，等我沐浴的时候，罚他为我搓背。"

晏婴哭笑不得。还真是个孩子，满身脱不掉的孩子气。不过，想法能与众不同，出人意料，这也总是好的，说明这位主君还有成为名君的希望。

第二节 季札的提醒

齐景公四年（前544），齐国迎来了一位重量级客人。

贵客名叫季札，是吴国国君寿梦的儿子。寿梦是一位强人，在位期间强化军事，曾打败楚国，之后主持过诸侯会盟。齐灵公十九年（前563）春天，寿梦与鲁襄公、晋悼公、宋平公、卫献公、曹成公等在相地会盟，齐庄公吕光当时是太子，也参加了这次会盟。吴国国君之前称吴侯，自寿梦开始称吴王。

吴王寿梦有四个儿子：长子诸樊、次子余祭、三子夷昧、四子季札。季札在四子中最知书达礼、仁爱贤明，深得寿梦喜爱。寿梦想把王位传给季札，可季札不肯接受。寿梦临终前，把儿子们都叫到身边，嘱咐长子诸樊，王位一定要兄终弟及，以便最后传到季札手中。诸樊继位为吴王，死后二弟余祭立，余祭向季札让国，季札再次推辞；余祭死，三弟夷昧立，夷昧向季札让国，季札仍推辞；夷昧死，按约定季札可以当吴王了，但季札仍然推让，立夷昧之子僚为吴王。季札一再让国，美名传遍各诸侯国，季札被认为当世的贤人。季札还精通学问，学识渊博，与孔子齐名，后世称"南季北孔"。不过季札的年龄比孔子大得多，他出使齐国的这一年孔子才八岁。

季札这次出访齐国，发生在余祭即位后不久，这次出访的目的是"通嗣君"，也就是为新国君即位而与各诸侯国搞好关系，所以出访的国家较多，除齐国外还有鲁国、郑国、卫国、晋国等北方大国，其中第一站是鲁国，齐国是第二站。季札虽为吴国大臣，但地位堪比国君，而吴国又是新崛起的南方大国，所以各国对他的来访都十分重视，给予其极高礼遇。

季札早就听说鲁国有最完整的周乐，所以请求观赏。鲁君让乐工为季札演唱《周南》《召南》《邶风》《鄘风》《卫风》《郑风》《齐风》等，季札仍然没听够，请求再演一些，于是又演了《颂》《象箾》《南籥》《大武》《韶濩》《大夏》《韶箾》。

季札对陪同自己的叔孙穆子说："简直太美妙了！就如同苍天无所不覆盖，大地无所不承载，至德至美之音啊！这种美好的享受直到现在仍在回味。"

叔孙穆子问："您觉得哪一首歌曲让您印象最深刻？"

季札道："是《颂》。直而不倨，曲而不屈；迩而不逼，远而不携；迁而不淫，复而不厌；哀而不愁，乐而不荒；用而不匮，广而不宣；施而不费，取而不贪；处而不底，行而不流。"

叔孙穆子称赞道："您对音乐的理解太深刻了！"

季札来到齐国，接待的礼仪安排均由田无宇操办，本来没有晏婴多少事儿，然而，国事活动结束后季札却提出要见一下晏婴，并且是私下会见，其他人不用参加。这是一件有些忌讳的事，与别国的大臣私下接触，没有第三者在场，有些事情便说不清。现在双方关系还算好，一旦有事，成为敌国，有人就会翻出旧账，说你叛国都是有可能的。

所以晏婴可以婉拒这次会见，也可以提出公开相见。不过晏婴还是答应了这次见面，季札的贤名他当然知晓，这是一位公认的智者，熟悉各国事务，正好借此机会听听他对天下大事的看法。这样的机会并不多，晏婴不想错过。

两个有智慧又品行端方的人相见，总是很容易就拉近彼此的距离。只说了几句话，二人便觉得十分投机，已无话不谈。季札刚从鲁国来，晏婴向他请教鲁国的情况。

季札说了在鲁国的情况，之后道："我去鲁国，最想做的是见一个人。"

晏婴问："您想见谁？"

"叔孙穆子。你知道他吧？"

"当然知道。记得他说过'太上有立德，其次有立功，其次有立言，虽久不废，此之谓不朽'。"

"我见他，可不是为了夸赞他那'三不朽'，而是提醒他一些话。我告诉叔孙穆子，他虽然好行善，但不善于识人，将来恐怕会因此受祸。"

"他听进去了吗？"

"不知道。我提醒了他，就已经尽完朋友之情，听与不听，那是他的事。我这次由吴国北上，有几位神交已久的朋友是非见不可的，这大概才是我出访各国的目的。鲁国的叔孙穆子算一个，还有郑国的子产，晋国的叔向。齐国，就是你了。"

"谢谢您的高抬，我哪敢与这几位大家相提并论啊！"

"你不必自谦。晏子，其实我也有几句话想对你说，不知道你想不想听？"

"当然，请您务必赐教！"

"我观察你们齐国很久了。齐国最大的问题是国君太弱，这么多年来一直如此。即便当前，情形仍未改观，国家被权臣掌握，于国于民皆不利。"

"是啊，您说得很对！"

"我想说的是你。听说前不久你辞让了六十座城邑的封地，不简单啊！不过这还不够，依我看，你应该把所有的封地都辞让了，把大夫一职也辞去，不再过问任何政务，只专门为齐侯授课即可。我看齐国将来还会发生动乱，还会再出崔杼、庆封那样的人！"

季札说得很平静，但晏婴却听得如惊雷过耳。他还真没有想过这个问题，但这又是一个现实的问题。齐侯虽然一天天长大，可权力并不在他的手中。只要有权臣，就会争权，无论是君臣之争还是臣子互争，到头来都会血流成河，那将又是一场灾难啊！

见晏婴沉默不语，季札道："我也只是顺口一说，你也大可不必在意。"

晏婴起身，向季札深施一礼："先生的教诲，我牢记在心！"

季札走后，一连几天晏婴始终想着他说的话。作为公认的智者、贤者，作为最了解各诸侯国局势的人，季札的话是有分量的，他向晏婴提出的问题，或许就是一个预言。

从季札那里晏婴还了解到崔杼的一些情况。崔杼没有死，现在就生活在吴国，因为受到吴国的礼遇，所以过得很好。崔杼在齐国仍有潜在影响力，这也是齐国的一个隐患。

庆封、庆舍死后，晏婴的忧患感减去了不少，原因在于他对田无宇的印象和了解。如果说齐国仍有权臣，那指的就是田无宇。但晏婴对田无宇的看法与对崔杼、庆封有很大不同，田无宇更温和内敛，不喜欢张扬，更谈不上嚣张，做事有分寸，即便不算贤良之臣，但至少不坏。这样的人实际上掌握着齐国，虽然名不正言不顺，但不是最差的情况。然而，从季札的判断来看田无宇可能也会面临挑战，以致造成国家新的动荡。

下一个挑战者，会是谁呢？

晏婴在脑海里将齐国有实力的新老贵族挨个儿盘算了一遍，发现新的夺权风暴还真有可能发生。挑战田氏的可能是国氏、高氏，也可能是栾氏、鲍氏，甚至是崔氏、庆氏的余党。只要有权力，就会充满诱惑。不是不争，而是时机未到。

想到这些，晏婴不禁冒出冷汗。他想阻止这种可能，但又不知道如何做。去告诉齐侯？他还是个少年，未必理解这些，即便理解，也无能为力，只能担惊受怕。告诉田无宇，让他加强防范？可田无宇会相信吗？说不定还会多想，揣摩自己说这些话的动机，从而产生猜忌。晏婴很苦闷，只有为国家、为百姓的深深担忧，却无力将其化解，心底里也只能企盼着这种可能性未来不会发生。

不过，季札对晏婴个人的提醒是可以做到的。晏婴先找到田无宇，很诚恳地提出让出所有封地并辞去官职的想法，理由是可以更好地教主君读书。田无宇十分惊讶，但是见晏婴态度十分坚决，也就默许了，晏婴于是向齐景公正式提出辞官让封的请求。对于老师的决定，齐景公虽然并不完全理解，但出于对老师的尊重，也同意了。

第三节　公主和亲

到了齐景公八年（前540），齐国又迎来一位重要来访者：晋国重臣韩起，即后世所称的韩宣子。

韩氏是晋国贵族，正卿韩献子告老后，长子韩无忌本应继承权力，但韩无忌却以自己有些残疾为由推辞，并向晋悼公推荐自己的弟弟韩起为正卿。不是嫡长子的韩起幸运地成为韩氏家族的宗主。此后，韩起协助晋悼公复兴晋国霸业。晋悼公重组三军六卿，韩起礼让赵武，赵武担任中军元帅，自己辅助。赵、韩两家关系日趋亲密。赵武死后，韩起继任中军元帅，成为晋国权力最重的大臣。

韩起此行，是为晋齐两国联姻之事而来。

晋齐两国一直以来都有着恩恩怨怨，近年来晋国更是一直压着齐国，齐国表面尊晋国为盟主，但本意并不服气。为稳固双方关系，晋平公提出纳齐国公主为妻，韩起专门为此事而来。

对于这门亲事，齐国自然不敢不答应，决定送公主少姜入齐，嫁给晋平公，完成和亲。少姜此时仅十岁，后世多认为她是齐景公的女儿，但齐景公幼年继位，成为国君以后还在掏鸟窝玩，现在在位也才八年，自己的年纪只有十几岁，不可能有十岁的女儿。

少姜也不可能是齐灵公的女儿、齐景公的妹妹，因为齐灵公已去世十四年了。少姜如果是齐国公主，只可能是八年前去世的齐庄公的女儿，是齐景公的侄女。晋平公是十七年前继位为晋国国君的，此时年纪应该不小了，娶十岁的齐国公主为妻，这桩婚姻看着有些特别。但这就是诸侯国之间的政治，人们关注的只是两国的关系是否稳定牢靠，没有人会觉得年龄是个问题。

韩起来到齐国，也见了一些齐国重臣。

韩起来到子雅的府上，子雅对这位晋国炙手可热的人物给予热情接待，并让儿子栾施参加会见。栾施的祖父是齐惠公的儿子公子坚，字子栾，他的后人便以栾为氏。那时姓与氏是分开的，子雅和栾施都是姜姓，栾氏。子雅名灶，又称公孙灶，字子雅。

子雅让栾施见韩起，是想让儿子接触一些驰名于各国的风云人物，更好地培养他。所以，交谈过后，子雅特意请韩起对自己的儿子做一些评价。通常这样的评价应该以正面为主，这也是主人期待的。被韩起这样有名气的人评价过，而且是一种赞扬，日后便可以作为炫耀的资本了。哪知，韩起却不太客气，丝毫没有顾及主人的情面。

韩起道："贵公子不像一个臣子，难以保全家族啊！"

这话说得挺严重，等于说栾施是"乱臣贼子，毁灭家族"。子雅听到这些话，一定气得脸色铁青；栾施听到这些话，一定想打人。但韩起说得很认真，一点不像信口开河。

在子雅府上宾主双方不欢而散。到了子尾那里，情况也类似。子尾也是齐惠公的儿子，姜姓，高氏，名虿，字子尾，又称公孙虿。子尾的儿子名叫高强，也参加了会见。

子尾请韩起评价一下自己的儿子时，韩起还是那句话："贵公子不像一个臣子，难以保全家族啊！"

韩起虽然不像季札那样将名利彻底看淡，但韩起也重权在握，多年养成了居高临下的气势，不会刻意去讨好哪个人，如同季札一样，有话直说，不加避讳。

子雅、子尾都是齐国目前的重臣，论地位，与田无宇不相上下；论实力，仅次于田无宇。二人在韩起那里讨了个没趣，这件事传出后，齐国大臣们纷纷为他们打抱不平。

"韩起懂什么？他这是故意羞辱我齐国重臣，以此彰显晋国的优势。"

"韩起才来齐国几天？了解多少我们齐国的事？"

"韩起只不过是一个自高自大的人，大概看谁都不顺眼吧！"

可晏婴不这么看。晏婴一向关注晋国的情况，对韩起的事情间接了解了不少，知道他机谋很深，看问题很独到，而且善于识人。韩起能当着主人的面说那些话，显然是经过了深思熟虑的。

晏婴对众人道："韩起是君子，他是不会乱说话的。"

晏婴对栾施、高强的作为也较为了解。二人出身权贵之家，生下来便享受荣华富贵，不了解百姓疾苦，又狂妄自大，不懂得礼贤下士，未来的确有很大隐忧。这种隐忧既是对这两个家族的，也是对齐国的。

晏婴希望韩起的话只是一个提醒，能让子雅、子尾、栾施、高强有所醒悟，从而收敛行迹，去掉野心，踏踏实实履行臣子的职责，那将是齐国的大幸。

韩起使齐，商定了齐国嫁公主入晋的事。

这一年四月，晋平公派韩起的儿子韩须正式来齐国聘公主。按照礼制，需要由一名大臣去送亲，子雅、子尾出身齐国公室，现在又是重臣，按理说由他们二人中的一位去送亲最合适，但这二位觉得自己被韩起羞辱了，不愿意走这一趟，结果送亲的任务落在田无宇身上。

这本来是一件美差，至少不是苦差，但这一趟却并不顺利。田无宇到了晋国，非但没有受到欢迎和热情款待，反而被晋平公扣了下来，差点回不了齐国。

原来，晋平公见送亲的人是田无宇，很不高兴，认为被齐国慢待了。田无宇的先祖并非齐国人，而是陈国人，妫姓，陈氏。周武王灭商建周后将长女嫁给舜帝的后人妫满为妻，封于陈地，建立陈国。田无宇是陈厉公妫跃的五世孙，他们这一支是在齐桓公十四年（前672）来到齐国的。刚到齐国时，田氏知道自己势力弱小，无法与其他卿族争权，所以就藏起锋芒，以免引起其他卿族的注意。田氏一直用坐山观虎斗的态度看待齐国卿族间的争斗，同时默默发展自己的势力。到田文子、田无宇父子时，田氏在齐国已经有了很大影响力，论实力已经超过了那几家卿族。齐灵公还将女儿嫁给了田无宇，田无宇的另一个身份是齐景公的姐夫。

然而，在晋平公眼中齐国的公室卿族只有出自齐惠公的崔氏、庆氏、栾氏和高氏，还有一个国氏，出自曾辅佐过齐桓公的高傒，除此之外都算不上贵族。晋平公认为自己派正卿韩起去提亲，又派韩起的儿子韩须迎亲，齐国也应派同样分量的卿族来送亲才能显示对等。如今派的是连卿族都算不上的田无宇，是故意怠慢。

晋平公下令将田无宇一行扣下，不让他们按期归国。

不过，对齐国的公主少姜晋平公却十分满意。尽管少姜只有十岁，但晋平公仍然对其宠爱有加，对她很疼爱。少姜听说母国的大臣被扣，便向晋平公求情。少姜道："接亲与送亲的大臣等级有差，是因为齐国畏惧晋国，这才故意降低大臣的等级，以示对晋国的尊重，没想到反而招致主君的误解。"听了这话，晋平公的怒气才消了些，但仍然没有立即放田无宇回去。

田无宇无法回国，齐景公觉得很没面子，田文子更是着急。晏婴不久前出使过晋国，与晋国太傅叔向有交往，田文子于是来找晏婴，希望他能请叔向帮忙，尽快让自己的儿子归国。相对齐国的那几家卿族，晏婴对田氏更有好感一些，所以他答应了田文子的请求。晏婴给叔向写了信，田文子设法派人送到晋国，交给叔向。

晋平公虽然对少姜十分宠爱，满足她的一切要求，但少姜嫁到晋国后仅三个月就死了。对于这个年仅十岁的聪明的齐国公主是怎么死的，史书没有留下太多记载，只有《左传·昭公二年》记载："夏四月，韩须如齐逆女。齐田无宇送女，致少姜。少姜有宠于晋侯，晋侯谓之少齐。谓田无宇非卿，执诸中都。少姜为之请曰：'送从逆班，畏大国也，犹有所易，是以乱作。'"随后到了七月，又记载："晋少姜卒。"

这时，叔向向晋平公进言："田无宇并无罪过。主君派公族上门提亲，齐国派上大夫来送亲，如果还算不上对等，那就有些贪心了。一言不合就扣留人家的使臣，这样的做法有些偏颇，何以成为盟主？况且，少姜也求过情。"晋平公想了想，觉得叔向说得有道理，于这一年十月下令将田无宇放回齐国。

第四节　再次出使晋国

齐景公九年（前539），年初，距离少姜去世才几个月，晋平公又派韩起出使齐国，此行与上一次来齐国的目的一样：提亲。少姜死了，晋平公要求齐国再派一名公主来晋国和亲，嫁给自己。

看来晋平公对这件事很执着，或者是少姜给他留下的印象过于深刻和美好。齐国只得再准备将一位公主嫁过去，自然这位公主也不是齐景公的女儿，有可能是齐庄公的另一位女儿。

人选确定后，子尾忽然有了想法。子尾认为少姜虽然早逝，但她生前在晋国受到了无比宠爱，令人羡慕，所以打算让自己的一名女儿顶替公主。

子尾的想法有些不可思议。将公主调包，这是一件很难保密的事情，一旦被发现，那将是诸侯国之间的一桩丑闻。齐国这边丢了人，一定会追究责任。况且，远嫁晋国并不是一件享福的事，即便没有思乡之苦，但也算是人质，一旦两国交恶，很可能从高峰瞬间坠入深渊。

但子尾不那么看，他或许认为自己的女儿由此可以享受到更大的荣华富贵，而对于自己来说，也在晋国那里多了一个外援。于是，子尾通过手段将出嫁的人悄悄换成了自己的女儿。为万无一失，子尾将真正的公主隐匿起来，打算也送出齐国，到时候另找个人嫁了。

虽然行动很隐秘，但这件事情仍然被发觉，并且告诉给了晋国的使臣韩起。可韩起却没有声张，就好像什么事情都没发生过一样，仍按既定安排准备着接亲的各项事宜。

属下感到奇怪："韩大人，咱们既然已经发现了这个秘密，为什么不拆穿它？"

韩起道："为什么拆穿呢？晋国迎娶齐国公主为夫人，目的是加强两国之间的关系。子尾是齐国卿族，也是重臣，现在揭露他就等于跟他结了仇，这对两国关系有什么益处？"

公主准备好了，派谁去送呢？

齐国君臣有些头疼。田无宇不会再去了，他因为送亲的事被晋国扣留，刚被放回来没有几个月，担惊受怕，又颜面大伤，提起来就恨恨不已。因为田无宇受辱，其他几位卿族出身的大臣也有些犹豫，子尾因为有秘密，为避嫌，也不想去。

可是，不派出一位地位高、有影响的人去送亲，又怕晋平公借机挑理，真让人为难。韩起大概看了出来，主动向齐景公透露，可以派晏婴去。

"可是，晏先生只是一名普通大夫，既不是正卿，也并不出身于卿族啊。"齐景公为难地说。

"没有关系。晏大夫虽然不是卿族出身，但名气很大，早已扬名于诸侯各国，我们晋侯也想见见他呢。"

这可太好了，解决了一道难题。齐景公不再发愁，那几家卿族重臣也把悬着的心放下了。只是大家觉得有些对不住晏婴，本来这趟出使跟他没有任何关系。齐景公考虑到了这个问题，于是亲自赴晏婴府上将这件事情告诉他，顺便也加以慰问。

这是齐景公第一次来晏婴的府宅。齐景公发现，晏婴的府宅居然在闹市之中，周边人声嘈杂、尘土飞扬，府中的房屋也低矮、狭小、潮湿。

齐景公见到晏婴，把出使晋国的事情说了，本打算再说说自己为了这件事如何为难，但晏婴没等他往下说，就痛快地接受了这个任务，这让齐景公非常高兴。

齐景公环视了一遍有些阴暗的厅堂，对晏婴道："您怎么能住在这种地方呢？这样吧，我为您另外准备一处府邸，比这里更宽敞、更明亮、更安静，待您出访回来就搬过去。"

晏婴忙道："多谢主君眷顾！只是我在这里住惯了，搬到别处会不习惯。这里的条件已经很好了，对我来说已经足够。况且我家里穷，靠在集市上买东西吃，早晚都要赶集，住的也不能离集市太远啊。"

齐景公再劝，晏婴坚决不愿意搬家，齐景公只得作罢。齐景公又坐了一会儿，君臣二人随便说了些别的话。

齐景公有些开玩笑地说："刚才您说常去赶集，那一定知道什么东西贵、什么东西便宜吧？"

晏婴见问，心中一动。齐景公继位将近十年，即将成年，已经开始处理一些政务了，晏婴也总是利用机会对国家治理中存在的弊端向齐景公进言，一方面匡正得失，另一方面也锻炼齐景公，让他快速成长起来。

晏婴道："现在的集市上踊很贵，而鞋很便宜。"踊，是为受过刖刑的人特制的一种鞋子，有人也称其为"义足"。

齐景公很惊讶："这是为什么？"

晏子道："因为刑罚太重，被砍掉脚的人太多了啊。"

齐景公脸色大变："是不是我的统治太残暴了？"

齐景公回去后就命人研究刑罚是否过重的问题，最终减轻了相关刑罚，还去掉了其中的五种刑罚。

这一年五月，晏婴护送着齐国公主来到晋国。

按照礼仪，晋国以享礼迎接齐国使臣一行。仪式上，晏婴作为正使向晋平公呈上齐国的礼物，晋平公还礼。仪式结束，晏婴受到晋平公的隆重款待。晋平公在豪华的宫殿里用丰盛的酒食招待晏婴，宴会结束时天色已经很晚了，晏婴准备告辞回馆驿休息，晋平公却把他留了下来，跟他作了一番交谈。

晋平公道："几年前先生来晋国，那时事务繁忙，贵国国君也在，所以没能与先生单独交谈，十分遗憾。此次没有那么多公务，难得悠闲，正好听听先生对寡人的教诲。"

晏婴恭敬答道："岂敢说教诲？我只是齐国闹市中居住的一个闲人罢了。"

"晏先生谦逊了。现在各诸侯国有谁不知道先生的大名呢？贵国先君驾崩时，只有先生冒刀斧之险前往哭祭，忠义之心，可感天地啊！"

"这都是人臣的本分，君子应当做到的。"

"先生说到君子，我想请教，什么样的人才是君子呢？"

"我听说，君子就像水一样，再深的江河与湖泊泽池都能容纳他。众人归附君子，就如同鱼有了水作为依托，能在其中尽情地畅游。如果江河湖泊决了堤，面临枯竭，水中的鱼也就会躁动，会顺流漂泊。鱼向往的是水，所以会游到有水的地方，一旦找到，就再也不会回来了。"

"先生这番话寓意深刻，寡人受教了。还想再问先生：请问贵国先君与现在的国君相比，谁更贤明呢？"问齐庄公与齐景公哪一个是明君，哪一个是昏君，这样的问题如何回答？

晏婴道："两位国君行事方法不一样，我不敢妄加评论！"

哪知晋平公没有放弃这个问题的意思："如今周王室的风气需要端正，而各诸侯国也渐渐有些蛮横专制，所以我想听听先生您对这个问题的看法。"

晏子略加思考，回答道："先君庄公不喜欢安静的生活，但他生性节俭，不好礼乐，喜欢练兵，崇尚武力，能与士兵一同忍饥挨饿，共度寒暑。先君庄公很强大，具有超常的胆识，但他没能控制住自己，私通崔杼的妻子，结果遭受杀身之祸。现在的主君居住在华丽的宫室，喜爱亭台楼榭，因为惧怕祸乱再次发生，所以对鬼神十分敬畏。"

"那先生觉得，作为国君，怎么做才能既保全自己又保全自己的子孙呢？"

"君王的善行能保全自己终身就足够了，无法保全自己的子孙后代。"

谈话结束，晋平公亲自送晏婴出正堂，分别时向晏婴行礼，作为对晏婴给予指教的答谢，晏婴也施礼作别。望着晏婴远去的背影，晋平感叹道："谁说齐国很久没有明君了？有这样贤明而又直言劝谏的大臣，齐国的国君想不贤明也很难啊！"

第五节　与叔向对话

晏婴参加晋平公接见时，晋国太傅叔向全程陪同。宴会结束，叔向亲自将晏婴送至馆驿。

此行任务已经完成，晏婴的心情放松下来，见叔向没有立即要走的意思，便邀请他在馆驿做一番畅聊，叔向愉快地接受了邀请。晏婴、叔向、子产、季札被认为是此时天下最知名的学者、思想家，晏婴、叔向后来都是孔子敬佩的偶像，所以这次谈话也十分著名。

晏婴首先感谢叔向在田无宇归国一事上的相助，之后话题便转到了田无宇以及齐国目前的形势上。

叔向问："齐国现在怎么样？"

晏婴神色黯然道："我不知道该怎么说。依我看，现在的齐国已有末世之兆，未来的齐国恐怕是田氏的了。"

"哦，为何如此？"

"是国君抛弃了他的百姓，让百姓归附了田氏。我举个例子，齐国原来有豆、区、釜、钟四种量器，四升为一豆，各自以四进位，一直升到釜，十釜就是一钟，而田氏的豆、区、釜三种量器，都加大了四分之一，钟的容量更大了，田氏用私家的大量器借出粮食，而用公家的小量器回收，这样人们能不念他们的好吗？再比如，田氏将山上的木材运到市场，但价格并不比山里高；将鱼、盐、蛤蜊等海产品运到市场，价格也不比海边高。"

"这样做的确能收买人心。"

"再看齐国公室，做法形成了对比。百姓把劳动收入分成三份，两份都交给了公家，只有一份用来维持自己的衣食。国君聚敛的财物已腐烂生虫，而老年人却挨冻受饿。看看齐国的集市，鞋价便宜而假腿昂贵，那是因为受刑而被砍去脚的人很多。百姓有了疾病，田氏乘机去安抚。百姓视田氏如父母，像流水一样归附田氏。"

一番话让叔向产生了共鸣，想到晋国的情形，不也一样吗？叔向道："唉，我们晋国公室也同样，晋国也到了末世。现在的晋国，兵车没有战马，也没有人驾驭，国卿指挥不了军队。百姓疲病，宫室却极为奢华。道路旁饿死的人随处可见，而宠姬家的财物多得装不下。百姓听到国君的命令，如同逃避仇敌一样纷纷躲开。国家的政事由私家决定，百姓无所依从。面对这么多问题，国君却用及时行乐来掩盖忧愁。公室也一天天衰微，不知道还能坚持几天！"

晏婴问："那您打算怎么办？"

叔向道："我听说，公室快要衰亡的时候，它的宗族就像树的枝叶一样首先落下来，公室跟着就灭亡了。我的一宗共有十一族，只有羊舌氏一支还在。我的儿子不争气，能够得到善终就万幸了。"叔向是姬姓，羊舌氏，名肸，字叔向。

谈话有些沉重。末世来临时，再聪明、再有能力的人也只能眼睁睁看着它衰落。你能把一切看清楚看透彻，却没有回天之力。于是二人转换了话题，不再讨论国家与时局，而转到个人修身方面。《晏子春秋》对其内容有些记载。

叔向问："侍奉君主的人，最佳的行为方式是什么呢？"

晏婴答道："侍奉君主的人，应该以才智来安邦定国，以声誉品德引导百姓，不应该向君主故意展示廉洁以博取名利，不应该违背民众的意愿而任意行事，能做到这些，就是上等人；洁身自好，对自己严格要求，不因为谋求官位而掩盖自身缺点，不依靠诋毁他人及阿谀奉承来求得上位，不屈从迎合来偏袒徇私，不以欺骗手段去夸大自己的能力，能做到这些，仅次于上等人；能尽自己最大的能力恪守本职而不懈怠，顺从君主而不敢懒惰，因为畏惧上级而从不敢做苟且之事，因为害怕受到刑罚而不敢做坏事，能做到这些，是下一等的人。以上三类人，都是君主所需要的人。"

"那么，君子属于哪一类人呢？"

"所谓君子，是指他们的才能即便不足以补益君主，但退身独处后也不愿意盲目顺从，他们耕田、种菜，打蒲草、织鞋子，恭敬地遵守君主的法令，对长辈、兄弟以及乡邻都十分友好，不夸夸其谈，没有出格的行为，这就是君子。"

"什么是乱臣贼子呢？"

"也有一类人，他们有一点才智，却不能补益君主；有一点能力，却不能为百姓做事；为谋取官位而不择手段，一旦当官后就变本加厉地作恶，这种人就是乱臣贼子。还有一类人，自身没有什么补益君王，也没有为百姓做事的能力，处处美饰自己，宣扬轻视君主的言论，这种人就是祸乱国家的人。圣明的君主要善于发现这样的人，对他们加以治罪。"

"那么，君子最佳的行为方式是什么样的？"

"君子最佳的行为方式，是和睦、协调但不刻意不顺迎，庄重敬谨而不狡诈，平和柔缓而不卷曲，严以律己而不暗昧，行为精细而不结党，崇尚平等而不遗弃弱小，富贵时不傲视一切，贫穷时不改变行为方式，尊敬贤能而不贬低愚笨。这就是君子最佳的行为方式。"

"对金钱应该持什么态度呢？有人珍惜，有人舍不得，从个人修养的角度看，这有什么不同吗？"

"从对待金钱的态度中能观察到一个人的修养。珍惜，是对金钱的使用上自己很节俭，不大手大脚，不奢侈浪费，但帮助别人却很慷慨；舍不得，是自己奢侈浪费，对帮助别人却舍不得。金钱只是一种工具，身边的亲人朋友都贫困劳苦时，自己生活得再好也感觉不到轻松舒适，这样的人就是君子。"

"那么，君子究竟应该选择怎样的道路呢？"

"君子应该专心致力于最根本的东西，最根本的东西能够树立起来，道路也就有了。我听说，过去那些先贤，能匡正世俗就匡正，不能匡正也不会失去仁爱；自己有施展能力的舞台时就与世人一起乐业，没有时也能找到自己的依托与归宿。能做到这些，就是君子。君子不以拒绝侍奉君主为荣，不会不顾及家庭，也不用离群独居来博取虚名。故意不侍奉君主，就违反了天和地的秩序；不顾及家庭，就背离了先贤的道路；以离群独居来博取名声，就堵塞了世间政治与教化的通道。"

"怎么做才能称为值得荣耀的一生呢？"

"对长辈孝敬，不会为往日的行为后悔；侍奉君主忠诚，不会因为往日的言辞后悔；对兄弟和睦，对朋友诚信，不掩饰过失，不责备别人；在朝廷治理民众，足以使民众尊重君主，在地方治理民众，足以使民众改变，自身没有什么过失，行为不被惩治。能做到以上几点，就足以值得荣耀了。"

"最后一个问题：怎么做才能使自身得以保全呢？"

"不怀侥幸，先艰难困苦而后取得成功。得到的是自己应该得到的，失去的不是因为自己的罪过而失去，符合这些，就能保全自身了。"

二人谈了很多，是两个神交已久的老朋友之间的畅聊。谈话中涉及双方国家内部的事务，体现出二人互相之间的信任。在叔向眼中晏婴是一个充满智慧的人，是一个值得尊敬的君子，所以多以请教的形式展开这场谈话。晏婴也知无不言，将自己对国家治理和个人修身方面的见解一一道来。

第六节　越石父

这次出使晋国较为顺利，完成了送亲的使命，使齐国与晋国的关系至少在目前得以保持稳定的状态。

在回齐国的路上，晏婴一行路过中牟时，看见一个头上戴着破帽子的人，反穿着裘皮衣服，背着牧草，坐在路旁休息。这个人装扮得有些特别，引起了晏婴的注意。

晏婴让车队停下，也在路边休息，并注意观察那个人。观察了一会儿，晏婴派人过去把那个人请来。

晏婴问："请问先生叫什么名字？"

那人道："我叫越石父。"

"为什么坐在这里？"

"我是一名奴隶，在中牟一户富人家里当仆役。走累了，便在这里歇歇。"

"你是怎么成为别人的奴仆的呢？"

"我实在忍受不了受冻挨饿的滋味，也担心这些对我的身体有伤害，就去给人家当奴仆了。"

"你当奴仆有多久了？"

"三年。"

"我能为你赎身吗？"

"当然可以。"

"用什么可以为你赎身呢？"

"至少得用一匹马。"

晏婴的车子由三匹马拉着，晏婴让人把其中一匹马解下来交给越石父。越石父接过马，匆匆离开了。看着越石父走远了，高纠对晏婴道："大人，咱们让这个人骗了。"

晏婴问："为什么这样说？"

"我看这个人分明是游手好闲，白得了一匹马，肯定拿去卖了，再也不会回来见咱们。"

"我不这样认为。我观察了一会儿，觉得他是一位君子。"

时间并不算太长，越石父果然回来了。晏婴邀请越石父坐到自己的车子里，载着他一同回齐国。路上，晏婴与越石父进行了很多交谈，更加坚定了自己的看法。

回到临淄，向齐景公复命。

齐景公十分高兴："先生不辱使命，这次出使扬了我齐国国威，先生劳苦功高！一路辛劳，先生先回府中歇息吧。"

晏婴拜辞，齐景公一直把他送到宫门口，这让晏婴有些惊讶。按照礼节，君主把大臣送到宫殿正堂门口就已经是很高的礼遇了。更让晏婴吃惊的是，齐景公还要把他一路送回府中。晏婴一再推辞，说自己不敢接受，但齐景公很执着，非送不可。

还是熟悉的街巷，街上还是看着很亲切的齐国百姓。可是，到了府宅前，晏婴却愣住了：一座崭新的宅院出现在原来的旧址上，房屋更高大、更气派，而且院子明显大了许多，紧邻的几户人家的房子不见了，应该是拆除之后，将他们房屋的地基并入了新宅院内。

见晏婴在那里发呆，齐景公笑道："先生，您出使期间寡人做主，给您把府宅重建了一下。您想住在集市附近，所以寡人没有在别处建宅，仍在原址，这一下您该同意了吧？"

晏婴仍然有些发呆，不知道说些什么。

齐景公道："先生不必担心，寡人已经下令，将两边的邻居全部妥善安置在别处，给他们建了新房子。"

晏婴脸色有些惨白，半天讷讷道："多谢主君。"

齐景公很高兴，对晏婴道："先生喜欢就好，赶紧进府吧，寡人就不打扰了，改天再来府上参观。"

齐景公走了，晏婴机械地行礼拜别。望着新宅，晏婴的心中没有一丝激动，而是有些惶恐不安，甚至无力迈进那高高的门槛。芮姜闻讯出来，接住晏婴，吩咐家人将车子停好。晏婴仍心事重重，一副失魂落魄的样子。

晚间，晏婴叫芮姜过来，郑重道："我想将这座宅子恢复成原来的模样。"芮姜吃惊地看着丈夫，不明白是什么意思。晏婴继续道："主君一番好意，臣子本应感激接受。但这座新建的府宅实在太显眼了，咱们住着不合适。"

"夫君不必过虑，谁都知道这是齐侯趁您出使期间下令改建的，并不是您的本意，所以不会有人说东道西。"

"我并不是怕人家议论，而是觉得住这样的宅子不妥，它未必会给晏氏带来尊荣，反而可能招来灾祸。住在这里，每一天都会觉得不安啊！"

"可是，宅子是齐侯下令修建的，夫君要把它改回去，得征得齐侯的同意吧？而且，齐侯怎么会同意呢？"

"这是一个问题，我想想办法，一定得让齐侯同意。"

"如果夫君打定了主意，齐侯又同意，您想怎么做就怎么做吧。"

晏婴考虑了一会儿，觉得自己直接去说，齐景公一定不会答应，那将会僵持起来，弄不好齐景公会因此生气，所以只能通过别人去说。

当天晚上，晏婴来到田无宇府上，希望田无宇替自己向齐景公提出请求，将刚修好的宅子改回原貌。田无宇有些犹豫，但他没有劝晏婴放弃想法。多年来的相处让他对晏婴有了充分了解，他明白晏婴的心迹，知道劝也没有用。自己能从晋国安全返回，晏婴帮了大忙，就冲这一点，田无宇也不能拒绝。

田无宇道："您放心，我明天一早就去见主君，争取让主君明白您的心迹，同意您的请求。"

"田大人，不是争取，是一定促成啊！"

"好吧。我一定办到！"

从田无宇府中回来，晏婴觉得压在心口上的那块石头稍微轻松了一点。刚坐下，晏婴突然想起一件事来，赶忙命人把越石父请来。

越石父是坐着晏婴的车子回府的，只是齐景公在场，越石父一开始没有下车。晏婴的心思后来都在府宅上了，没有再想越石父的事。家人们安顿车马，越石父倒是被带进了府里，但大家不知道如何安置他，只好找了间空屋子先让他在里面待着。

让人去请，越石父却不肯来，捎话给晏婴："不必再相见了，我准备同你绝交！"晏婴连忙亲自去见越石父。

晏婴道："都是我的错，今天实在太忙乱了，没有照顾好先生，还望先生见谅。"

越石父冷冰冰道："你是大人物，可别这样讲。我不配与你交往，我准备再去做我的奴隶。"

晏婴见他如此执拗，有些不高兴："我之前从未与先生交往过，你当了三年奴仆，我为你赎身，我这样对你，难道还有什么不妥的地方吗？你为何这么快就暴躁地要与我断交而离去呢？"

越石父道："我听说，士人可以屈身于不理解自己的人，而在知己面前是挺直腰板、平等相处的。所以，君子从不因为有功于别人而轻视对方，也不会因为他人有功于自己而丧失尊严，屈居人下。我给别人当了三年奴仆，那时没人理解我。先生赎我到了这里，我以为先生是能够理解我的人。同先生一起乘车回来，先生没有跟我打招呼就走了，我以为先生那时太忙，忘记打招呼了。可是，我进先生府中已经很久了，仍迟迟不见先生来，就像没有我这个人似的。看来，先生还是把我当成一名奴仆。既然这样，那就请把我送到集市上当成奴隶卖了吧。"

听了这番话，晏婴赶忙向越石父深施一礼。

晏婴道："先前我只是看到了先生的外表仪容，听完这番话，让我看见了先生的思想意志。我听说，对于那些能反省自己行为过错的人，就不要去追究他的过错了。我可以向你请罪而请求你不要跟我断交吗？我会诚心诚意改正过错。"说完，晏婴命家人打扫门庭，摆设筵席。晏婴亲自为越石父斟酒，以礼相待。

越石父这才道："先生如此礼待我，我不敢当啊。"

此后，晏婴一直把越石父尊为上宾。那时还不流行养门客这种风气，越石父在晏婴这里的身份还不是门客。他暂以宾客的身份寄居在晏婴府上。

春秋时奴隶制下的等级制度尚存，一切以下害上的言行都被认为是"私"，认为"以私害公，非忠也"，收养私属、私卒、私士为舆论所不容，养士者往往被视为野心家。直到战国以后风气才改变，养士成为上层社会竞相标榜的时髦风气，一些权臣、贵族以尽可能多地收养门客为荣。

过了一天，田无宇就派人来给晏婴回话，说主君对晏婴请求的事情尽管有些不理解，也有些不悦，但最终还是答应了。田无宇让人告诉晏婴，恢复旧宅的事情不必操心，他已经安排人手，近日即可动工。田无宇请晏婴千万别推辞，务必接受，因为他一直想找个机会报答晏婴，请给他这个机会。

晏婴听了，不再推辞。旧宅很快便恢复了原貌，那些被拆除的邻居的房屋也得到重建。晏婴亲自上门请邻居们搬回来，并为自己给他们带来的麻烦而道歉。经过一番折腾，这件事总算解决了。

第五章

齐景公的雄心

第一节　酒徒齐景公

晏婴把全部精力都用在对齐景公的培养上，自己可以不做名臣，但齐景公不能不做名君。齐国太需要一位强有力的君主了，是那种能掌控全局、能带领齐国百姓走向强盛的君主，是在各诸侯国间享有威望与荣耀的君主，晏婴恨不得把全部学识都教给齐景公。

然而，让晏婴失望的是，随着年龄的不断增长，他的这位学生身上的优点与缺点也越来越突出。晏婴发现，齐景公有齐庄公那样的雄心壮志，希望把国家治理好，甚至实现称霸，但同时齐景公像齐庄公一样也是一个缺乏自律的君主，有着放纵自己的一面，比如喜欢美酒和美乐。

一次，晏婴发现齐景公的身上散发着淡淡的酒气，脸色也不太好看，似乎之前喝过不少酒。

晏婴问："主君喝酒了？"

齐景公满不在乎道："是啊。"

"喝了不少吧？"

"确实不少。"

"究竟是多少呢？"

齐景公有些不好意思："喝了一整天，睡了三天，现在头还有些疼呢。"

晏婴表情严肃起来："古人饮酒都会注意适量，能活血通气或表达朋友之间的欢聚友情就行了。因此，男子不聚集在一起喝酒取乐以妨碍正事，妇女不聚集在一起喝酒取乐以影响家务。男女聚在一起喝酒取乐的，最多满酒五次，超过了就要受到责罚。"

"有这样的规矩吗？"

"有啊！做国君的也应该服从这个规矩，只有做到了才不会招致百姓的怨恨，才不会有昏乱的行为。现在主君喝了整整一天酒，睡了三天觉，必然招致百姓的怨恨，国家内部也容易造成混乱。希望主君能节制饮酒，勤勉政务啊！"

齐景公听罢，脸色有些凝重，虽然没有再说什么，但晏婴的话还是让他有所触动。这次谈话后齐景公饮宴的次数明显少了，每当想痛饮一番时，想想晏婴的话又把已端起的酒杯放下了。

酒是用粮食、水果等含淀粉或糖的物质发酵制成的含乙醇的饮料，其历史非常久远。早期的酒工艺较为原始，多依靠自然发酵，影响到口感，一般认为是一个名叫仪狄的人对制酒工艺进行了重大改进。仪狄是夏禹时代的造酒官，夏禹的女儿命仪狄监造酿酒，仪狄经过努力酿出了美酒，奉献给夏禹品尝，夏禹喝后觉得很好，可他不仅没有奖励仪狄，反而疏远了他，不再信任和重用，并且从此与美酒绝缘。

只是，能像夏禹那样保持头脑清醒的人并不多，许多君王都有嗜酒的毛病。夏禹建立夏朝，他的儿子启是夏朝第二任国君，启就喜欢饮酒，为此常常耽误国事。启的儿子太康从小耳濡目染，比父亲还能喝，喜欢饮酒作乐，结果把国家都丢了，这就是"太康失国"的故事。幸好后面有少康中兴，否则夏朝只传三代就真的灭亡了。晏婴深知国君一旦嗜酒，对国家将会造成怎样的危害，所以苦苦劝谏。

可是，酒这东西是容易上瘾的，毅力不够坚定的人，很难抵挡美酒的诱惑。没过多久，齐景公又偷偷喝上了，一开始还告诫自己，只是悄悄喝上一点点，后来越喝越多，索性完全放开了。

一次，齐景公召集众臣议事。议完，齐景公兴致颇高，命人摆下酒宴。齐景公道："寡人今天要与众卿痛饮，你们放开喝，不必拘礼，不醉不归。"

晏婴听了大为惊讶，连脸色都变了。晏婴实在忍不住，从座席上站起身，来到齐景公面前道："主君的话说错了！"齐景公看见晏婴，才发现刚才自己的话说得有些轻率。不过，话已经说了，又在这样的场合，也不可能向晏婴让步。

齐景公冷冷道："晏大夫有何话讲？"齐景公私下里有时称晏婴为"老师"，有时称"先生"，几乎没有当面称过"晏大夫"。

晏婴不理会齐景公的不快，继续道："主君刚才说不必拘礼，其实有人本就希望君王不讲礼数，这正中他们的下怀。可是，如果力大的人可以凭借力气欺凌长辈，勇猛的人可以凭借勇猛刺杀君王，那自然也就没有礼数了。禽兽依靠勇力进行统治，强者欺凌弱者，因而兽群每天都在更换首领。现在主君抛开礼，是不是我们就跟禽兽一样了？群臣凭借勇力治理政务，强者欺凌弱者，那是不是每天都可以更换君王？人比禽兽高贵，是因为讲究礼，所以《诗》中说'相鼠有体，人而无礼，人而无礼，胡不遄死'。"

齐景公不悦："晏大夫究竟想说什么呢？"

"我想说的是，礼不能没有。"

"寡人知道了。晏大夫请入座吧。"

过了一会儿，齐景公起身出去，众臣纷纷站起来行礼，只有晏婴坐在那里不动。齐景公进来，众人又站起来行礼，晏婴仍然不动。齐景公劝酒，众臣纷纷举杯，唯独晏婴不举。齐景公正要饮酒，晏婴却突然端起酒杯，一饮而尽。

齐景公终于忍不住了，手按着面前的几案，对晏婴怒目而视道："晏大夫平时教导寡人做人一定要有礼，刚刚晏大夫又告诉寡人说不可以没有礼。可寡人出去、进来晏大夫都不起身，相互举杯时晏大夫却先饮，请问这符合礼吗？"

晏婴起身离席，来到齐景公面前叩首跪拜，恭敬答道："微臣岂敢把和主君说的话忘记？我只是用这种做法来表达没有礼的后果。主君如果想不要礼，这就是了。"

齐景公这才有所醒悟："如果是这样，那就是寡人的过失了。先生请入席，我听从您的劝告。"

君臣重新举杯，相互行礼。

尽管有晏婴在一旁不断教导，但齐景公放纵的个性仍时不时显露出来。就说饮酒这件事，晏婴一再反对他酗酒，每次说时也都能听上几分，但总是好景不长。齐景公似乎也找到了对付晏婴的办法：不正面反驳，先接受下来，再把那些话当成耳旁风，该干什么干什么。

一次，宫中又举行宴会，晏婴不想参加，找了个理由向齐景公告假。可齐景公不同意，派人来召，让他务必前往。晏婴无奈，随便找了一件黑色外套穿上，看到外边有点儿冷，又披了一件裘衣。这件裘衣是用粗糙的皮子做的，谈不上样式和做工，更像是一件没有加工过的兽皮。晏婴坐上自己那辆简易的车子，就这样进了宫。宴会已经进行了一阵子。晏婴进来，找个空位子坐下。

刚坐下，一位大臣便来到晏婴面前，手里端着一杯酒，微微有些醉意，对晏婴道："晏大夫，主君命你自罚一杯！"

这个人名叫梁丘据，很会观察风向，对齐景公百依百顺，很讨齐景公的欢心。晏婴不大喜欢他，冷冷道："我做错什么了吗？"

梁丘据道："你来迟了不说，还穿了一件黑布外套，披一件粗皮裘衣，听说还坐着简陋的车子，你这是什么意思？是说主君对你的赏赐不丰厚吗？所以，主君命你自罚一杯。"

晏婴闻言，起身离席，对齐景公道："主君，微臣有话说。是饮完再说，还是说完再饮呢？"

齐景公道："说完再饮吧。"

晏婴道："好。主君赐我大夫之位，我并不是为了自身的显贵而接受，为的是能执行主君的命令；主君赐给我钱财，我并不是为了富贵而接受，也是为了执行主君的命令。我听说，古代贤臣有接受厚赏不顾及国家的，就要责罚他；治理政事不能胜任的，也要责罚他。如果我有失职的地方，主君尽可责罚。可是，穿黑布的衣服和粗糙的裘衣，以及乘坐简陋的车子，这些并不是我的罪过，为什么罚我呢？况且，我用主君的赏赐使亲属过上了好日子，使他们中没有受冻挨饿的，这已经彰显了主君的恩赏，并没有故意掩盖啊！"

齐景公道："确实不该罚先生。不过，这杯酒是寡人亲手倒的，已经在杯中了，这可怎么办？"齐景公看了看端着酒的梁丘据："这样吧，你把它喝了吧。"梁丘据有些尴尬，但不敢违命，只得当着众人的面把酒饮了。

第二节　连阴雨下了十七天

有一段时间晏婴身体不好，请假在家养病。

病好后，晏婴进宫议事，还没有见到齐景公，就听到了一个惊人的消息：齐景公下令将大臣弦章赐死，且马上就要执行。

弦章比晏婴年纪小得多，是齐国年轻大臣中较为出色的一位，晏婴之前曾跟他打过交道。晏婴很欣赏弦章，因为他像自己一样也敢于直言进谏。齐景公突然要杀弦章，这让晏婴十分吃惊，不知道什么原因。救人要紧，晏婴来不及多想，赶紧去见齐景公。

见到齐景公，还没开口，齐景公先道："先生不必为弦章求情，寡人并不想杀他，是他自己求死的，与寡人、与先生均无干系。"

晏婴道："一个人无缘无故求死，有些奇怪啊！"

"天下奇奇怪怪的人多的是，先生有什么好奇怪的？这个弦章，平时总口不择言，说些奇怪的话，做些奇怪的事情其实也正常，并不奇怪。"

"既然弦章求死，主君也同意了，那我自然没什么好说的了。毕竟同为齐国之臣，臣下想在弦章临死前见他一面，还恳请主君应允。"

"可以。"

齐景公命人把弦章带进来。晏婴看时，见弦章虽被绳索绑着，但头仍然昂得很高，一副大义凛然的样子。

晏婴问弦章："听说你自求一死，是真的吗？"

弦章道："是真的。"

"能说说为什么吗？"

"主君贪饮，连饮七天七夜不停，我劝主君停下来，主君不肯。再劝，主君生气了。我说，要么主君停止饮酒，要么就赐我一死吧。主君于是赐我一死。"

晏婴听完，转过身对齐景公道："原来如此。我对主君也有一个请求，请也赐我一死！"

齐景公的脸色缓和下来，命人为弦章松绑。齐景公对晏婴道："寡人并不想杀他，只是吓吓他。你们要说的、想说的寡人都明白了，连饮七日，确实有些过分，寡人今后不会这样了。"晏婴和弦章向齐景公行拜礼。晏婴道："弦章遇到主君，这是他的幸运。假如弦章遇到夏桀王、商纣王那样的君王，恐怕早就死了。"

齐景公没想到晏婴拿他与暴君夏桀王、商纣王类比，但仔细想想，如果继续放纵自己，做什么事都不加以节制，那不就真成了第二个夏桀王、商纣王了吗？齐景公并不想当昏君，更不想在历史上留下污名，他向两位臣子再次表示自己确实过分了。

这一年秋天，大雨一连下了十七天，不少房屋倒塌了，百姓缺粮少米，加上天气逐渐变冷，让很多人忍饥受寒，无处栖身。情况报告到齐景公那里却没有引起足够的重视，只是派人到下面了解了一下灾情，却迟迟没有拿出救灾和赈济的办法。

晏婴心急如焚，多次进宫见齐景公，呈请发放府库中储备的粮食救济百姓。一开始，齐景公拒绝了晏婴的请求，认为府库中虽然储备有一些粮食，但非到万不得已不能动用。晏婴连说了几次，齐景公才再次派人下去了解灾情，说根据灾情严重程度再作决定。

这一天，晏婴又进宫去催，在宫中遇到一群歌女，上前打听，是齐景公命人在各地物色的，个个长相美丽、能歌善舞。那边等着救命，这边狂歌曼舞，这让晏婴悲愤难抑。晏婴强压悲愤，见到齐景公。齐景公仍然以情况还没有了解清楚为借口加以推脱，而且明显有不悦之意。

晏婴向齐景公行了一个拜礼，说道："阴雨绵绵，连下十七天了。房屋倒塌的，每个乡都有几十幢；没有饭吃的，每个村里都有好几家。老弱妇孺在这样冷的季节里缺少衣服挡寒，肚子饿的人连最粗劣的食物也找不到。四顾茫茫，哭天无泪。主君非但不体恤民情，还日夜饮酒，四处物色美女，让人心寒啊！"

齐景公很少受到这样的指责，脸一下子红涨起来。但晏婴说的话又让他无法反驳，一时语塞。

晏婴接着道："宫里的马喂的是粮食，宫里的狗喂的是牛肉、羊肉，宫里的姬妾锦衣玉食。比较一下，主君对狗、马、姬妾的待遇是不是太优厚了？对百姓是不是太刻薄了？请问主君：四处是饥寒交迫、穷困无告的灾民，还有什么心情饮酒作乐呢？我受命辅佐主君安邦利民，结果竟使百姓饥饿穷困，而主君又沉湎酒乐，不体恤灾民，我的罪过实在太大了！所以，我请求回乡归田，辞去官职。"

晏婴之前曾向齐景公辞去大夫一职，以专心教齐景公读书，但齐国上下仍视他为大夫，就连齐景公也一直以大夫视之，晏婴只好默认。现在晏婴不仅要辞职，而且要离开临淄。

晏婴说完，不待齐景公说什么，行了一礼，转身离去，留下齐景公在那里发呆。过了一会儿，齐景公缓过神来，将晏婴刚才说的话回味一遍，觉得句句在理，而自己也确实过分了。

齐景公命人去追晏婴，回来说晏婴已经出宫，可能回家去了。齐景公赶紧命人备车，亲自前往晏婴府宅。到了晏府，却没有见到晏婴，府中的人说晏婴刚才匆匆回家，即刻命家人把府中存的所有粮食都集中起来，拿到附近的十字路口，在那里向灾民发放。

齐景公来到十字路口，果然看见晏婴在那里散粮。齐景公下了车，走到晏婴跟前，对他道："寡人有过错，先生批评得对。寡人请先生以齐国百姓为念，仍留在寡人身边辅佐。寡人这就下令将府库中的粟米财货拿出来赈济灾民，数量多少全按先生的意见办。"

晏婴见齐景公这次确实很诚心，就答应不再辞职。

齐景公命晏婴全面负责赈灾工作，晏婴不推辞，立即派遣官员巡视灾情，凡有衣无食之家，发给一个月的粮食；无衣无食的，发给一年的生活所需；没有柴火的，发给柴火，让他们都能挨过阴雨天气。对于那些因房屋倒塌而无处避雨的，发给救济金。晏婴请示齐景公后还颁布命令，负责查看灾情的官员，限三天内将所负责地区的灾情调查完毕，有玩忽职守的按抗令不遵治罪。齐景公也带头省吃俭用，每天三餐都减肉撤酒，又下令宫中的马不得用米粟饲养，狗不能再吃肉粥，削减姬妾的生活费用和赏赐。

三天时限一到，官员们基本如期完成了任务，汇总起来，此次赈济的灾民共一万七千家，用粟九十七万钟，木柴一万三千车，房屋倒塌的二千七百家，发放了一批救济金。由于上下齐心，齐国平稳度过了这次重大天灾。

第三节 称霸的冲动

在一个混战时代里，你不强大，就只能成为别人的猎物。每一个国君对称霸天下都有着强烈渴望，这是一种迷思，也像一剂毒药。齐景公虽然资质平平，也缺乏坚强的毅力，但他同样想效仿齐桓公做一名霸主。就如何称霸的问题，齐景公与晏婴有过多次讨论。

齐景公问："从前先君桓公，战车只有三百乘，而能九合诸侯、一匡天下。如今我有战车千乘，能赶得上先君桓公吗？"

晏婴答道："桓公只有战车三百乘，之所以能九合诸侯、一匡天下，是因为他左有鲍叔、右有管仲。如今主君左边是倡伎、右边是俳优，谗人在前，谀人在后，怎能比得上桓公呢？"

如果换一个人，敢当面说这样的话，齐景公一定唤进武士将其拉出去砍了，但齐景公知道晏婴的脾气，也知道他出自一片忠心，就没有发作。

齐景公又问："寡人如果好好治理政务，到那时是不是就能称霸于诸侯了？"

晏婴郑重道："恐怕还不行。因为齐国的官员普遍缺乏才干。"

齐景公有些不解："这话是什么意思？"

晏婴道："主君麾下朝臣众多，兵车千乘，但总有一些不利于百姓的政令发布出去，从而失信于民。然而，却没有一个朝臣敢说给您听。所以我说，现在的官员缺乏才干。"

"那就从现在开始，寡人听从先生的意见，搞好齐国的政务，可以吗？"

"恐怕还不够。国家只有涌现出大批有才干的官员，才能把政务真正搞好，只听我一个人的没有用。"

齐景公不悦道："齐国虽然小，但找出几个有才干的官员恐怕不难吧？"

晏婴道："这个问题我无法回答。从前，齐国的先君桓公在位时，官员有过失，审案有不公，弦宁能及时指出；田土不整治，百姓不安定，宁戚能及时指出；将军懈怠，士兵苟且，王子成能及时指出；放纵闲逸，追求享乐，放松国政，东郭牙能及时指出；治国之策有偏差，管仲能及时指出。桓公总能以别人的长处来弥补自己的不足，以别人的优点来弥补自己的缺点，因此他的命令传到再远的地方也不会有人违背。诸侯都来朝拜，周天子也赐给祭肉。如今主君的过失有很多，却没有一个人来告诉您。所以我说，现在的官员没有才干。"

齐景公听完，吃了一惊，才发现自己与齐桓公相比差得实在太远了。尽管晏婴的话有些不中听，但齐景公不得不承认这些话是对的，作为国君，即便自己再聪明睿智，智慧也有限，只有充分利用文武官员们的智慧才能做成大事。

《晏子春秋》有相关记载。

齐景公问："古代的圣王，他们通常怎么做？"

晏婴答道："他们的行为公正而没有偏失，谗谄的人因此找不到机会；他们不屈从于私党权臣，不贪图美色，结党的人因此不被容纳；他们生活节俭，对百姓却很丰厚，贪婪的人因此无法胡作非为；他们不侵占大国的土地，不侵夺小国的民众，因此赢得诸侯的尊重；他们不用武力威慑别人，所以天下的人都希望他们强大；他们把利益都让给百姓，四海之内的人因此像水流归大海一样归附他们。"

"现在的诸侯，有能做到这些的吗？"

"现在很难有人能做到这些。现在的诸侯，有的行为乖僻，有的屈从于权臣私党，所以身边多谗谄之徒；对自己很丰厚，对百姓很刻薄，贪婪的人因而大行其道；侵占大国的土地，侵夺小国的民众，难以赢得诸侯们的尊崇。用武力威慑他人，天下的人因此都不希望他强大；有仇敌攻打，天下的人也不会去救援。国家因此困顿，难以强盛。"

"怎么做才能使国家强盛起来呢？"

"给予。"

齐景公不解："先生能说得详细一些吗？"

晏婴道："管相国曾说过，给予就是取得。具体而言，民众厌恶劳苦，就想办法使他们安逸快乐；民众厌恶贫穷，就使他们富足；民众厌恶灾祸，就使他们生活安定；民众厌恶灭种绝后，就使他们生育繁衍。能使他们安逸快乐，他们就会任劳任怨；能使他们富足，他们就会感激；能使他们生活安定，有需要时他们就会赴汤蹈火；能使他们生育繁衍，他们就会为此献出生命。总之，一味严刑重罚不足以使百姓心存畏惧，只有给予才能使他们心悦诚服。"

齐景公恍然大悟："先生说得好啊！"

晏婴的这些话与管子所说"非其所欲，勿施于人"的意思相同。自己不想做的就不要施加给别人，自己不想被剥削和压迫就不要去剥削和压迫别人，自己不想被欺骗就不要去欺骗别人。

齐景公虽然算不上一位有雄才大略的君王，但还不算太糊涂，知道向晏婴请教。晏婴的话即便有些逆耳，齐景公多少也能听进去一些。晏婴明白，有些事情急不得，有些东西只能慢慢灌输。让晏婴担心的是，齐景公似乎缺乏耐心，头脑中仍然充满了称霸的念头，而且显得很急迫。

一次，说到各诸侯国的情况，齐景公突然冒出一个问题："依先生看，莒国与鲁国谁先灭亡？"

齐国的南边有两个主要邻国，西侧是鲁国，东侧便是莒国。莒国与晏婴的母国莱国一样都是东夷古国，齐桓公当年曾在莒国避难，留下"勿忘在莒"的典故。

晏婴答道："据微臣看，莒国人善变而不顺从教化，贪婪而喜好作假，推崇勇力而贱视仁爱，君主不能控制臣下，臣下不愿侍奉君主，上下不同心。所以，莒国会先灭亡。"

"那么，鲁国怎么样？"

"鲁国君臣上下还算安定，应该能长久存在。不过，鲁国也有一个弱点，如果处理不好，也容易灭亡。"

"先生说说看。"

"周初分封时，晋国、曹国、卫国、郑国、燕国等十几个诸侯国的国君都是姬姓，宋国是殷商后裔，他们的祖先商纣王是被周文王、周武王推翻的，齐国是姜太公的后裔，说起来与姬姓是一家。然而，鲁国一直以来与宋国亲近，无形中把自己变成了小国，而与其他诸侯国关系不顺，这是鲁国国策上的失误。"

齐景公听了，若有所思。

不久，晏婴突然听到消息，说齐景公做出决策，将举兵攻打鲁国。晏婴吃了一惊，因为鲁国的实力虽比不上齐国，但也是一方重要诸侯国，以齐国现有实力，并不具备消灭鲁国的胜算。

晏婴急忙进宫，向齐景公进谏道："鲁国国君受到百姓拥戴，人民生活安定，现在不能去攻打。如果现在攻打鲁国，鲁国人就会拼死反抗，其力量远比

127

我们进攻的力量大得多。君臣和睦、上下团结的国家不能侵犯，这是规律。"

齐景公道："鲁国国君虽然受到拥戴，但齐国百姓难道不是更拥戴寡人吗？鲁国君臣和睦、上下团结，难道齐国君臣不和睦、上下不团结吗？以齐国的力量足以灭掉鲁国！"

晏婴道："主君既如此说，那我来说说齐国的真实情况吧。现在的齐国，君王喜好美酒，行为邪僻，国家并不安定，君臣并不和睦；向百姓加征重税，随意使用政令，百姓的生活并不安定。一个国家，内部的危险没有排除，就去攻打别的国家，这是危险的！"

齐景公被泼了一盆冷水，显得很沮丧，但他知道晏婴说的这些是事实。还有一点，晏婴没有说，那就是齐国仍然是国君与权臣共治的局面，一旦对外战事不利，国内会发生什么，谁也无法预料。

然而，齐景公并不甘心，仍想找机会灭掉鲁国。

同时，在齐景公眼中宋国、莒国也都是可以进攻的国家，因为这些国家都与晋国走得太近。齐景公知道，晋国目前仍是北方各诸侯国的盟主，直接与其对撞并不明智，所以先剪除其羽翼，再与其决战。说干就干，齐景公调集兵马，准备行动。不过，齐景公决定这次先不攻打鲁国和莒国，而是攻打宋国。

军队经过泰山，齐景公做了一个梦，梦中有两名男子站在他的面前，一脸怒容。齐景公惊醒，回忆梦境，不知何意，急忙把占梦师召来，将梦中情景一一说了，还详细叙述了那两个人的长相。

占梦师道："军队经过泰山却没有祭祀，泰山的神灵发怒了。派人去祭祀一下就可以了。"

齐景公听了，马上吩咐人去准备。

第二天早上，有人报告说晏婴从临淄赶来了，齐景公命晏婴进见。见到晏婴，齐景公顺便将刚做的那个梦说了，并且说了占梦师的建议。晏婴听完低头沉思了一会儿，说道："占梦师不知道，这其实并不是泰山的神灵，而是宋国的祖先商汤王和伊尹！"

齐景公不信，认为确实是泰山的神灵。

晏婴道："主君如果怀疑，那我说说商汤王和伊尹的形貌。商汤王皮肤白，个子高，脸长，有胡须，身子稍弯曲，声音高昂。"

齐景公想了想梦中的景象道："是，正是！"

128

晏婴接着道："伊尹皮肤黑，身材矮，蓬头，有胡须，脸的上部丰满而下部尖小，曲背而声音小。"

齐景公道："正是，正是！"

晏婴道："商汤、太甲、武丁、祖乙都是天下名君，他们现在的唯一后裔就是宋国人了，而主君要去征伐他们，商汤王和伊尹因而发怒。臣请求撤回军队，保全宋国。"

齐景公虽然信了晏婴的话，但仍不愿撤军。

晏婴道："征伐无罪的国家，就会激怒神灵的愤怒。如果贸然进攻宋国，后果不堪设想，到那时齐国将士必然遭殃！"

齐景公道："让我再想想吧。"

夜里，齐军营寨中突然发生了离奇的事，军鼓无缘无故损坏了很多，查不出原因。齐景公不安，把晏婴叫来询问，晏婴认为这是商汤王和伊尹的最后警告。齐景公这才不再坚持，下令撤军。

南边的事情虽然平息了，但齐景公的目光又转向了北方，这一次他的目标是燕国。

早在齐景公八年（前540），燕国发生了一场内乱，国君燕惠公被迫逃亡。燕惠公有很多宠臣和宠妃，是一个声色犬马的人物。燕惠公还宠信姬宋，想找个借口除掉燕国几位大夫立姬宋为大夫，导致那几位大夫联合起来发动政变，燕惠公无力抵抗，逃到齐国。到齐景公十二年（前536），燕惠公在齐国已经生活了四年。齐景公突然有了一个想法，想将燕惠公送回燕国，重新执政。要做成这件事必须得到晋国的首肯，为此齐景公派高偃前往晋国，请求晋国共同出兵伐燕，送燕惠公归国。晋平公同意，就在这一年，晋、齐两国军队伐燕，将燕惠公送回国。可是，燕惠公归国不久就死了，燕国人另立燕惠公的一个儿子为国君，即燕悼公。

忙了半天，结果一无所获，齐景公不甘心。就在这一年冬天，齐景公打算再次伐燕，废掉燕悼公，另立一位新国君。

晏婴竭力相劝："燕国已经有了新国君，听说他不贪财，不听阿谀奉承的话，凭信义办事，深得燕国人拥戴，咱们选的人送不回去了！"在晏婴的一再坚持下，齐景公最终放弃了再次伐燕的念头。

面对一个冲动的国君，晏婴感到有点儿累，他似乎又看到了齐庄公的影子：自我感觉良好，动不动就打打杀杀，对国情缺乏真正的了解，对百姓缺乏怜悯与同情，为了称霸可以不顾一切。晏婴不理解，为什么坐上君主之位的人会有那么多不切实际的想法？让百姓过上好日子难道比让诸侯臣服更有诱惑力吗？

晏婴常想，如果管相国还活着，面对的不是先君桓公那样的名君，而是眼前这位鲁莽青年，他会怎么办呢？是顺着君主的意志不顾一切地向外扩张，还是努力去阻止这种冲动？可惜的是，自己能力有限，既不能像管相国那样帮助君主拨乱反正、剪除权臣，又不能通过革新使国家强盛、百姓富裕。面对孤掌难鸣的窘境，再回想起年轻时立下的志愿，晏婴觉得自己很失败。然而，为了齐国的社稷，为了齐国百姓，还得坚持，哪怕孤掌难鸣也要力谏到底。

第四节　田穰苴

　　齐景公暂时打消了进攻燕国的念头，但局势并未平静下来。燕国人既惊又气，担心齐国随时会杀过来，所以干脆先下手为强。燕国人知道，仅靠自己的力量无法对付齐国，于是去联络晋国。齐景公即位以来，齐国的内政外交虽波澜不断，但总体而言已经改变了先前几十年里的衰败之象，慢慢有了些起色。一个强大的齐国是晋国不愿意看到的，所以对于燕国的请求，晋平公很感兴趣。

　　燕军于是南下，首先向齐国发难。齐景公还在惊讶不已的时候，有消息说晋国军队向东移动，已威胁到齐国的阿城、甄城等地。齐景公一下子慌了，急忙召近臣梁丘据、庄贾等商议，但这些人溜须拍马很擅长，对军事却一窍不通，他们提出了一些对策，不用询问军队中的将领，齐景公仅凭自己有限的军事知识就能判断出根本行不通。

　　齐景公又找田无宇以及国氏、鲍氏、栾氏等世卿家族的掌门人商议，希望他们与国君共进退，赶紧想出退敌的办法来，可讨论了半天，也不得要领，就连最简单的让谁领兵的问题都无法达成一致，几个大家族都有自己的盘算，争吵得很激烈。

　　齐景公头疼不已，这才发现治理国家是多么复杂的一件事。

　　夜里，齐景公寝食难安，这时有人报告说晏婴求见。

　　晏婴进来，对齐景公道："主君不必发愁，只要能选出一名得力将领，即可将燕、晋两国军队击退。"

　　齐景公叹了一口气："唉，正是这带兵之人，不好选啊！"

　　"微臣倒有一个合适人选。"

　　"哦，快说说看！"

　　"此人名叫田穰苴，文能服众，武能威敌，主君可任命他为将军，统兵退敌。"

"田穰苴？怎么从来没有听说过这个人？他是田氏的人？"

"田穰苴一心勤学苦读，尤谙兵法，还没有出来做事，所以主君不知道他。微臣与他有过多次交谈，试过他的学问以及军事才干，保证能担此重任。他虽出自田氏一门，但为偏室所生，在田氏一族中并不显赫，主君不必多虑。"

"先生真觉得他行？"

"微臣担保，一定行！"

"好吧，先生既然这样相信他，寡人也就信了。"

于是，齐景公召见田穰苴，一番谈论下来，对田穰苴也十分满意，就破格任命他为将军，领兵抗击晋军和燕军。

说到具体的退敌之策，田穰苴禀告道："臣下出身低贱，主君任命我为将军，地位在大夫之上。但臣下在军中并无威望，关键时刻无法聚拢人心，希望主君从宠信的大臣中选出一人担任监军之职，这样才好。"齐景公想了想，便派庄贾去担任监军。

田穰苴离开齐宫后，立即去拜会庄贾，与他约定，次日正午时在军营门前集合，大军随后即出发。

次日一早，田穰苴来到军营，布置好集合与出发事宜，等庄贾一到，大军就动身。可左等右等，不见庄贾前来。原来，庄贾担任监军，朋友听说后纷纷上门为他送行，府门前一时间车马云集，热闹非凡。虽然有约定，但庄贾自认为是监军，代表齐景公出征，田穰苴拿他没办法，所以根本没把约定出发的时间当一回事儿。

正午时分，军营里已完成列阵，仍不见庄贾到来。

田穰苴看了看计时的滴漏，又看了看营门，眉头不禁皱了起来。田穰苴派人去请庄贾，自己开始检阅军队，宣布战场纪律。哪知过了很久，仍不见庄贾来。派去的人回来报告说监军大人喝醉了，在那里醒酒。

眼看太阳要落山了，田穰苴命副将："已经过了两个时辰，有劳副将亲自去一趟，务必当面告诉监军，说全体将士已等候他多时了。"副将奉命来到庄贾府上，见庄贾仍烂醉如泥。副将回报，田穰苴眉头紧锁，强压怒火，准备亲自去请。

这时几辆马车驶来，为首一辆正是庄贾的车子。庄贾摇晃着从车上下来，满不在乎地进了营门。田穰苴几步上前，并不寒暄，直接质问庄贾为何不按约定时间前来。

庄贾笑嘻嘻道："有几位大臣来送行，陪他们喝了几杯，故而来迟。"

田穰苴实在忍不住了，口气严厉地说："监军大人，将领在接到军令的那一天，就应该忘掉自己的家庭；来到军营宣布纪律时，就应该忘掉自己的父母；拿起鼓槌击鼓作战时，就应该忘掉自己的生命。现在敌军已攻入我齐国境内，国家危在旦夕，生灵涂炭，主君寝食难安。你可知道，就在等你的几个时辰里我方又丢了一座城池。你作为监军，居然让人家为你送行，在这里大吃大喝！"

庄贾闻言一愣，剩余的醉意一下子不见了。庄贾想发火，想反击，但一时又找不出反击的话。

田穰苴叫来军法官，问道："依军法，将领不按指定时间到军营报到，应如何处罚？"

军法官道："当斩。"

田穰苴下令："来人，把庄贾押起来！"

有人上前，不容分说便将庄贾捆了起来。后面车上有庄贾的随从，也有来送行的人，有人赶紧骑快马去向齐景公求救。可是，没等来救，田穰苴已下令将庄贾斩首，告示三军。

三军将士见状，无不凛然。大军随即陆续出发，军容肃整，没有一个敢高声喧哗。过了一会儿，齐景公派的使者来了，手持符节，欲赦免庄贾。使者来得很急，不时打马加鞭，所乘坐的车子一口气冲进了军营。

田穰苴对使者道："将领在外，对君王的命令可以不接受。"又问军法官道："有人在军营中打马疾驰，如何处罚？"

军法官道："当斩。"

使者一听，脸色都变了。

田穰苴道："军令虽如此，但主君的使者是不可以处死的。"于是斩了使者的随从，同时砍断了使者所乘车厢左边的一根木头，再次告示三军。

田穰苴执法严厉，令行禁止，铁面无私，令三军将士个个振奋。齐军战斗力高昂，加上田穰苴的确精通兵法，所以接连取胜。晋军见状，不敢多战，很快将军队撤回国内。燕军听到晋军撤退的消息，赶紧退兵。田穰苴指挥齐军乘胜追击，收复了之前被燕军占领的所有失地。齐军凯旋，齐景公和百官到郊外迎接。齐景公慰劳全体将士，不仅没有提杀庄贾一事，还拜田穰苴为大司马，让他执掌齐国军权。

第五节　梁丘据

　　齐国打退了晋军和燕军的进攻，扭转了外部不利形势。然而，此时的齐国外表虽像一名壮汉，但身体内部其实无比虚弱，甚至患上了多种疾病。当年，齐桓公即位之初齐国也像现在一样百病缠身，但管仲在齐桓公的支持下适时推行变革之法，一口气颁布了很多律令，一一对症下药，便使齐国强大了起来。可眼下齐景公已经即位十多年了，却仍然没有要变革的意思，这令晏婴很着急。

　　一天，晏婴去宫中参加朝会，看见大臣杜扁在朝堂上向远处张望，等待齐景公临朝。

　　晏婴感到奇怪，问道："主君为什么还不上朝？"

　　杜扁道："主君昨晚兴致高涨，以至于彻夜未眠，所以不能上朝理政。"

　　"为何整夜未眠？"

　　"听说梁丘据大人从宫外秘密进献了几位能歌善舞的人，为主君演奏那些变曲，将主君深深吸引，以至于废寝。"

　　"何谓变曲？"

　　"就是从齐国古乐改编过来的新曲。"

　　晏婴听罢立即转身离开朝堂，找到祭祀官，让他依照齐国律法，将那些歌伎统统拘捕。祭祀官不敢做主，赶紧去找梁丘据。梁丘据不敢直接面对晏婴，便跑到宫里，报告给齐景公。

　　齐景公刚从睡梦中醒来，还头脑昏沉着，听到消息不禁大怒。齐景公命人召来晏婴，质问道："为什么逮捕歌伎？"

　　"因为歌伎扰乱了主君的心神。"

　　"诸侯之间如何往来，百官如何管理，这些事情寡人愿意向先生请教。至于寡人喜欢饮哪一种酒、喜欢欣赏哪一类乐曲歌舞，希望先生不要干预。欣赏音乐，为何非要听那些古曲呢？"

"古乐消亡了，礼法将会消亡；礼法消亡了，政教也将消亡；政教消亡了，国家将消亡。我怕主君背离政治教化去做事，所以不得不管。"

"有这么严重吗？"

"确实很严重。主君一定听说过商纣王曾作《北里》之曲，周幽王与周厉王在位时喜欢听淫靡之乐，正是这些导致了国家灭亡。"

齐景公听完不再坚持，下令将梁丘据找来的那些歌伎遣散。

最近以来，晏婴对梁丘据的反感日增。

梁丘据本名姜据，出自齐国姜氏贵族，是齐景公目前最宠信的大臣，目前是上大夫。梁丘是齐国邑名，因为境内有一座名为"梁"的山丘而得名，故址在今山东省菏泽市成武县东北部。齐景公将梁丘封给姜据，姜据在梁丘南侧建起一座城，称梁丘城，于是姜据也被称为梁丘据。梁丘据善于左右逢源，在齐景公面前察言观色，说的话、做的事都能落在齐景公的心坎上，齐景公特别喜欢他。

齐景公在宫中饮酒，至夜深人静仍觉不尽兴，于是命人备车，移驾晏婴府。到了晏婴府宅前，侍卫上前敲门，并向里面喊话："主君驾到！"晏婴听到，急忙穿戴好礼服出来迎接。

晏婴行大礼，站在门前问："莫不是哪个诸侯国突然有什么变故，还是咱们国家发生了紧急的事？主君为何大半夜屈尊到臣下家中呢？"

齐景公醉意未消："宫中有各种香醇美酒，还有各种乐器演奏的美妙乐曲，寡人愿与先生同享。"

晏婴闻此，知道齐景公喝多了，心中充满忧虑。晏婴道："宫中有各诸侯国进献的华丽座席，还有陈列在桌上供宴饮专用的贵重器皿，这些只有杰出功业的人才能享用，微臣不敢与君王共享。"齐景公见晏婴拒绝，且话中有讽刺之意，十分不快，但也不好发作。

离开晏婴的府宅，齐景公又想起田穰苴，君臣一行于是又往田穰苴的府宅赶来。田穰苴听说齐景公深夜造访，不知道发生了什么大事，忙穿上戎装，持戟迎接。

见到齐景公，田穰苴急忙问："是不是有诸侯发兵来攻打齐国，还是有大臣谋叛？"

齐景公笑道："都没有。"

"那主君为何深夜来到我家？"

"将军军务劳苦，寡人想与将军共饮。"

田穰苴道："陪国君饮酒享乐，君王身边就有这样的人，这不是将领的职分，恕臣不敢从命。"

齐景公又碰了钉子，怏怏不乐。

回去的路上，齐景公吩咐："先不急着回宫，移驾梁丘据府上。"

到了梁丘据府宅前，侍卫上去敲门。梁丘据闻听，左手拿着瑟，右手拿着竽，一边唱着歌一边走出来迎接齐景公。齐景公大为高兴，笑着对梁丘据道："你真够快活的啊！"

这一夜，齐景公在梁丘据府中流连忘返。

第六节　一日三谏

齐景公不仅喜欢饮酒、喜欢美乐，还喜欢狩猎。每次外出打猎梁丘据都跟随左右，忙前忙后。

一次狩猎归来，齐景公来到遄台。这里原本是进入临淄城的最后一个驿站，信使来到这里往往先休息一夜，次日再进都城，故又称"歇马台"。又因齐国君主常偕贵族来这里赛马，还称"戏马台"。

齐景公环视左右大臣，目光最后落在梁丘据身上。齐景公道："现在满朝文武只有梁丘据与寡人相处得最和谐了。"像是自言自语，又像是对众人发出的一番埋怨与感慨。

众人听了不敢作声，只有晏婴道："梁丘据只是与您爱好相同而已，怎能算得上和谐？"

"和谐与相同，有什么不一样吗？"

"不一样。所谓和谐，就如同调制羹汤，用水、火、盐、梅子等来烹调鱼肉，味道须齐全，味道不够就增加调料，味道过了就减少调料。味道适中的食物，君子吃了才能心情平和。君主和臣子的关系也是这样，君主认为可行的，可事实上其中有些并不可行，那么臣子就要及时进谏，指出其中不可行之处，以成就其可行之处。君主认为不可行而其中有可行的，臣子也要及时进谏，指出其中可行之处，除去不可行之处。只有这样才能保证政治清平，百姓安居乐业。所以《诗》中说'亦有和羹，既戒既平。鬷假无言，时靡有争'。先人之所以配备五种味道，调和五种声音，就是为了平静自己的内心，成功治理自己的国家。"

"声音难道也与味道一样吗？"

"声音与味道一样，是由一气，二体，风、雅、颂三类，四方之物，以及五声、六律、七音、八方之风、九曲之歌互相协调而组成，有清与浊、大与小、短与长、急与缓、快乐与悲哀、刚与柔、快与慢、高与低、出与入、疏与密的不同。君子听了这些，能使内心平静，德行、道义才能和谐。所以《诗》中说'德音不瑕'。"

"先生说了这么多，与梁丘据有何关系？"

"臣下想说的是，梁丘据与主君并非和谐。主君说可行的，梁丘据也说可行；主君认为不可行的，梁丘据也认为不可行。这就如同用水来调制水，谁还会食用它？如果琴与瑟总只弹奏同一个声音，谁还会去听它？相同与和谐的区别如同上面所说的，正是这个道理。"

齐景公不得不承认晏婴很有辩才，他的这番道理说得很透彻，不容反驳。不过，齐景公虽然嘴上说晏婴"说得好"，但内心里却不愿意接受，相对于总爱给他讲大道理的晏婴，齐景公更喜欢处处让自己满意开心的梁丘据。

临淄城南有一座高大的土山，称为公阜，齐景公常到那里游玩。

一次，齐景公又站在山上向北眺望，看见繁华的临淄城，感叹道："唉！如果人世间不存在死亡，那该多好啊！"

晏婴正好在一旁，接着齐景公的话说道："其实，先贤认为人死是好事，因为好人因此得到了安息，坏人被降服停止了作恶。如果自古以来没有死亡，那么丁公、太公将永久是齐国的国君，桓公、襄公、文公、武公都会辅佐国家，而主君您将会头戴斗笠，身穿短衣，拿着种田的锄头，蹲行在田野间辛苦劳作，哪里还有闲暇来忧虑死亡呢？"

齐景公听出讽刺之意，脸色一变，很不高兴。

这时，齐景公看到远处有六匹马拉着车子飞驰而来，一路尘土飞扬。齐景公想岔开话题，问道："远处来的是谁？"

晏婴道："是梁丘据。"

"这么远，根本看不清车上的人，你是怎么知道的？"

"这么热的天，却驾车奔驰，重者马会累死，轻者马会累伤，不是梁丘据，谁还会这么做？"

车子来到近前，果然是梁丘据。看到梁丘据，齐景公不快的心情立即大好，本来想回临淄城，兴致一来，决定晚上就住在公阜山中的别馆里。

夜幕降临，齐景公向西遥望天空，看到了彗星。彗星的出现那时被认为是不吉之兆，齐景公命令负责祭祀的大臣，让他准备祭祀仪式，以消除灾殃与邪气。

晏婴道："不可以！这是上天的警示啊！云气的薄厚、风雨的不定以及彗星的出现都是上天因为人世的混乱而显示出来的。上天用不吉之兆警告那些对天神不敬的人。"

"依先生看，该怎么做呢？"

"主君如果能开设文教，推行礼治，广纳谏言，任用圣贤之人，即使不去祭祀，彗星之灾也会消亡。可是，主君现在酷爱饮酒，放纵享乐，宽容邪恶之人，亲近谗佞之徒，喜欢那些歌舞杂戏，厌恶礼乐制度，疏远圣明贤能之人，再这样下去，岂止彗星不时会出现，连孛星也会降临！"孛星也是彗星的一种，被认为是更大的灾厄之星。齐景公听了，脸色更加难看，心中暗暗下定决心，以后出游、狩猎这样的事再也不带晏婴了。

不过在多年之后，那时晏婴已经死了，齐景公每次出游，都不由自主地想起此次公阜山上的对话。每到这时，齐景公会背过身子，悲泣道："唉！从前和晏先生一起游公阜，先生曾在一天之内三次谏责寡人。如今先生不在了，还有谁能来对寡人进行劝谏呢？"

梁丘据见晏婴处处与自己作对，非常恼怒。

一次，梁丘据与晏婴在一起，旁边还有大臣高子。梁丘据知道高子也不喜欢晏婴，就故意问晏婴："先生您侍奉过三位国君，而先生都能顺应他们，难道说满嘴仁义的人原本也是个心思活泛的人吗？"

高子帮腔道："是啊，三位君主对您都很敬重，是三位君主的心是一样的呢，还是先生您有三颗不一样的心？"

对于这个挑衅性问题，晏婴没有回避，回答道："好！你们问我侍奉君主的事，我回答你们。我听说，一颗心可以侍奉一百个国君，但是三心二意却不能侍奉一个国君。三位国君的心是不一样的，而我的心也不是三心二意。我当初侍奉灵公时，只是尽力回答灵公问我的问题，却不能在治理国家上有所建树；我侍奉庄公时，朝堂之上站立的都是武夫，而庄公也崇尚武力，我不能制止他这样做，所以后来我退隐到野外偏僻之处居住。我听说，一个人的谏言如果不能被君主采纳，他就不配接受君主给予的俸禄。我现在侍奉君主，君主轻视政事，耽于享乐，对百姓刻薄，对自己却十分优厚，所有这些我都不能禁止，我也常为此感到羞愧！"

梁丘据道："先生这些话，我要告诉主君。"

晏婴道："你去说吧。即便当着主君的面，我也这样说。"

果然，没过多久晏婴见到齐景公时，就齐景公宠信奸佞小人一事再次进谏："臣听说，圣明的君主仰慕圣人而听从他们的教诲，但主君身边却是相互逢迎取悦的小人，他们隐瞒真相，掩盖罪恶，蒙蔽迷惑主君，主君即便是至圣大贤，又怎能胜过这些小人呢？"

齐景公道："你说得太严重了！即便如你所说，有个别谗邪奸佞的人，但他们的能力也有限，不足以成为国家的祸患吧？"

晏婴道："这些奸佞的人因为会讨好主君，所以主君便会把他们当作自己的耳目，喜欢与他们商量国家大事。如此一来就会迷惑主君的视听，从而产生错误判断，这难道不是国家的祸患吗？"

"真如你所说的话，我杀了这些奸佞小人。"

"主君为什么不能现在就下令杀掉他们？"

"现在还不是时候。"

"那些内心深藏极大不忠诚的人，平时表现得反而小心谨慎，善于伪装自己。他们千方百计寻找主君的嗜好，想尽办法顺从主君的心意。出了宫，这些人就开始大发淫威，想尽办法牟取不义之财。主君觉得身边这样的人并不多，是因为这些人很难被识破，他们会隐藏在主君的威望之下来保护自身，很难清除。"

"那么，以前那些圣明的君王面对这些又是怎样做的呢？"

"以前圣明的君王治理国家时会很慎重，处理政务也从不拖延，那些邪佞之人根本找不到机会。"

"还是你多心了，哪来的那么多隐藏起来的坏人？"

晏婴听了重重地叹了一口气："唉，臣下所说的句句是实情。古代的贤士，国君都会亲近和信任他们，得到他们的辅佐。如果得不到国君的亲近和信任，他们宁愿选择隐遁。所以，我请求离去！"说完，扭头走了出去。

齐景公愣了半晌，才觉得晏婴这一次是真的要走。齐景公马上派韩子休去追晏婴，并转告晏婴："是寡人不对，没能听从先生的教诲。先生丢下国家要去哪里，寡人就跟随在先生的身后去哪里。"晏婴还是回来了，他这次没有选择隐退，但他知道齐景公未必能听进去自己的那些话。

第七节 栾高之乱

崔氏、庆氏先后倒台，齐国的大族目前剩下了栾氏、高氏、田氏和鲍氏等几家。在消灭庆氏的行动中子雅、子尾出了大力。子雅即栾灶，是栾氏当前的家主；子尾即高虿，是高氏当前的家主。栾灶、高虿作为齐国公族大夫，又受到齐景公的信赖，在气势上甚至胜过了田氏和鲍氏。

高氏家族中还有高厚一支，也十分繁盛。高虿认为二高不能并立，想兼并高厚一支。高厚死了，他的儿子高止承袭家业，高虿排挤高止，高止最终被驱逐出齐国，逃到燕国。高止的儿子高竖随即在卢邑发起叛乱，齐景公派大夫闾邱婴领兵包围卢邑。高竖说："我不是叛乱，我是怕高氏一族灭亡。"闾邱婴答应为高氏立一位继承人，高竖于是逃往晋国。闾邱婴向齐景公报告情况，齐景公立高鄹以存高厚一脉。

高虿对此大为不满，生气道："派闾邱婴去，是为了除掉高止一族。去掉一个又立一个，有什么区别呢？"

高虿深恨闾丘婴，加上闾丘婴曾受到庆封的重用，高虿视之为庆氏余党，决意将其除掉。齐景公六年（前542），高虿故意怂恿齐景公派闾丘婴领兵讨伐鲁国。鲁襄公十分愤怒，派使臣到齐国责问缘故。高虿趁机加罪于闾丘婴，然后将其杀掉。闾丘氏族人被迫出奔莒国，之后分散四方。

闾丘婴在齐国深得民望，齐国公族子山、子商、子周等为其打抱不平。高虿很生气，找别的借口将上面这些人都赶跑。齐国人对高虿又恨又惧，不敢正眼相看。

齐景公九年（前539）十月栾灶去世，他的儿子栾施继承家业并担任齐国大夫，与高虿共同执掌齐国国政。五年后高虿也去世了，他的儿子高强成为高氏家主。高强年纪还小，齐国大权实际上由栾施掌握。

栾施不仅手握大权，而且想吞并高氏。他见高强少年无知，表面上对他很好，暗中则想办法让其消沉堕落。在栾施的诱惑下，高强染上了嗜酒的毛病，栾施常把他叫来一起喝酒，享受花天酒地的生活。栾施还不断地说田氏、鲍氏的坏话。对于栾施、高强的行径，田无宇当然知道，他深感忧虑，也有意拉拢鲍氏的家主鲍国以对抗栾氏和高氏。这样一来，齐国的四大姓就分成了两派。

高强有一次喝多了，为一点小事用鞭子殴打一名侍从，栾施在旁边不仅不劝，还帮着打。这位侍从怀恨在心，当天晚上跑到田无宇府上，告密说："栾施、高强正暗中聚集人，准备袭击您和鲍国，动手的日子就是明天！"

田无宇大为吃惊，虽不敢全信，但也不敢不信。田无宇让人带着这名侍从去鲍国那里，将同样的话说了一遍。鲍国大怒，忙来找田无宇商议，二人决定先下手为强。

田无宇立即集合家兵，将盔甲、武器发给他们，自己也穿戴好，登上战车，准备去与鲍国会合，路上突然遇到高强乘车迎面而来。

高强在府中喝多了，仍未尽兴，想找栾施接着喝。高强虽然没有全醒，但见到田无宇倒也认得，晕晕乎乎地打了个招呼："田大人，您率这么多甲兵去哪儿啊？"

田无宇撒了个谎："追一名叛奴。"

高强听了，也就信了。正准备各走各的，田无宇突然问："高大人这又是去哪里呢？"

高强酒气熏天道："找栾大人喝酒去！"

就这样，二人告别。田无宇带领甲兵来到鲍国府上，只见这里也早已聚集起甲兵，阵势十分威严。

田无宇对鲍国道："刚才路上遇到高强，他说去栾施处饮酒，不知是真是假？不如先派人打探一下。"鲍国立即派人去打探。很快便回来报告："栾施、高强确实在府中饮酒，酒兴正酣，二人都解开了衣服，摘掉了帽子，醉得不像样子了。"

鲍国道："如此看来，高府的侍者欺骗了我们。"

田无宇道："即便是谎话，但咱们也已经身不由己了！你想想看，高强看见我带甲兵出来，当时因为有醉意，我一说他也没有多想。等酒醒以后，回忆起来，再让人一查，根本没有叛奴，定会生疑。其实真相如何并不重要，重要的是咱们与他们已势如水火，不可能和解，就看谁先动手了。不如将错就错，趁二人不备，将其消灭！"

鲍国想了想，说道："那好吧。"

田无宇、鲍国于是率各自甲兵，一齐杀往栾施府上。

栾施、高强正喝得尽兴，突然听说田无宇、鲍国带着甲兵将府宅团团围起来，大惊，醉意顿时醒了大半。

栾施平日相当自负，一向趾高气扬，从不把别人放在眼里，这时却傻了眼，手哆嗦，腿打战。高强醉意也醒了，急忙对栾施道："赶紧召集人，把盔甲、兵器发给他们，先抵挡住。只要咱们能冲出去就有胜算。等找到主君，让主君下令，集合全国甲兵讨伐田无宇、鲍国两个叛臣，看他们还能活几天！"

高强说到齐景公，栾施心中不禁又是一颤，似乎想到了什么。不过，来不及想那么多了。栾施把府中的人集合起来，发了盔甲和兵器，之后指挥众人掩护他与高强突围。一番奋力拼杀，栾施、高强侥幸冲了出去。二人往宫中疾驰，想去找齐景公求援，田无宇、鲍国指挥人在后面紧追。

齐景公在宫里听说外面发生了变故，齐国的四大姓不知为何打了起来。齐景公没有细问原因，也没有惊慌，而是命人立即关闭宫门，无论是谁叫门都不得打开。

同时，齐景公派人出宫，急召晏婴进宫。

栾施、高强来到宫外，见宫门紧闭，上去叫门，里面毫无反应。正不知怎么办，田无宇、鲍国带着人追了过来，双方再次形成僵持局面。由于是在宫门外，田无宇、鲍国没有下令进攻，而是命手下占据有利地形，观察形势的变化。

正在这时一辆马车匆匆赶来，是接晏婴的车。双方见晏婴来了，都向晏婴喊话，请晏婴加入他们的队伍。晏婴听到了，却无动于衷。

高纠今天亲自驾车，见状，问晏婴："您应该协助田无宇和鲍国，为什么不答应他们？"

晏婴道："他们做过什么善行，值得我协助？"

"那您为什么不协助栾施和高强呢？"

"难道他们比田无宇、鲍国更好吗？"

宫门打开了，晏婴进了宫，其他人只是看着，没人敢趁机冲进去。

见到晏婴，齐景公着急地问："四大姓全都出动了，就在外面，现在该怎么办？"

晏婴道："栾氏、高氏两族依仗累世恩宠，专断独行，不把主君放在眼中，这种情况已经不是一天两天了。高止被撵走，闾丘婴被处死，国人皆有怨言。现在二人又带兵公然攻打宫门，罪不可恕。至于田氏、鲍氏，他们也有过错，没有主君的命令就擅动兵甲，也请主君治他们的罪。"

"看来栾施、高强的罪行更重，必须除掉他们。只是，谁现在能完成这样的使命呢？"

有一个人最合适，那就是田穰苴，他手里有兵权，在军中又深得人心。可惜的是，田穰苴由于出身田氏，齐景公虽没说什么，但引起了栾氏、高氏、鲍氏甚至国氏的不满，他们一起向齐景公进言，认为如果让田穰苴继续掌兵，田氏的势力将更无法控制。齐景公对田文子、田无宇父子一向从内心里感到忌惮，听他们都这样说，便将田穰苴的司马一职免去。田穰苴此时已淡出军界，专心撰写兵法。由于担任过齐国司马，所以田穰苴又称司马穰苴，他所著的兵法称《司马穰苴兵法》，后世也称《司马法》，是一部与《孙子兵法》齐名的春秋时期的兵法。田穰苴被免去军职，在晏婴看来是齐国的一大损失。他向齐景公据理力争，但抵不住栾氏、高氏、鲍氏等的联合攻击。这些人还对齐景公说："晏婴为什么竭力维护田穰苴？是因为他跟田氏来往密切，暗中有勾结，主君不可不防啊！"这些话传到晏婴耳朵里，他便不敢再为田穰苴说什么了。

现在情况紧急，必须推出一个人来掌兵。

晏婴道："大夫王黑可以。"

齐景公有些犹豫："王黑固然勇猛，但寡人能交给他的甲兵有限，如何能打败栾施和高强？况且，宫外还有田无宇和鲍国的甲兵，二人如果趁机杀进宫中，如何是好？"

晏婴道："这好办。主君可以宣布栾施、高强谋反，而田无宇、鲍国是奉您的命令平乱的，然后命王黑打着灵姑銔出战，协助田无宇、鲍国攻打栾施、高强，危机自可化解。"灵姑銔是一种旗帜，是周王室当年赏赐给齐桓公的。这杆旗高七仞，旗上有九条飘带，如果把旗子插在车上的话，飘带能直接垂到车后面的横木上，而天子所用的旗帜飘带更长，能直接垂到后面的地上。

齐景公大喜："好，就这么办！"

齐景公立即派人召王黑进宫，当面向他发布命令，让他率宫中的侍卫冲出去，宣布栾施、高强所部为叛军，协助田无宇、鲍国平叛。此事重大，一旦失利后果不堪设想，所以在王黑出征前齐景公专门叫来占卜师，命他占卜此行结果如何，结果占得吉卦，齐景公大喜。

但王黑提出自己不能打着灵姑銔出征，宁愿就这样出去，一样能消灭叛逆。晏婴知道王黑的顾忌，毕竟灵姑銔是国君专用之物，当下虽为权宜之计，但日后难免会被人当成把柄拿出来攻击王黑，王黑因而忌惮。可外面乱糟糟的，谁是叛臣、谁在忠君很难搞清楚，打出灵姑銔无疑能最大限度地震慑对手。

晏婴想了想，对齐景公道："主君，不如将灵姑銔斩断三尺，然后命王黑大夫打着它出去迎战。王黑大夫确实没有资格打七仞的旗帜征战，斩断三尺，既代表主君征战，又表达了对主君的恭敬，日后自然不会有人以此大做文章。"

齐景公准许，命人将灵姑銔斩断三尺，王黑打着此旗出战。栾施、高强不敌，在部下保护下仓皇逃出临淄城，之后逃往鲁国。栾施在鲁国事迹不详，后来下落不明。高强后来从鲁国又到了晋国，受到晋国上军将中行吴的器重，担任中行氏家臣，为中行氏扩张立下功勋。中行氏后来在内乱中战败，高强逃奔朝歌，之后谋划反攻晋国，战败被俘，再以后就生死不明了。

在这场齐国四大姓的内乱中田无宇、鲍国大获全胜。作为胜利者，他们想瓜分栾氏、高氏的土地和家产。考虑到晏婴的巨大威望以及在平息栾氏、高氏叛乱中的贡献，他们主动提出给晏婴多分一些。

晏婴劝田无宇："您这样做，十分不妥。"

田无宇道："以前都是这样做的呀，先生为何以为不妥？"

晏婴道："谦让是德行的根本，将财货让给他人叫作美德。凡是有血气的人都有争名夺利之心，但那并不是强者，只有在道义上胜过别人才是真正的强者。短短十几年间，齐国的崔氏、庆氏、栾氏、高氏纷纷覆亡。他们在时何等富贵荣华，气势无人能敌，但灭亡又如此迅疾，您难道不总结他们失败的教训吗？所以，请您还是把栾氏、高氏的家产上交给主君，这才是应该做的。"

相对于之前的那些权臣，田无宇还不算贪婪，更知道收买人心的重要性。田无宇一向敬重晏婴，这次也听从了晏婴的建议，将栾氏、高氏的家产全部交了出来。

田无宇注意结交齐国公室子弟，给他们送去很多东西，还划给他们一些土地。不但收买公室子弟，田无宇还进一步救助贫困孤寡之人，时常派人给他们送粮食。田无宇对人说："《诗》中有'陈锡载周'，周文王把得到的赏赐拿来分发给人，所以他能创建周朝；我齐国先君桓公也愿意施舍钱粮，因此成为霸主。"

自崔杼弑杀齐庄公到现在，长达十来年的齐国大族内乱暂时告一段落。此前，齐国一直由世卿及大族实际掌权，国君充其量只是多极政治势力中的一极而已，过着"君不君、臣不臣"的日子。现在，世卿倒下了；一个又一个大族也倒了下去，而齐景公逐渐成长和成熟起来，在晏婴苦口婆心的进谏下，其治国能力和政治经验也有了很大提高。齐国虽然仍有田氏、鲍氏这样的大族，但田无宇、鲍国等人在政治上相对收敛，对国君也较为敬重，齐国总算初步走出了大臣专权的阴霾。回顾这场栾高之乱，田氏、鲍氏虽是胜者，但最大的胜利者还是齐景公。

这场内乱起始于一名侍者的告密，如果没有这个偶发事件，或许四大姓还不至于马上摊牌。不过，正如鲍国怀疑的那样，这名侍者向田无宇告密，提供的极可能是一个假情报。栾施、高强如果第二天真的向田无宇、鲍国下手，怎么可能还相约喝个大醉？高强见到田无宇带着甲兵，又怎么可能不立即警惕起来？

这名侍者捏造事实，如果只是一时之愤，那也是冒着不小风险的。如果田无宇还不想摊牌，或者较为谨慎，派人去核实，侍者的谎言就将暴露。要核实栾施、高强是不是有阴谋其实并不困难，因为要做那样的事，肯定会提前做许多准备，不可能查不出蛛丝马迹。那么，这名侍者就没有考虑过这些吗？看来这件事是有蹊跷的。笔者猜测有一种可能，这是田无宇故意做的局，所谓侍者，是他一手安排的，目的是把鲍国拉进来一起行动。

当然还有另一种可能：这个局是齐景公策划的。逐渐成长和成熟起来的齐景公虽然耽于享乐，但也有一颗雄心。在与晏婴的一次次探讨中齐景公也明白了一个道理，那就是要想称霸就必须处理好自己国家内部的事，一个说了不算的国君，如何能带领这个国家征服其他诸侯呢？只是，齐景公面对的是四大姓，他不可能一口气把他们全部吞掉，最理想的结果是坐观他们自相残杀。于是，齐景公在心腹大臣的帮助下秘密策划了所谓侍者告密的事件，利用四大姓分成两派的机会挑起他们的内斗。这场斗争的结局至少是两败两胜，无论胜的是哪一方，齐景公都能接受，因为这都将意味着四大姓的总体实力被削弱了。

田穰苴被解除军职后专心著书，虽然在兵学上取得了很大的成就，但就个人境遇与心情而言却是落寞和郁闷的。没过几年，田穰苴便因病去世了。出身于田氏，并没有给田穰苴带来事业上的助力，反倒因此受到猜忌。

这时的齐国，还有一位出身于田氏的兵学奇才，他的名字叫孙武，字长卿，祖籍为齐国乐安，即今山东省广饶县。孙武之所以姓孙不姓田，是因为他的祖父曾在齐国军队效力，因功被赐姓孙，从此田氏的这一支便改姓孙氏。同样出身于田氏，又生活在同一个历史时期，对兵学又都酷爱，孙武与田穰苴之间应当有过交集，至少孙武受到了田穰苴兵学思想的影响。比如，田穰苴所著《司马法》中有："国虽大，好战必亡；天下虽安，忘战必危。"孙武后来撰写的《孙子兵法》则有："兵者，国之大事，死生之地，存亡之道，不可不察也。"二者异曲同工，可以看出孙武受田穰苴的一部分影响。

可是，田穰苴的境遇却让孙武对在齐国发展产生了动摇。想想自己也出身于田氏，即便有田穰苴那样的机遇与成就，也很难在齐国政坛和军界有所作为。想到这些，孙武有了去其他诸侯国发展的想法。

栾高之乱发生在齐景公十六年（前532）。这场内乱大概进一步刺激到孙武，更加坚定了他离开齐国的想法。就在这一年，孙武偕家眷去了南方的吴国。到吴国后，孙武找了一个地方定居下来，潜心钻研并撰写兵法，著《孙子兵法》十三篇。就这样过了二十年，经吴国大臣伍子胥的引荐，孙武终于有机会带着自己写的兵法去见当时的吴王阖闾。在回答吴王提问时，孙武以二十年的钻研与积累，提出了许多见解独到的观点，其中不乏惊世骇俗的言论，一心想称霸的吴王阖闾对此深为共鸣，阖闾任命孙武担任吴国将军。

那时吴国的外部环境很差，西面是强大的楚国，北面是齐国和晋国，南面是虎视眈眈的越国。吴国采用孙武的谋略，通过"伐交""因粮于敌"等策略，削弱了楚国的力量，之后由孙武、伍子胥领兵五次与楚国交战，最终攻入楚国的郢都。吴王阖闾去世后儿子夫差继位，在孙武、伍子胥等人的辅佐下，吴国积蓄力量，扩充军队，对越国发起反击，越王勾践不得不向吴国求和。吴国在这一阶段能成为春秋霸主，与孙武的贡献密不可分。孙武五十多岁时，好友伍子胥被杀，孙武也不再为吴王出谋划策，转而隐居民间，最终郁郁不得志而死，死后葬在吴国国都郊外。

孙武去世后，他所著的《孙子兵法》得以流传于后世。战国时期，《孙子兵法》虽在社会上传播，然而这时其影响还没有形成高潮，一方面是因为当时的传播手段十分落后，另一方面是人们认为《孙子兵法》的核心思想在于"诈""诡"，与"礼""义"等主流思想有矛盾。直到孙武去世一百多年后，他的后代孙膑对《孙子兵法》的军事思想进行了新的发展，使这部兵书受到更多人的重视，被后人誉为"兵学圣典"和"古代第一兵书"。北宋时朝廷整理前代兵书，选了最重要的七部兵书合编为《武经七书》，代表宋代之前兵学的最高成就，以官书形式颁行，《孙子兵法》《司马法》均名列其中。

第六章

社稷之臣

第一节　流言

通过一场栾高之乱，晏婴对齐景公有了新的认识。这个表面上看起来玩世不恭的君王，内在或许有着许多不为人知的东西，就连他身边的梁丘据等宠臣也未必只会拍马逢迎那么简单。现在，齐景公手中的权力已经无人再轻易敢挑战，虽然还有田无宇和鲍国这样的大臣，但已经与之前权臣林立、国君被架空的状况大为不同。

有一些事情，晏婴很想找机会问问齐景公，但总也找不出合适的机会。有时话到嘴边，望了望齐景公那似乎很单纯但又似乎深不可测的面庞，晏婴又把话咽了回去。

一次，与齐景公单独相处，二人站在一处弯曲的水池旁，晏婴见齐景公穿着一身新做的衣服，于是灵机一动，故意道："衣服不如新的好，可人不如旧的好啊！"

齐景公盯着池中的游鱼，头也没抬，很随意地说："衣服当然是新的好，人当然还是旧的好。旧人好啊，因为互相知道底细。"

晏婴听了，心中又是一动。半晌，君臣都没有说话，只是看池中那些游来游去的鱼。还是晏婴打破了沉默："主君，臣下老迈无能，已经无法承担壮年人做的事了，大夫一职，臣还是辞去吧！"

齐景公这才抬头打量起晏婴，显得有些诧异道："先生何出此言？是不是刚才寡人的话说错了，让先生多心了？"

晏婴道："不是，臣其实早有这样的想法。之前栾氏、施氏势大，欺凌主上，臣忧思难安，这才不计老迈之躯与他们周旋。如今权臣已除，主君大权在握，身边有人辅佐，正可以革除弊政，大展宏图，而微臣已经没有用了。加上连年劳累，也想归家休养，故此提出辞去大夫一职。"

齐景公笑道："先生是治国大才，又深得民望，还要为齐国社稷出力呢，哪能闲着？先生若不想再担任大夫一职，目前正有一个职位适合先生，只是有些委屈了先生的大才，还会受些劳累，不知先生可愿意？"

"为了齐国的社稷和百姓，臣自然不惧受累。不知道主君想让臣担任何职？"

"阿邑宰。先生可愿意去吗？"阿邑俗称东阿，是齐国西部重邑，阿邑宰是负责治理东阿的官员。晏婴觉得有些诡异，但看到齐景公很慎重的样子，知道这个想法并非临时起意。

晏婴道："主君的吩咐臣不能违抗，臣愿意去东阿。"

阿邑原名柯邑，春秋时置邑，原属卫国，后被齐国兼并。听说晏婴将去那里任职，芮姜十分反对。芮姜道："你从来没有治理过地方，听说地方上的事情很复杂，四处充斥着强人和恶人。我还听说东阿城这些年疏于治理，地方豪族贪婪成性，你一个人去，我实在不放心啊！"

晏婴拉着妻子的手，微笑道："贤妻尽管放心，肯定不会有事。正因为那里疏于治理，百姓颇有怨言，我才更应该去啊！况且我已经答应了主君，怎能反悔？"

就这样，晏婴告别妻子，只带着家臣高纠一人去了东阿。这一去，就是三年。其间，晏婴从没有回过临淄，芮姜无时无刻不惦记着丈夫，最担心的还是丈夫的安全与身体状况。

后来，发生了更让芮姜担心的事情。

一些流言从东阿传来，都是诋毁晏婴的。有的说晏婴只会空谈，不懂地方治理，经常闹笑话；有的说晏婴表面清贫，其实是故意做样子，在国君跟前没有机会，一到下面就生活腐化，贪图享受；有的说晏婴对百姓十分苛刻，为了敛财而加重赋税，弄得民不聊生……这些流言与晏婴平日在人们心目中的形象大相径庭，有天壤之别。

芮姜不相信丈夫是这样的人，但流言越传越盛，说得有鼻子有眼，每一项指控背后都有若干件具体的事情做证据，不由得人不信。渐渐地，临淄城里纷纷议论起来，那些曾对晏婴深信不疑、衷心拥护的人也开始有了动摇："难道晏大夫真是一个隐藏得很深的坏人吗？"

按照齐国的制度，地方上的邑宰通常有任期，一般为三年。三年考核，优秀者升迁，合格者或留任或平级调任，不合格者或免职或治罪。齐景公也听到许多关于晏婴的流言，担心晏婴的考核成绩会特别糟糕，那样一来或许就不是免职了。晏婴治东阿是自己的提议，齐景公不想晏婴因此落一个可悲的结局，于是不等考核便下令召晏婴回来，宣布将其免职。

第二节　再治东阿

时隔三年，晏婴归来。

芮姜见到丈夫时，眼泪忍不住夺眶而出。只不过三年时间，丈夫便老了很多，又黑又瘦，本就不高的身躯也微微有了些弯度。

芮姜心疼道："回来就好，回来就好。咱们不干了，还到东海种菜去。"

晏婴笑道："为什么去种菜？我还有好多事情没做呢。"

芮姜道："可是，主君已将你免职了，你既不是齐国的大夫，也不是阿邑的宰臣，你现在是齐国普通百姓，还操那么多心做什么？"

晏婴没有理会妻子的怨言，马上进宫，面见齐景公。

齐景公见到晏婴，没有提东阿的事，而是道："先生年纪大了，听说身体也不好，所以寡人将先生召回。先生继续担任大夫吧。"

晏婴道："感谢主君对微臣的照顾。微臣的身体其实还不错，别看瘦小了些，但饭量和作息都正常，没有疾病，浑身还有使不完的力气。微臣请求，让我再回阿邑。"

"可是，先生的任期已满。"

"那就再让微臣干三年！"

齐景公看到晏婴态度很坚决，只得把话挑明："先生有没有听到些什么？"

晏婴道："主君说的是那些流言吧？微臣都知道，但并不在意。主君是了解微臣的，应该不会相信那些话吧？"

"寡人当然了解先生，不会相信那些流言。可外面已经议论纷纷了，先生不想对这些流言加以驳斥和反击吗？"

"如果微臣就这样从阿邑回到都城，那些流言将更盛，任凭如何驳斥也没有用，所以微臣请求再干三年。微臣保证，三年之后流言将不攻自破。"

"既然如此，那就依先生吧。"

于是，晏婴又回到东阿，继续担任阿邑宰。

时间过得飞快，转眼又是三年。

这三年里，从东阿也有关于晏婴的消息不断传来，一开始还是那些诋毁的话，但后来渐渐少了。再往后，赞美晏婴的话逐渐传出来，之后便越来越多。

不仅芮姜感到不可思议，就连齐景公也不明就里。齐景公派人悄悄到东阿寻访，想看看晏婴究竟做了什么让舆论发生了翻转。派去的人很快回来，报告说东阿并没有特别的变化，与之前相比晏婴也没有做出更引人注目的事情。非但如此，暗访中发现晏婴治事甚至有些松懈，这让齐景公更加不解。

三年任期又满，晏婴再次回到临淄，齐景公立即召见了他。

齐景公问："现在齐国上下都是赞美先生的话，先生三年前的承诺兑现了。寡人只是不明白，先生是如何做到的呢？"

晏子道："三年前我治理阿邑时，加强对东阿门闾的管理，那些奸邪之人感到不方便，于是憎恨我；提倡节俭，让众人孝敬尊长，兄弟间和睦相处，又处罚懒惰的人，有那些毛病的人都憎恨我；断案时一视同仁，对权贵既不迁就更不纵容，那些贵族和强人于是恨我；身边的人有求于我时，合乎律法的我同意，不合乎律法的一律拒绝，身边的一些人厌恶我；还有主君您跟前的人，他们都是权贵，到了东阿，我接待他们时坚持不超过礼制的规定，这些权贵也不高兴。上面这五种人，我把他们归结为'三邪两谗'，他们怨恨我，对我加以毁谤。他们编造了种种谣言，四处传播，也传到了主君的耳朵里。"

"原来如此。这些人太可恶了！"

"我明白其中的问题，但没有急于跟这些人对质，也不直接反驳他们，因为那样做只会越描越黑，把本来不存在的事弄得似是而非。"

"那这三年里先生又是如何做的呢？"

"后面这三年里我改变了一些治理的方法，有些管理措施也不那么严格了，能迁就的就迁就一些，能帮助的就帮助一些，上上下下都很高兴，好话自然多起来。听说主君要奖赏我，其实我很惶恐，因为该奖赏的是前面那三年，而后面这三年其实应该受到惩罚啊！"

齐景公大为惊异，但想一想又觉得晏婴说得很有道理。

齐景公道："看来下面的问题不少！一个贤能的官员反而不受众人欢迎，迎合、纵容他们才能生存下去。如果齐国的官员都不敢秉公办事，处处讨好贵族豪强，那岂不是没有是非准则了吗？"

晏婴道："正是如此。这种状况必须改变，否则齐国难以强大！"

"如何改变呢？"

"后面这三年里我虽然表面上与权贵豪强打成一片，但暗中收集他们犯罪和作恶的证据。现在证据已经集齐，主君可派一名办事认真的执法吏去东阿，将这些人一网打尽。这些人不仅作恶于地方，而且能左右舆论，把黑的说成白的，把白的说成黑的。把他们之中为首的人惩办治罪，剩下那些跟从的人自然敛迹，风气清明，派谁去那里都能治理好。如果齐国别的地方也有这样的问题，同样也先把这样的人清理出来，再去治理。"

"说得好，就按先生说的办！"

齐景公另派办事负责、为官清廉的人去东阿，根据晏婴提供的线索，将那些为害地方、又控制着舆论的人揪出来，根据他们的罪状分别治罪。这样一来，东阿的面貌很快便焕然一新。与东阿类似的地方，齐景公也照此去做，都取得了立竿见影的效果，百姓拍手欢庆。

国家治理需要规则，但总有一些人不喜欢规则，这就是晏婴总结的"三邪两谗"。"三邪"多在民间，"两谗"多来自上层，他们控制着舆论和通往最高权力的信息渠道，他们的能量非常大，甚至能把君王蒙蔽起来。在这种情况下，晏婴做得究竟怎么样已变得不重要了，重要的是他们的看法，以及他们是如何传播的。规则便这样被破坏了，得益的是"三邪两谗"，受害的是遵守规则的百姓。百姓们虽然知道真相，知道晏婴做得究竟如何，可惜他们的声音太小，影响不了大局。这种局面是可怕的，一旦形成将造成官员的逆淘汰，让贪官奸臣大行其道，清官能臣反而不受欢迎。

对于"三邪两谗"，之前晏婴曾跟齐景公有过一次探讨。那一次，齐景公问治理国家最常见的祸患是什么，晏婴回答："是国君身边的佞人、谗夫，他们疾恶忠臣，结党营私，如果国君以他们为耳目，所见所闻就会出现偏差，国家治理就会出现祸患。"齐景公脱口而出道："赶走这些人！"晏婴道："这些人是赶不走的。"齐景公忙问为何。晏婴解释道："能够在君王身边面面俱到的人，才能都是不平常的。他们心中藏有大奸大恶，外表却十分忠诚，难以分辨忠奸。"

在齐景公看来，发现坏人、除掉坏人是很容易的事情，但在晏婴看来又恰恰是最难的，因为只有君王拥有无限权力，那些逢迎君王的人，总有办法将君王蒙蔽起来，君王很难认为他们就是奸恶之徒。忠君爱民者受贬斥，媚上欺下者受奖赏，常常成为官场的基本形态，晏婴在东阿前三年的经历正好说明这一点。

第三节　巡游

在晏婴离开齐国权力中心的六年中，各诸侯国之间虽然仍在不断征战，但大体保持着原来的格局，北方仍以晋国最强，南方的强国是楚国，齐景公虽然有取代晋国成为北方霸主的雄心，但没有多少起色。

让齐景公更忧心的是，齐国内部的情况也不容乐观。过去，齐景公认为齐国之所以没有强大起来是因为权臣挡道，国君力量太弱，只要自己能真正控制齐国政局，一切都会好起来。可等他可以亲自治理国家的时候，才发现治国理政也是一件很复杂很困难的事。

齐景公重用梁丘据、艾孔等人，对他们充分放权，支持他们实施革新，希望他们成为自己的管仲、鲍叔牙。目标只有一个，那就是让齐国真正强大起来。可梁丘据等人让齐景公有些失望，他们虽然很有眼色，做事也十分周全，但论起治国辅政的能力却很有限，又不能像晏婴那样严格要求自己和身边的人，所以时常被人议论，难以服众。

晏婴回来后，齐景公暂时没有宣布对他的新任命，但对他寄予了更大的期望。齐景公对晏婴道："寡人很久没有出巡了，先生陪我到各处走走吧。"

在晏婴、梁丘据、艾孔等大臣的陪同下，齐景公带着庞大的随行队伍出了临淄城。刚出城时看到的情况还不错，村落井然有序，田野里是辛勤耕作的农民，沿途的官吏也十分尽心，能忠于职守。齐景公道："看来寡人多虑了，我齐国上下安宁，一片祥和之象啊！"

可是，再往前走情况慢慢有了不同，人烟越来越稀少，荒芜的土地越来越多。所经过的地方，找负责的官吏，也时常出现半天找不到人的情况。看到这些，齐景公不禁眉头紧锁起来。

正走着，见路上有一个背负薪柴的老人，看样子年纪已经不小了，身体瘦弱，艰难地在路上行走。齐景公让侍者把老人叫住，带到自己面前。老人面有饥色，齐景公看了顿生怜悯之情。

齐景公问道："老人家，您今年高寿啊？"

老人道："哪来的高寿？我今年八十整了。活一天是一天，也不知道什么时候一头栽倒在地上，再也不用起来了，也不用再受这样的苦了。"

"您没有儿孙吗？他们不赡养您吗？"

"唉！有儿有孙，一大家子呢，有什么用？地薄人穷，出产不了多少粮食，一大半用来缴租缴税，还有干不完的劳役，人人都吃不饱饭，哪能白养一个闲人啊？"

齐景公听了，感到心情沉重，叹了口气，吩咐侍从："去找本地官吏，传寡人令，将这位老人供养起来。"老人千恩万谢，向齐景公叩头。齐景公赶紧上前搀起，看着侍从把老人带走。老人一边走一边抹着眼泪，齐景公看着他远去的背影，久久没有说话。

晏婴在一旁看着，八十岁的老人还要出来干重体力活，这样的事情对他而言并不感到吃惊。这些年他一直在地方主政，深知民间的疾苦。在他的治理下，东阿已很少会遇到这样的情况，对于七十岁以上的老人官府也有一定的优待。但晏婴知道，并不是所有的地方都重视老者和其他弱势的人，他们的生活很艰辛。

看到齐景公还在深思，晏婴上前道："微臣听说，明智的君主不仅喜欢百姓，还能怜悯贫穷的人，将其视为守住国家的根本。主君怜悯这位老人，但再多的恩泽也只能由他一人享受，何不将恩泽扩大，让齐国千千万万贫弱的人都能感受到主君的仁德呢？"

齐景公这才收起凝重之色，脸上露出笑容，对晏婴道："先生所言，正是寡人的心声。那些年老体弱的人本应安享晚年，却还在辛劳奔波，这都是寡人没做好。回去后寡人就下令，没有劳动能力、缺乏依靠的老人，都由国家定时发放钱粮，让他们不必干重体力活也能安心养老。"

"主君的洪德，天下百姓都将感戴！只是，刚才这位老人说到赋税太重、劳役太繁的问题主君也应该过问，不能让百姓活得太苦太累了！"

"是啊，这件事情更难，但再难也得做。"

走到原纪国故地，齐景公下令在此停留两天，顺便游览一番。纪国国君也为姜姓，国都纪城位于山东半岛中北部，今山东省寿光市附近。纪国在齐国以东，莱国以北，其疆域曾不亚于齐国或鲁国。周夷王在位时曾烹杀齐哀公，传

156

说是纪侯进谗言之故，齐、纪两国因此结下世仇。为对抗齐国，纪国选择与鲁国交好，借齐、鲁两国的矛盾而自保。纪国后来分裂了，纪侯的弟弟纪季投降齐国，做了齐国附庸，鲁庄公试图保全纪国，但没有成功。齐国军队攻破纪国都城，纪侯出逃，纪国灭亡，疆土并入齐国版图。

在纪国故地停留期间有人得到一只神秘的金壶，拿来呈献给齐景公。齐景公命人打开，见壶中有一片素帛，上面写有八个红色的字：

食鱼无反，勿乘驽马。

齐景公道："晏先生先不要说。我知道这几个字的意思：吃鱼不要翻动，否则会吃出它的腥气；不要乘坐劣马，因为它走不了多远。"

晏婴道："不是这个意思。吃鱼不要翻动，是说不要竭尽民力；不要乘坐劣马，是说不要将那些不肖之徒安排在自己身边。"

"原来如此。可纪国既然有这样的丹书，为何还灭亡了呢？"

"纪国灭亡有它的原因。我听说，君子如有道，就把教导自己的话悬挂在门上，时刻能看到，以此提醒自己。纪国有这样的丹书，却将它藏在壶中，不灭亡还等什么呢？"

齐景公想了想，点头道："还是先生说得有道理，寡人受教了。"

一行人继续向前走。齐景公忽然看见路上有个小孩在乞讨，那孩子又干又瘦，一副随时会被大风吹倒的样子。齐景公稍稍平复的内心又悲戚起来："这个孩子更惨，无家可归呀！"

晏婴道："主君不必伤感。有主君的存问关心，他怎会无家可归呢？"

齐景公命人把孩子带走，交给本地官吏妥善救助安置。

再往前走，更悲惨的景象呈现在眼前：路边倒着一个饿死的人。齐景公再也忍不住，流下了眼泪："唉！原来寡人的无德已经到了这种地步！"

艾孔忙道："主君何出此言？天下之大，难免有贫富之别，既然家财巨万者有之，那么饥馑者偶也有之。这种情况不仅齐国有，其他诸侯国也都有，主君不必自责。"

齐景公道："叔父见多识广，以前可曾遇到行走之人突然倒毙于路旁的景象吗？"艾孔与齐景公同族，是齐国先祖吕尚的第十五代后裔，是齐国第十四代、第二十三位国君齐顷公的旁支庶弟之子，算起来是齐景公的叔父辈。

艾孔听了，黯然低头，不再说话。

梁丘据刚想开口，晏婴抢先道："主君恩德昭彰，怎能说自己无德呢？"

齐景公道："先生为何这样说？"

晏婴道："主君的恩德遍及后宫和亭台楼阁，那里的玩物都披上了华丽的锦绣，那里的鸭子和鹅都吃上了穷人吃不到的小米和大豆；主君不仅自己在宫中享受，后宫所有人以及其亲族也能一同享受，怎么能说自己无德呢！"

包括齐景公在内，在场所有人都听出了晏婴话中的讽刺之意。如果在平时，齐景公一定大怒，至少心中不快，但现在齐景公却发不起火来。齐景公黯然道："先生批评得对，寡人不配称有德之君！"

晏婴道："主君既能反躬自省，那微臣提一个请求：请主君将自己与后宫一同的享乐推及百姓身上，让百姓与主君同乐。到那时，路边怎么还会有饿死的人呢？不能与民同乐，只顾在后宫与嫔妃同乐，热衷于私藏金钱与货物，任凭国家府库里的粮食、钱币和布匹腐烂掉都不拿出来施舍给百姓，这就是夏桀和商汤亡国的原因啊！百姓之所以叛离国家，就是因为国君和贵族独占财产，如果主君能体察微臣所说的话，真正使恩德与公心遍布天下，主君就会成为商汤和周武王那样的明君了！"

"先生说得好啊！回去后先生就替寡人好好谋划谋划，看看如何减轻百姓的赋税，同时又不削弱国家的实力。"

"微臣遵命！"

齐景公说这些话时梁丘据、艾孔等人就在近旁，但齐景公丝毫没有提及他们，只让晏婴帮助谋划，这让梁丘据、艾孔顿时紧张起来。齐国设有国相一职，总领百官，以实力和资历论，最适合担任这个职务的是田无宇，其次是鲍国，但齐景公并没有任命他们，让这个职位一直空着。梁丘据和艾孔也想当国相，按照受到宠信的程度来看，除了他们二人其他人都没有机会。

可细品齐景公与晏婴刚才的对话，梁丘据、艾孔分明感受到另一种意味：难道要让晏婴当国相？

第四节　出任国相

出巡归来，齐景公又专门召晏婴做了一次长谈，谈话的中心除了治国还有用人。据《晏子春秋》记载。

齐景公问："我还想听听先生讲治国之道。贤明的君主究竟该如何治理国家？哪一条是最重要的？"

晏婴答道："对治国来说，最重要的是用人。"

"先生不妨仔细讲一讲。"

"君王要善于任用贤才，从而能够爱护百姓；向下索取要适度，君王和他身边的人都要养成节俭的习惯；在上位者不欺凌下属，居官位者不轻视那些困顿的人；不纵容邪恶，对坑害百姓的人要治罪，对提出好的谏言、指出过错者要给予奖励。位高权重的人要严格要求自己，对下属要宽容，不能因为一时高兴便随意赏赐，不能因为自己生气便随意处罚，不放纵自己的私欲，不去构怨，不去威胁国家。如此一来，上边没有骄横的行为，下边没有谄媚的人；上边没有自私的想法，下边没有乱用权力；上边不奢靡，下边没有挨饿受冻的百姓。下级服从上级，百姓安居乐业，这样国家就得到了有效治理。"

"先生说得好！寡人还想问：在用人方面，最担忧的是什么？"

"所担忧的有三条：对忠臣不信任，这是第一种担忧；信任的臣子却不忠诚，这是第二种担忧；君臣各怀心思，这是第三种担忧。对君王来说，最担忧的是善恶不分。"

"如何察觉善与恶呢？"

"主要是审查和谨慎选择大臣。君王身边的臣子都善良，那么各级官吏就能各得其所，善恶也就容易分辨出来了。一句话，就是要任用贤人治理国家，任用有才能的人治理百姓。"

"如果发现贤能之人呢？"

"可以注意观察同他交游的是些什么人，从而品评他的行为。君王识人，不能以美妙动人的言辞来判定一个人的品行，也不能以他人的毁谤非议来判定。要注意观察，看通达时他都做些什么事，困顿时看他不做什么事；富有时看他对外面给予什么，贫穷时看他不要什么。最贤能的人不轻易晋升为官，时常主动引退；次一等的人会选择做官，但也会引退；再次一等的人愿意做官而不容易引退。用这几种方法来判断人才，一般都不会错。"

齐景公现在最关心的是齐国的人事安排，这是他目前最头疼的事。此次出行，齐景公听到也看到了真实的情况，这些大大超出他的预料。显然，自己在用人上存在失误，那些被重用的人没能做到晏婴所说的这些，他感到了失望。

齐景公问："臣子应该用什么来报效君王？"

晏子答道："对臣子来说，遇到有抱负有能力的君王，那么就顺从其政令；遇到没有抱负没有能力的君王，就要以争谏的方式指出其错误和不足。臣子如果不能选择君王，那就应当尽心去侍奉。"

"还有一个问题：官吏中的君子与小人如何区分呢？"

"君子能与别人搞好关系，能关心爱护别人，不会因为一点利益就撕破脸皮，能牺牲个人利益；小人也能与人搞好关系，但通常喜欢勾肩搭背、结党营私，而不会真心关怀别人，更不会牺牲个人利益，牵涉到自己的私利时往往六亲不认。六亲不认的人能称之为君子吗？不能，只是个小人。"

"君子与小人之间还有什么区别？"

"可以举个例子：再好的饭菜，扔到地上踏一脚，再捡起来去施舍，即便乞丐也不屑一顾。为什么呢？因为利益固然重要，但人格也重要，不能侮辱别人的人格。君子从不会侮辱别人，只有小人会。"

谈话进行到深夜，一个说得专注，一个听得入神。

这时已到晚秋时节，天气凉了下来。齐景公对晏婴道："寡人有些饿了，想必先生也饿了吧？请先生去拿一些热食物来。"

晏婴道："我不是负责侍奉主君饮食的臣子，所以恕我斗胆推辞，不能从命。"

"那么，请先生给寡人拿一件御寒的裘衣来。"

"我也不是侍奉主君起居的近臣，也不能从命。"

"先生对寡人来说，是做什么的呢？"

"我是社稷之臣。"

"什么是社稷之臣？"

"所谓社稷之臣，就是主管国家社稷的大臣，协助主君处理国家政务，建立区分上下尊卑的礼仪，用礼仪管理国家；确定官吏的次序，使他们遵照次序而各得其所；能够独立拟定公文法令，使这些公文法令能得以推广，广布四方。"

"说得好！先生再说说，寡人近来还有哪些需要注意的地方？有哪些事情还做得不妥？"

"微臣从东阿返回前听说主君仍像年轻时那样，还那么喜欢狩猎。听说主君曾到暑梁一带狩猎，连续十八天没有回宫中治理朝政，这就十分不妥。齐国百姓会以为主君安心于郊野狩猎而不安心于国事，甚至会认为主君喜好野兽而厌恶人民！"

"有这么严重吗？"

"有啊。以前我曾对主君说过，这样下去会使国家沦丧，因此而灭国的例子也不在少数。"

"寡人以为，离开宫里一段时间也没有什么。难道需要寡人审理夫妻间的诉讼案件吗？那有大士子牛呀！需要寡人准备社稷宗庙里献祭的物品吗？那有大祝子游呀！需要寡人接待各诸侯国来往的宾客吗？那有专门负责外交的官员子羽呀！是担心田野没有人去开辟、粮仓国库不充实吗？那有申田呀！如今还有先生，有了你们五位忠诚的大臣，就像心拥有了四肢一样。有四肢辅助，心也就能安逸了。难道这样不行吗？"

"心真的拥有了四肢，心就能安逸，可以。可是，如果四肢没有了心的支配，而且长达十八天，那会怎么样呢？"

齐景公恍然大悟："原来如此，看来寡人想错了！"

晏婴道："微臣还注意到，刚才主君说了五位大臣，其中却没有梁丘据、艾孔等人，他们可是主君最信任、最倚重的大臣，怎能没有他们呢？"

"先生，这正是我要说的。"齐景公坐直了身子，一脸严肃道，"这几年寡人对他们寄予厚望，也充分放权，但国家治理得怎么样呢？想必先生都看到了。寡人慎重想过，今后还得倚重先生。从今天起先生就来担任齐国国相，就像当年的管相国那样，希望先生不要推辞！"

晏婴以前想过会有这样的一天。晏婴视管仲为偶像，也有许多治国的设想，渴望建立管仲那样的功业，但之前一直担任的是谏臣的角色，虽然治理东阿六年丰富了自己的经历，但那毕竟只是一座城的治理，与一个国家的治理不能相提并论。晏婴不迷恋权力，但对国家、对百姓的责任心让他无法拒绝国相的任命。晏婴道："感谢主君对臣下的信任。微臣愿意接受国相一职，不负重托！"

于是，晏婴成为齐国国相。

对于齐景公的这项安排，多数人并不感到惊讶，以晏婴的能力、学识和人品，足以担当起国相的重任。百姓更是拥护，因为晏婴是一个能替他们着想、敢为他们说话的人。也有一小部分人不愿意接受，在他们眼中晏婴其实并不是正宗的齐国人，出自偏僻的莱国，既不是世卿，也非齐国姜氏大族，不具备充当众臣之首的实力。

但此时的齐景公已经逐渐树立起国君应有的权威，他既然任命晏婴为国相，那些不满的人也不便公开跳出来反对。不过，他们也都在看着，看看晏婴做得怎么样，一旦抓住晏婴的把柄，他们自然不会客气。

第五节　以民为本

这时的齐国确实到了千疮百孔的程度，需要革新的地方实在是太多了。晏婴就任国相后，发现当前最突出的问题当属刑罚太重，而这又与赋税过重有关。

晏婴对齐景公道："民，事之本也。"

齐景公道："寡人一向爱民，国相认为寡人做得还不够吗？"

"还不够。向百姓征收钱财时要权衡有无，调节贫富，不能以此满足私欲；诛杀有罪的人，不能避开权贵；奖赏有功的人，不能遗漏贫贱。刑罚要适度，要顺从民心，这样才能使贤者居上位而不浮华，不肖之徒居下位而不怨恨，四海之内、社稷之中才能一片清平。"

"在国相看来，现在的赋税太重吗？"

"确实很重。赋税收敛过重，民心就会离散。商税如果过重，买卖难做，商旅就会绝迹。应该倡导节俭，从而减轻赋税。兴建工程也不能超过一定标准和时间，不能穷尽民力，让百姓在农忙之余也有休整的时间。关卡、市场征税要适度，有条件时可以不征税，以鼓励商业活动。对山林陂泽，不能将其据为少数人专有，应该开放给百姓，适当征税，搞活这方面的经济，增加百姓收入。"

"好，就请国相主持减省税赋。"

"这件事情说起来容易，实施起来却极困难！减省税赋，百姓固然欢欣，但势必损害权臣贵族的收益。所以，要做这件事还需要主君亲自主持。"

"国相不必顾虑！这件事情既然关乎齐国根本，就不能不做。国相尽管放手去做，任何人都不可能成为国相的阻碍，也包括寡人。寡人在宫中将带头俭省，杜绝奢侈，全力支持国相！"

晏婴拜谢："主君以民为本，是齐国百姓之福啊！"

在晏婴的主持下，齐国推出了一系列俭省支出、减轻赋税、搞活商业、开放山林泽陂的措施，受到百姓极大的欢迎。齐国百姓的生活很快有了明显改善，处在饥饿状态的人慢慢减少，之后逐渐绝迹。齐景公又悄悄出巡过几次，很少在路上再遇到乞讨的人，也没有再见到路边有饿死的人。听到百姓齐声赞扬，齐景公无比欣慰，更加支持晏婴的革新。

然而，这些革新之举触动了权臣贵族的利益，他们对晏婴恨之入骨，于是收集了许多问题向晏婴发难。这些问题都是改革过程中难免会出现的，是一些枝节性问题，是可以纠正的。比如，在减税过程中有些地方官吏不认真执行晏婴制定的政策，明减实收，将多收的部分装入自己的口袋，只要加强吏治，增加巡查，鼓励百姓举报，这些问题都能得到解决或改善。然而，这些人以为抓住了晏婴的把柄，他们把所有问题归集起来，推举梁丘据来见齐景公。齐景公听完，并不为其所动，对晏婴的支持不改。这些人四处探查，又补充了其他一些所谓的问题，再推梁丘据来见齐景公，齐景公干脆不见。

减轻赋税不仅直接减轻了百姓的负担，而且也刺激了经济的发展，百姓的生活越来越好。以前，因为缴不起税或者抗税不缴，许多人被抓进了监牢。为了震慑更多的人，刑罚便越来越严厉，砍手、剁脚甚至挖眼的酷刑也都用上了，但效果并不明显，监牢里挤满了被抓起来的普通百姓，以致监牢都不够用了。

晏婴推行赋税减免后，百姓缴的赋税少了，缴税的积极性提高，加上百姓的经济能力也有了提高，所以故意不缴税或缴不起税的情况大为减少，因此而受刑的人也明显少了。不过，多年来所形成的刑罚制度仍然没有一下子得到改变，司法的公正性、透明度也需要改进。

一天，有个年轻貌美的女子来到晏婴府宅外，求家人通报，说一向仰慕晏大人，愿意嫁给晏大人为妾。晏婴刚好在家。他平时总叮嘱府中的人要爱护百姓，不能在百姓面前耀武扬威，无论百姓有什么事情来府上求助都必须向他通报。虽然这名女子说的事有些离奇，也有些荒唐，但家人不敢私自将她赶走，赶紧进去通报。

晏婴听完，笑道："我在外面有好色贪淫的名声吗？老了老了，怎么还有年轻女子来投奔我？看来，里面必有内情。"

晏婴让人把女子带进来。女子来到晏婴面前，扑通一声跪下，眼泪不禁流出来。晏婴让人把女子搀起，对她道："不要急，有话慢慢说。你是有什么冤情还是有困难？不管什么都可以跟我说。"女子道："我是背靠城墙居住的民家小女子，确实有冤情。"

女子接着陈述了自己的冤情。原来，女子的父亲是一名小吏，平时负责管护齐景公的一处别苑。在这所别苑里生长着一株槐树，十分茁壮，树形也很漂亮。齐景公来别苑见到这株槐树，一下子被深深吸引。齐景公命令对这株心爱的槐树要小心看守，还命人制作了一块木牌挂在树上，木牌上写着"触犯槐树者徒刑，伤害槐树者处死"。齐景公走后，负责看管别苑的人都小心翼翼，生怕槐树受到伤害。可是，偏偏女子的父亲有一天喝醉了，糊里糊涂，看到槐树上有一树枝不高，横向长着，就吊在上面玩，树枝禁不住他的重量，咔嚓一声断了。女子的父亲一下子吓醒了，可已经于事无补，别苑里的人怕受牵连，赶紧层层上报，最后报给了齐景公。

齐景公大怒，命人将女子的父亲带到跟前，指着他的鼻子怒吼道："你是第一个违反我命令的人，一定要判你重罪！"

女子的父亲现在被关在监牢里，女子和母亲又急又怕，不知道该怎么办。女子平时总听人说晏婴是个好官，能把百姓的事放在心上，走投无路之际便来求晏婴相助。怕见不到晏婴，于是想出了自愿委身的主意。

晏婴道："因为一棵树就被判处重罪，确实过分了！我会把你的事情向主君陈述的。"于是派人送女子回家。

第二天早上，晏婴来见齐景公。晏婴把事情说了，认为齐景公的做法不妥。见晏婴开了口，齐景公当即命人把那名小吏放了。齐景公知道晏婴还会借此向自己说些什么，于是道："先生还有什么话要教诲寡人吗？"

晏婴道："我听说，搜尽民众的钱财以满足自己的奢欲，这是暴虐；沉醉于玩物，为此不惜代价，这是反常；对无辜的人判刑，加以伤害，这是残害。上面这三样，都是国家的灾殃。如今，主君不顾民众的财力，只顾自己饮食器具更加精美，乐器种类更多，宫殿更加壮观，这离暴虐不远了；喜爱玩物，悬挂爱护槐树的禁令，为了一株树而不顾及普通人的生死，其反常之象也已明显；不小心伤害了一株树就要被判处重刑，甚至可能被处死，这样的刑罚与国法并不相符，这种随意的做法对百姓而言就是残害。主君享有整个国家，但德行没能显现于民众身上，而以上三种邪僻却显露无余。我深感恐惧，也不知道有没有能力辅佐国君来治理民众了。"

齐景公听完，有些汗颜："不是国相教诲，寡人几乎犯下大罪而连累社稷。

如今有国相教诲，是社稷的福气，寡人接受国相的教导。"

晏婴趁机提出刑罚过重的问题，并提出解决的办法，那就是统一规范刑罚标准，包括国君在内，任何人都不能在国法之外随意再制定刑罚。对过重的刑罚，根据其罪行造成伤害的程度重新量刑，太重的就减下来。新的刑罚标准颁布后，对监牢里在押的犯人要重新量刑，该提前释放的就提前释放。

对晏婴所说的这些，齐景公都没有意见，让晏婴着手去做。一时间，不少因刑罚过重而关押的犯人纷纷被释放回家，人们拍手相庆，感念齐景公的恩德。

一天，齐景公登上青堂，四面远望，看见有个人正在砍雍门外面的一株楸树。齐景公很生气，立即下令去将那个人抓起来，顺口就要宣布对此人的惩罚，眼看这个人至少要在监牢里被关上几年。

可话到嘴边，齐景公突然打住了。齐景公道："把他教育一下，然后放了吧。寡人若是处罚他，国相知道了，还不知会说出些什么呢。"

一般来说，国相不直接调动和指挥军队，军队里有将军，只听从国君的指挥。但管仲当年担任齐国国相时曾协助齐桓公推行军队改革，可能因为这个缘故，齐景公也命晏婴参与军队里的事，尤其是在士兵的选拔、训练以及军队后勤供应等方面，都听晏婴的意见。

一天，晏婴陪齐景公到军营视察。一进军营，齐景公就命人把自己养在这里的一匹心爱的战马牵来，想亲自骑乘。将领吓坏了，战栗着报告："因为养马的士卒不小心，那匹马已生病死了。"齐景公大怒，从身边的侍卫腰间抽出刀，咆哮道："把养马的那个人带来，我要肢解他！"

晏婴上前道："请问主君：尧、舜要肢解人时，是从躯体上的哪个部位开始的呢？"

齐景公闻听，惊惶道："从我开始。"

齐景公扔了刀，不再肢解养马的人。过了一会儿，齐景公道："战马毕竟是被他养死的，应该把他关进监狱吧？"晏婴道："可以。只是这个人还没有经过审判，不知道他犯的是什么罪。干脆我就在这里审判吧，让他也知道自己的罪行，然后送他入狱。"

齐景公道："可以。"

养马的人被带来，晏婴对他道："你的罪过有三条：主君让你养马，你却杀了马，这是第一条死罪；你杀死的马，恰好又是主君最喜爱的马，这是第二条死罪；你使主君因为一匹马的缘故而杀人，百姓听说后必然会怨恨我们的主君，诸侯听说后必然会轻视我们齐国，你杀了主君的马，却使怨恨积聚于百姓、使国家被邻国轻视，这是第三条死罪。现在主君开恩，不处死你，将你关进监牢，你可以去监牢了。"

话是向着养马人说的，却是说给齐景公听的。齐景公自然也听明白了话中之意，长叹道："国相，快把他放了吧，寡人知道错了！"

第六节　举贤重贤

这时，从燕国来了一个人，自称泯子午，来到临淄城，指名要见晏婴。晏婴见了泯子午，与他进行了长谈。

谈话中，晏婴发现泯子午言辞有文采，说话有条理，他的言谈在治国理政方面可以补益国家，在修身方面有益于个人。不仅如此，泯子午还带来了三百篇自己写的文章，每一篇都有真知灼见。

泯子午走后，晏婴回到坐席上，在那里呆呆发愣。高纠见状，问道："燕国的客人在时，您与他谈得很高兴。为什么燕国客人刚走，您就变得这么忧郁呢？"

晏婴叹了口气："唉，燕国有这样的人才，而我齐国却没有。燕国是拥有万乘兵车的国家，泯子午尚不远千里来到齐国寻找机会，说明在燕国像他这样的人才还有很多啊！"

乱世相争，人才是关键。自崔杼、庆封掌权以来齐国内乱不止，在用人上不重才能与品德，只重出身以及是否为同党，齐国的重要位置多为权臣、大族及其党羽所把控，即便有像泯子午这样的人才也难有机会。想到这些，晏婴深感忧虑。

晏婴有些坐不住了，他想进宫向齐景公谈谈人才的问题，尽管这个问题之前已经向齐景公多次谈到过，但晏婴觉得现在更加紧迫，必须迅速改变现状，这是齐国实现强盛的根基。

路上，晏婴仍在思考着这个问题。望着车窗外熙熙攘攘的人群，晏婴想："所谓的人才，其实就在眼前这些人中间，关键是如何发现他们。发现人才、重用人才，与发展经济、减轻百姓负担、减轻刑罚、加强军事同等重要。应该说服主君，破除之前的一些做法，打破用人上的限制。只要是人才，不论出身，都要加以重用，不能让人才在齐国没有用武之地，跑到别的国家去。"

正想得出神，忽然注意到车夫高乙好像与往日有些不同。晏婴担任国相后，齐景公专门赐给他一辆车子。晏婴原来的那辆车实在太破旧太简陋了，拉车的马又老又弱，齐景公为晏婴选的这辆车子非常漂亮，比原来的车子也大了不少。晏婴还想推辞，齐景公这一回十分坚持，让晏婴必须换车。晏婴无奈，只得换了。

换车的同时，高纠还给晏婴物色了一位新车夫，也就是高乙。高乙比之前的车夫更年轻，身材高大，相貌堂堂，驾车的技术也很精湛，晏婴对他挺满意。唯一让晏婴觉得不理想的是高乙似乎有些张扬，不像原来那位老车夫那样低调谦逊。不过，可能也是年轻的缘故，加上高乙没有做过什么出格的事，晏婴也就没有在意，只是想找个合适的机会跟他谈一谈。今天，晏婴发现高乙似乎沉稳了很多，再想想，似乎近一段时间来高乙都是这样，一下子变得稳重成熟了。

一路想着，车子来到宫门前。进了宫，见到齐景公，晏婴就将举贤用贤的事情向齐景公说了，齐景公都不反对。

齐景公问："怎么才能得到贤才呢？"

晏婴答道："可以通过其语言来判断，通过他做的事情来考察，不看言辞是否华丽，而看他的办事能力。一旦认定为贤才就大胆使用，无论他出身高低，即便是一名奴隶、一名下人，或者是乡野村夫，都可以任命其官职。要把官位腾出来，清退那些由权贵推荐而没有什么能力的人，腾出位子给贤才。对贤才要少约束多鼓励，不苛求他们，给予宽容和信任。"

"国相说得好，就依国相所说！"

"要设立一个官署，专门负责接受贤才自荐，只要有能力，都可以自我推荐，由这个官署来考察，通过了考察的都任命给官职。任官期满，考核为上等的予以提拔。同时，要求大臣们推举贤才，将这个作为一项职责，所有大臣每年都要向国家推举贤才。"

"这些甚好，国相去安排就行。"

说完这些，齐景公又说了一件事："最近齐国的很多地方久旱不雨，误了农时。寡人让卦师占卜，卦师说作祟的鬼神在高山大河之中。寡人想多少加征些赋税，用来祭祀山神。寡人知道加征赋税不对，但如果一直不下雨，庄稼颗粒无收，遭殃的还是百姓，所以这件事应该做。不知国相意下如何？"

晏婴道："不可！祭祀灵山有什么益处呢？那灵山原本就是以岩石作为身

体，以草木作为头发，上天长久不下雨，它的头发就会枯焦，身体也会燥热，难道它不希望下雨吗？所以祭祀山神没有什么用处。"

"祭祀一下河神，可以吗？"

"也不可。河神以水域作为自己的国土，以鱼鳖作为自己的臣民，上天很久不下雨，河流面临枯竭，河神的国家将要失去，百姓将要灭亡，难道河神不希望下雨吗？所以祭祀河神也没有什么用处。"

"不祭祀，该怎么办呢？"

"主君可以诚心诚意地离开宫殿，前往野外露宿，跟山神、河神一起共担忧患，那样或许能得到喜雨呢！"

齐景公想了想，觉得晏婴说得有一定道理，于是真的前往野外露宿。三天后齐国的很多地方果然下起大雨，百姓称庆，齐景公也说："国相说的话，没有不灵验的啊！"

其实这或许只是一个巧合，晏婴建议齐景公到野外露宿，本来也只是指望齐景公因此打消加税的想法而已。

忙完手头上的急事，晏婴有了些空闲，便把越石父叫来。

越石父自来到晏府，一直在府中帮忙处理一些杂事，更多时间是读书，晏婴也时常与他交谈一番。通过观察，晏婴发现越石父是个人才，品质也很好，闲在自己府中是人才的浪费，所以总想找机会让越石父出去做事。以前国政由几家大族轮番把持，晏婴没有用人之权，勉强将越石父推荐出去，对他来说未必是件好事。如今机会来了，晏婴决定把越石父推荐给齐景公。

晏婴对越石父道："先生来我府中已经好多年了，埋没了先生的大才。只是以前时机不成熟，所以没有将先生推荐出去，还望先生见谅。"

越石父诚恳道："国相哪里的话。想当初我只不过是一名奴隶，还是国相为我赎的身，重获自由。在府中这么多年，没有出过什么力，深感羞愧。国相如有需要我的地方，敬请吩咐，刀山火海，万死不辞！"

晏婴笑道："不用上刀山，也不必下火海。是这样的，齐国现在需要大量人才，一起辅佐主君，使齐国变得更强大。我准备向主君推荐先生，让先生出去做官，不负先生的学识和抱负，也为齐国百姓尽一份力，不知先生意下如何？"

"当然求之不得，感谢国相举荐，在下一定竭尽全力，不负国相重托！只是不知道国相准备推荐我做哪方面的事？"

"我准备推荐你做齐国大夫。"

"大夫？"越石父大为吃惊，"我只是一名刚刚脱籍的奴隶，没有爵位，没有担任过齐国的任何职务，做一名管理盐池或者山泽的小吏足矣，哪敢奢望担任大夫一职啊？"

"国家急于用人，万事不拘形式。经过我长期观察，我认为先生的才能和品德足以成为一名大夫，先生不必推辞。"

又说了一会儿话，越石父告辞，再次感谢晏婴的推荐。出门时，越石父道："国相，府中新来的车夫高乙不错，虽然只是一名车夫，但认识很多字，脑子也聪明，很有潜质，只是起点有些低。经过一些培养和锻炼，高乙也会成为国家需要的人才。"

晏婴听了，心中一动。

越石父走后，晏婴把高乙找来，跟他闲聊起来。

晏婴问："我观察你最近以来有了很大变化，不知出于何种原因？"

高乙有些不好意思："国相是不是觉得我没有原先那样张扬了？"

"正是此意。"

"这都是因为我的妻子。"

"你妻子怎么了？"

"我刚给国相驾车不久，有一次外出，我的妻子在街上看见了国相的车子。那天回去后，妻子对我说：'从明天起，你就不要为国相驾车了。'"

"这是为何啊？"

"是啊，我也问她为何，这可是别人求之不得的机会呢。我妻子说：'你身高八尺，丞相身高才六尺；你只是一介车夫，国相却是齐国国君以下最重要的大臣，名声显赫，各诸侯国也没有不知道国相的。可是，我看到国相如此谦卑，丝毫没有架子。我再看你，只是做了一名车夫，就趾高气扬，挥鞭打马，对马丝毫没有怜惜之意，你有什么资格这样做？你不配跟国相在一起，应该赶紧离开，免得丢了国相的脸。'妻子的一番话让我冷静下来，想想之前，确实有些脸红。自那之后我便处处向国相学习，待人谦和，绝不张扬。"

"你有一位好妻子啊，有见识，深明大义，你要好好珍惜她。"

"是，我一定珍惜！"

"听说你认识很多字？"

"是的。以前我养过马，不算太忙，闲时自己学了一些字，也看过几部书，让国相见笑了。"

"这是一个好习惯，你以后要坚持下去。不外出时，你可以在府里读书，我书房里的书你都可以拿去看，我也会吩咐高纠，在驾车之外让他尽量不给你派其他活儿。读书过程中有什么不理解的地方，也可以随时找我来交流。"

"太好了！感谢国相！"

不久后，在晏婴的推荐下越石父成为齐国大夫，协助晏婴治理国家，逐渐成长为晏婴的重要助手。而高乙后来也在晏婴的推荐下出来做事，虽然一开始的起点并不高，只担任了管理临淄城中一处集市的小吏，但他肯学习、能吃苦，也慢慢地成长起来，最终也成为齐国的一名大夫。

晏婴带头举贤，不因为是自己身边的人而有所避讳，只要是真正的人才，都大力推荐给齐景公。在晏婴的示范下，齐国的大臣们纷纷向国家推荐各类人才，齐国也设立了招贤馆，接受百姓的举荐。没过多久，齐国便呈现出人才济济的局面。

第七章

忙碌的外交家

第一节　问礼鲁国

晏婴就任国相后齐国内政出现起色，齐景公很高兴。不过，齐景公最关心的还是何时能称霸。想想自己即位的时间也不短了，却迟迟不能像齐桓公那样亲自主持一次各诸侯国参加的会盟，齐景公感到有些失落。

晏婴却认为齐国离称霸之路还相当遥远："与晋国相比，齐国的国力还不算强大，尤其在各诸侯国中的影响，齐国更无法与晋国相比。在实力不足时匆忙挑战晋国，结局一定是灾难。"

齐景公问："那该怎么办？"

"现在应当继续做好齐国自己的事情，发展经济，安抚百姓，整顿吏治，加强军事，这些一样都不能松懈。再经过几年努力，相信齐国国力会追上甚至超过晋国，到那时再谈论称霸的问题也不迟。"

"这几年只能坐等吗？"

"也不是。除了搞好内政，还可以与周边诸侯国发展关系，这同样重要。鲁国、吴国、楚国都是重要的诸侯国，与它们修好关系，不图将来它们都能站到齐国一边，至少也不要成为敌人。至于晋国，也不能得罪，晋国如果召集会盟，也要积极参加。"

"国相说得有道理，就这么办吧。"

"鲁国是礼仪之乡，可以以问礼的名义先去鲁国修好。"

"那就请国相辛苦一趟吧。"

"主君最好能亲自前往，以示郑重。"

"有这个必要吗？"

"武王建立周朝，周公定礼仪。周公有功于周王室，他的后代被封于鲁国，鲁国国君世代可以使用周天子的礼乐祭祀周公，鲁国因而保留了最完整的礼仪规章，这在各诸侯国中是唯一的，就连晋国韩宣子在聘问鲁国时都观书于大史氏，看见《易》《象》《鲁春秋》，感叹'周礼尽在鲁矣'。礼在内，仪在外，礼仪虽为无形之物，却是国家秩序与典制的结合。主君问礼鲁国，既有助于齐国礼仪制度的建立，又能展现齐国重视礼仪、尊崇周王室的姿态。而既然是问礼，自然也只能由主君前往，他人无法代劳。"

"那好吧，寡人就到鲁国走一趟。"

齐景公二十六年（前522），齐国对鲁国进行了国事访问，齐景公亲自带队，国相晏婴陪同。此行的公开目的是"问礼"，也就是参观与礼仪相关的活动，学习礼仪方面的典章制度，而更重要的目的是与鲁国发展友好关系，并有向周王室示好的意味。

对齐景公一行的到来，鲁昭公表示欢迎，给予热情接待。二十年前鲁襄公去世，太子姬子野即位，但当年也去世了。鲁国人又立鲁襄公的另一个儿子公子姬裯为国君，这就是鲁昭公。鲁昭公即位时虽已十九岁，但心智还不成熟，鲁国大夫叔孙豹本不想立他为君，说："太子去世，如果有同母的弟弟就立同母之弟；如果没有，就立庶出的长子；如果同时有几个人都符合条件，那就选择其中最贤能的；如果能力相当，就用占卜来决定。公子裯不是嫡出，居丧时面无哀痛，反而有喜色。立他为君有些不妥。"此时的鲁国也与同时期的齐国一样，由权臣和大族掌权。鲁国最大的权臣是季武子，他不听叔孙豹之言，仍执意立了鲁昭公。

这时，许多诸侯国都面临着国君权力式微的情况。政权逐渐下移，先是周天子，后为诸侯，由诸侯而大夫。大夫执政现象极其普遍，诸侯们大权旁落似乎成为一种潮流。诸侯为权位的延续，不得不将土地分封给大臣，剩给自己的少之又少，这进一步加剧了政权的衰落。各诸侯流行会盟，许多诸侯国也交给大夫去做，无形之中让大夫在诸侯国之间也享有了影响力。鲁国由季氏掌握着兵权，还掌握着一部分政权和财权，又有一些诸侯国的支持，等于实际控制了国家，其情形甚至超过齐国崔氏、庆氏等权臣。鲁昭公对此并不甘心，暗中与季氏展开了较量，只是他的运气不如齐景公，身边也没有晏婴这样忠诚于自己的能臣，所以两次试图驱逐季氏都以失败告终。目前，鲁国仍由季氏实际掌权，鲁昭公虽不算傀儡，但处境也好不了多少。

对于齐景公的到访，鲁昭公表现得很热情。鲁昭公希望也与齐国多多交往。他曾多次访问晋国，态度十分谦卑，但晋国国君与季氏关系密切，对他似乎有些冷淡。鲁昭公希望与齐国发展关系，以期获得外部支持，一朝形势有变，自己也有一个退身之处。在鲁昭公的安排下，齐景公参观了一些重要的礼仪活动，欣赏了礼乐表演，收获颇丰。

这次外交活动的国事安排基本结束时，鲁昭公向齐景公提出一个额外请求：安排晏婴与自己做一次非正式谈话，有些国家治理方面的问题想向晏婴当面请教。齐景公答应了这个要求。

鲁昭公虽不是一位有雄才大略的国君，但也尝够了大权旁落的痛苦滋味。他听说齐景公现在基本摆脱了被架空的局面，实际掌握着齐国大权，并且在齐国推行革新，齐国国力蒸蒸日上，这让他很羡慕。鲁昭公还听说，齐景公之所以能掌权，晏婴出了大力，晏婴不仅对君主忠诚，知礼行礼，而且很有能力，精通谋略。鲁昭公渴望自己的身边也有像晏婴这样有能力又忠心耿耿的大臣，帮助自己从权臣手中夺回权力。

见到晏婴时，鲁昭公忍不住仔细打量了一会儿。个子不高，有些瘦，背有些驼，年纪很大了，看样子有七十岁了，但目光很坚定，穿着并不华贵，如果是在人群中看见，一定以为是个极普通的人。可正是这样一个人，却令权臣却步，助国君回到权力之巅，让齐国民富国强。

晏婴见礼，鲁昭公回礼，落座。鲁昭公热情道："寡人听了很多关于先生的事，今天有幸见到先生。寡人有许多问题想请教，希望先生不要怪罪。"

晏婴于座上再施一礼，恭敬道："鲁侯客气了，谨听吩咐。"

"先生助齐侯掌国，安危定险，而不图私利；对抗权臣，消灭叛乱，而不沽名钓誉；使齐国外无诸侯侵犯的忧患，内无国家内乱，而不自夸有功。先生这样做，图的是什么呢？"

"晏婴其实是一个无能之人。可是，我的族人又都不如我，期待得到我的帮助，从而能延续家族的祭祀，所以晏婴只能忠心主君，而不敢有其他选择。"

"先生谦虚而不自满，用家族作托词，真是仁人啊！"

"鲁侯过奖了。"

"寡人听说'莫三人而迷'，是说事情只要与三个人商量就不会迷惑。可是，我与鲁国一国的人商议，治理国家的事也没能搞明白，常有疑虑，时常也免不了混乱，这是为什么呢？"

"鲁侯身边自然有许多能臣，他们可以帮助鲁侯解答迷惑。只不过，听说鲁侯十分推崇犒赏，并且凭着自己的心意赏赐，只是这样一来人人都想进谗献媚于您，从而获得荣华富贵。这样做的后果就是把国家和百姓抛在了一边，把善事善行抛在了一边，您自然也听不到真正有用的话了。"

"先生认为不该犒赏吗？"

"不是。但犒赏只能是用来奖励对国家对百姓有贡献的人，而不能是只凭自己的喜好而赏赐。犒赏要按照国家法令进行，如果太随意，国家自然会混乱。周文王为什么能把国家治理好？是因为他心中没有自己，只有国家和百姓的利益。如果心中有别人，那么别人的心中也会有你；如果心中只有赏赐，那么别人的心中也只有金钱、名誉和地位；如果人人都追求金钱、名誉和地位，为这些而奋斗，那么谁还会关心国家和百姓？道理就是这样的。"

"先生一席话，顿解寡人疑惑！"

"前两天蒙鲁侯厚意，得以观赏诗乐。《诗》中唱'芃芃棫朴，薪之槱之，济济辟王，左右趋之'。灌木茂盛，则为人所乐用；君王美好，则为人所乐从。这里说了古代圣明君王之所以受推崇的原因。"

"寡人明白了。还想问先生：如何能将鲁国治理成一个大国呢？"

"鲁国本就是大国，若要再进一步，还需要强国富民。只不过，一般人认为要强国富民就得去侵略他国，掠夺他国的土地和人口，可那样一来他国人民必然奋起反抗。于是，不得不拼命发展自己的武备，拼命镇压他国人民。如此反复，恶性循环，导致本国人心惶惶，自己的国家出现混乱。为什么在自己富裕强盛以后不帮助他国也富裕强盛呢？大国为什么不能扶助小国呢？为什么总想自己富裕强盛而不允许别人富裕强盛呢？这些问题不好回答，因而导致天下至今仍在混乱当中。"

"先生的见解，果然深刻！"

晏婴的这次谈话给鲁昭公留下了极深的印象。鲁昭公并不认为晏婴说得都对，但他承认晏婴是一个见解独到的人。晏婴身上的正气与执着也让鲁昭公动容，哪一个国君不喜欢这样的臣子？想想鲁国的现实，鲁昭公的心境顿时黯淡下来。鲁国太需要晏婴这样的人才了，谁能成为鲁国的晏婴呢？

第二节　孔仲尼

这时候的鲁国，最有可能成为晏婴的人似乎是孔子。

孔子名丘，字仲尼，出生于齐庄公三年（前551），那时晏婴已经成为齐国大夫，晏婴比孔子大了四十多岁。孔子的祖先是宋国贵族，后因避难而迁居鲁国。孔子的父亲名叫叔梁纥，博学多才，能文善武，但孔子三岁时他就去世了，孔子由母亲颜氏一手带大。孔子从小喜欢读书，学习非常勤奋刻苦，四岁时就能认识一百多个字了。

一天，孔母问孔子："昨天教你的字，都学会了吗？"孔子说学会了，孔母说第二天早上要考考他。晚上，已经睡下了，孔子对哥哥说："自己虽然练习了好几遍，应该把生字记住了，可还是没有把握，所以还不能睡觉，得再练习几遍。"看到弟弟这么刻苦，又懂得孝顺母亲，哥哥很感动，同时也很心疼。哥哥说："天凉了，就别起来了，要练习的话，就在我的肚子上写吧。你写的时候，我能感觉出来是对还是错，也好帮你检查检查。"于是，孔子在哥哥的胸口上写起来，写完一个字，就念出来。孔子念字的声音越来越轻，写完最后一个字时声音几乎听不到了。第二天早上，母亲考孔子，孔子一遍通过。望着母亲欣喜的面容，站在一旁的哥哥知道，弟弟的成绩来自勤学苦练。

孔子不仅喜欢读书认字，而且爱好十分广泛，礼仪、音乐、射箭、计算甚至赶车都广泛学习。孔子曾向师襄子学习一支鼓琴，苦练了很多天。师襄子说："你学得可以了。"孔子说："我虽然掌握了这个曲子的基本弹法，但是还没有掌握要领。"又练了很多天，师襄子说："你已经掌握要领了。"孔子仍说："不行，理解得还不够深。"又过了很长时间，师襄子认为这一次真的可以了，但孔子仍然认为自己没有弹好这首曲子。最后，孔子反复琢磨、练习，终于体会了这支琴曲的妙处，这才罢休。

孔子十七岁时母亲也去世了。没有钱读书，孔子只好去做一些杂事来养活自己，管过菜园子，看管过牛羊。孔子从不抱怨命运不公，不管做什么，都认真地去做，他管理的牛羊长得都很肥壮。在繁重的劳动之余，孔子仍然挤时间读书。没有老师教，就以自学为主，遇到不懂的地方，就虚心向人求教。

一次，孔子去太庙，见到很多没有见过的器物，很好奇，不停地问别人"这是什么""那是怎么回事"。看到他总是问个不停，有人不耐烦了，说道："孔丘真烦人，问这问那，不知礼节！"孔子笑着说："不懂就问，这才符合礼节！知道就是知道，不知道而装着知道，这不是自欺欺人吗？"卫国大夫孔圉也十分好学，卫国国君为了让后代的人都能学习和发扬他好学的精神，特别赐给他一个"文公"的称号。孔子的学生子贡不服气，问孔子，这个"文"是什么意思。孔子回答："敏而好学，不耻下问，是以谓之文也。"意思是，孔圉非常勤奋好学，不仅聪明，而且遇到不懂的事情，就算对方地位或学问不如他，他也会大大方方地谦虚请教，一点儿都不会感到羞耻，这就是他最难得的地方，也是被赐给"文公"称号的原因。经过孔子的解释，子贡终于服气了，这就是成语"不耻下问"的出处，用来形容一个人不仅谦虚好学，而且能真诚地向别人请教。孔子还有一句名言："三人行，必有我师焉；择其善者而从之，其不善者而改之。"意思是，哪怕只有三个人在一块走路，其中也一定有可以当我老师的人，我学习他的优点，对于他的缺点则加以改正。

孔子自二十岁起就想走仕途，所以对天下大事非常关注，对治理国家的诸种问题经常进行思考，也常发表一些见解。鲁昭公任命孔子为委吏，是管理仓库的小官。就在这一年，孔子的妻子亓官氏生下儿子，正好赶上鲁昭公赐鲤鱼给孔子，故而给儿子起名为鲤。二十一岁时，孔子改任乘田，管理畜牧。二十六岁时，孔子来到郯国，拜郯国国君郯子为师。见孔子学习十分刻苦，又虚心求教，郯子便罄其所有，将平生所学都教给孔子。孔子向郯子询问郯国古代官制，回鲁国后，开办了私人学校，在鲁国渐渐有了名气。

齐景公一行来鲁国的这一年，孔子三十岁。孔子也很关心这件事，他没有参加鲁昭公举办的欢迎仪式，但派了弟子子贡去观看。

孔子对子贡道："随同齐侯来访的齐国国相晏婴是一个了不起的人物，你注意观察他的举止。听说晏婴通晓礼仪，你观察一下，看看是不是这样的。"

子贡回来报告："谁说晏婴通晓礼仪？按照礼仪，登台阶时不能越级，要一级一级走，还说在堂上不能快步趋走，授给玉器不需要跪拜，我看了晏婴的举止，结果他在这些细节上全都违反了礼仪。"

这个结果令孔子大感意外。孔子是一个格外重视礼仪的人。在孔子还很小的时候，就用小碗、小盘子作为祭器，练习礼仪。一天，天气很冷，孔子穿着单薄的衣服在读书，母亲心疼地说："孩子，歇一会儿吧！"孔子答应着站起身，却拿起了放在桌旁祭祀时盛肉类等食品的俎和豆两种器物，准备去院子里。母亲说："外面风很大，天又冷，眼看就要下雨了，就不要到院子里玩了。"孔子说："不是啊，母亲，我是在用俎和豆演练祭祀神灵的礼仪，我还要行大礼呢！"母亲好奇地问："你这么小，行大礼做什么？"孔子说："如果不从小学习礼仪，长大以后就不知道该怎么做人了。"母亲听了孔子的话，惊讶得说不出话来。

孔子重视礼仪，强调礼制，是有深刻原因的。春秋时期礼崩乐坏，很多礼仪被废弃了。孔子对这种现象十分痛惜，曾指出："夫不通礼义之旨，至于君不君，臣不臣，父不父，子不子。夫君不君则犯，臣不臣则诛，父不父则无道，子不子则不孝。"意思是：因为不通礼仪的宗旨，以至于做国君的不像国君，做大臣的不像大臣，做父亲的不像父亲，做儿子的不像儿子；做国君的不像国君，大臣们就会犯上作乱；做大臣的不像大臣，就会遭到杀身之祸；做父亲的不像父亲，就是没有伦理道德；做儿子的不像儿子，就会不孝敬父母。因此，孔子主张恢复周礼，从而恢复社会秩序。

孔子在鲁国有一定的知名度，齐景公和晏婴也分别会见了孔子。与齐景公会面时，齐景公着重与孔子探讨了秦穆公如何称霸的问题。秦穆公是秦国第九位国君，去世已经一百年了。秦穆公在位时重视发现和提拔人才。听说百里奚有贤才，就用五张黑公羊皮从楚国赎回百里奚，与他交谈三天，封百里奚为五羖。在百里奚的推荐下，秦穆公又任命蹇叔为上大夫。在百里奚、蹇叔等人的辅佐下，秦穆公倡导实行惠民政策，内修国政，外图霸业，开地千里，统一了今甘肃、宁夏等地，开始了秦国的崛起。秦穆公还拉拢当时力量强大的晋国，双方结成盟友。秦穆公派兵奔袭郑国，途中顺道灭了滑国，又向西发展，逐渐灭掉了戎人所建立的十二个国家。看到秦国节节胜利，周天子赐给金鼓以示祝贺，并任命秦穆公为西方诸侯之伯，也就是西方各诸侯国的盟主。

齐景公问孔子："秦国是一个又小又偏僻的诸侯国，秦穆公是如何实现称霸的呢？"

孔子答道："秦国虽然小，但志向远大；虽然偏僻，但施政得当。秦穆公任用百里奚，赐爵大夫，能与百里奚谈论三天治国之道，然后举国交予百里奚。

像秦穆公这样的君主，秉持着这样的治国理念，即使治理整个天下都是可以的，仅仅成为霸主，实际上还是小了。"

齐景公听后十分高兴。如果连秦国那样的偏远小国也能实现称霸，齐国这样的大国就更没问题了，齐景公从与孔子的谈话中找到了自信。

孔子与晏婴的谈话更为有名。

孔子遇到晏婴，即便二人什么话都不说，场面想必也十分精彩。孔子是个大高个儿，身材高大，"长九尺六寸，人皆长人而异之"，这个尺寸合如今一点九米多；晏子"长不满六尺"，合如今一点四米左右。二人站在一起，一老一少，一高一低，一壮一瘦，足以令人印象深刻。

在此之前，孔子曾批评过晏婴："齐灵公行为放纵，晏婴却忠心侍奉他；齐庄公生性怯懦，晏婴仍能侍奉他；齐景公生性奢侈，晏婴用恭身节俭侍奉他。晏婴啊，真是一个大贤人！不过，当过三位国君的重臣，善教却不能达于百姓，可见晏婴也是一个见识短浅的人。"这些话曾从鲁国传到了齐国，晏婴多少知道一些，所以这次见面多少有些尴尬。

晏婴对孔子还是颇为欣赏的，对于这个年轻人，他没有给予责难。晏婴道："我听到一些你规劝我的话，所以这次一定要前来拜见。像我这样的人，哪里配得上用德行来衡量呢？我只不过考虑宗族中有等待我接济的人，齐国也有一些无业士人等待我的帮助，为了他们我才去做官的呀。你对我的要求，实在高了一些。"

见晏婴如此谦虚，孔子有些难为情："先前的确说了一些批评您的话，那时候齐国权臣当道，您想有作为也难以施展，那些话确实苛求您了！栾氏、高氏覆灭以来，您辅佐齐侯治理国家，风风火火，十分出色，我对您的那些批评已经过时了，希望您别介意！"

"我不会介意。听说你对秦穆公进行了评价，十分中肯，对秦国崛起的原因也有独到见解。那么，你对晋文公有何看法？"

"晋文公生性诡诈，好要手段，作风不正派。不过，晋文公早年在外流亡十九年，经历了各种苦难，了解人心的险恶，懂得如何运用各种权术，所以取得了成功。"

"那么，我齐国先君桓公呢？"

"桓公作风正派，不诡诈。"

"何以见得？"

"桓公虽然称霸，却始终'尊王攘夷'，以此统领诸侯，他的做法符合正道。"

"那么，管相国呢？"

"桓公九合诸侯，不以兵车而能一匡天下，这些都是管相国的功绩。管相国是个人才，他夺去伯氏三百户的封地，但伯氏至死对他都没有怨言。只不过，管相国是一个器量小的人啊！"

"为何这样说？"

"管相国有三处府第，府中的人除了侍候他，不做别的，这样做能算节俭吗？桓公用屏风挡在门外，管相国也用屏风挡在门外；桓公宴请来访的国君，堂上有安放酒杯的土台，管相国宴饮时，也有那样的土台。由此观之，管相国并不知礼。不节俭、不知礼，这样做能算器量远大吗？"

"在你看来，礼很重要吗？"

"当然重要。君臣、父子、夫妻、兄弟、师生都应秉承各自的礼仪。用刑罚治人，治标不治本，不仅无法让人们悔过，还会让他们变得狡诈和丧失羞耻心，一些人还会为了免予刑罚铤而走险，做出更糟糕的事情。而以礼治人不仅能保全人们的尊严，还能让他们对自己的过错感到悔恨，人们为了活得有尊严，就会不断修正自己的行为。"

"除此之外呢？"

"有人因为饥荒而变成强盗，四处逞凶打劫，给人们带来巨大痛苦。面对这些，有的官员主张通过强力镇压的方式解决问题，也有的官员会采用赦免教化的方式让强盗醒悟，然后帮助他们走上正途。前一种方法虽然马上能取得效果，但终究杀戮太重，而强盗还会卷土重来；后一种方法则会让强盗改邪归正，过上正常人的生活。"

"在先生看来，生活中的礼都有哪些呢？"

"那就多了。比如，入公门，鞠躬如也，如不容，立不中门，行不履阈；齐必变食，居必迁坐；席不正，不坐；升车，必正立执绥；车中不内顾，不疾言，不亲指。"

"听说先生派弟子观看了我们来鲁国的仪式，不知道有没有违反礼的地方呢？"

"按礼仪说，登台阶必须一步一步走，不能越级，堂上不能快步趋走，国君授予玉器时不需要跪拜。这几项，您都违反了。"

"我倒听说，处在两个门槛之间时，君臣都有一定的位置，君主行一步，臣子行两步；君主来得急速，我因此登台阶时要超越一级，堂上要快步趋走，这样才能及时到位；君主授予玉器时应当卑微，所以我跪拜接受。况且，我还听说礼仪方面'大者不逾闲，小者出入可也'，在大的方面不能超越规范，而小的地方则可以有所出入。"

晏婴告别时，孔子以宾客之礼相送，拜谢晏婴的光临。

看着远去的车子，孔子对身边的弟子称赞道："晏婴先生拯救百姓的生命而不夸耀，用自己的德行补益了三位国君，而不自以为有功劳，果然是贤人呀！"

第三节 大台之役

从鲁国回到临淄，看着雄伟的城墙、繁华的市井、熙熙攘攘的人流，齐景公不禁对晏婴道："还是咱们的都城更有气象啊，鲁国毕竟只是二流小国！"晏婴道："近几十年来鲁国停步不前，确实衰落了。"

临淄城自周初吕尚封齐立国开始，一直是齐国的都城，由近于方形的大城和嵌接于其西南部的小城构成。大城是官吏、平民及商人居住的外城，小城是国君居住的宫城。在小城的西北部有一座桓公台，是当年齐桓公营造的宫室，也是目前齐国的宫殿区所在地。齐桓公称霸时临淄城内有居民四万多户，人口超过二十万，在当时这是一个很大的数字。目前的临淄城，人口数虽然不及齐桓公时期，但也相差不太多，仍然是天下著名的大城市。城内有各种小手工业者的作坊，主要有盐、铁、纺织业、铸造业，还是一座重要贸易交易城市，各国商贾纷纷前来经商，摩肩接踵、川流不息，非常繁荣。

临淄大城内有主要干道十多条，其中两条南北大道与两条东西大道在东北部交叉，形成一个"井"字形，这一带便是都城中最繁华的市井中心。临淄城东临淄河，西依系水，城南、城北均有城壕，总体呈东南高、西北低之势，由自然河流、城壕与城内的陶水管道、小型沟渠、排水干渠和排水涵洞等构成一套完整的排水系统，在当时的世界上属于先进水平。大城和小城设有四处排水道口，设计巧妙、构筑坚固，小型沟渠多为挖建而成，有的用石块铺底，多分布于各建筑区之间，显示了齐国人的非凡智慧和高超的建筑技术。

看着这些，出身于莱国的东夷之子晏婴心中也不禁增添许多自豪感。太公吕尚封齐距今已五百年了，五百年来一代代齐国人以及先后被纳入齐国的各诸侯国的人接续努力，在应对外部挑战的同时辛苦劳作，把这座城市建设得越来越美丽，每一名齐国人都为之骄傲。

回到府中，少作休整，简单吃过饭，晏婴便让人拿来这段时间的公文。鲁国之行虽然没有过于耽搁，但也用了一个多月，其间齐国发生的重要事情，晏婴作为国相，不能不在第一时间予以掌握。

这段时间，齐国的各项事务基本正常，都按照晏婴出国前做出的安排进行着，没有出现大的问题。临淄、莒城、即墨等主要城市都正常运转，百姓安居乐业，没有发生动荡，与邻国的关系也基本正常，边境没有出现摩擦事件。从公文中看到这些，晏婴的心放了下来。

正在这时，有人报告说越石父求见。越石父担任大夫一职后就从府里搬出去，在外面另找了一所房子居住。越石父进来，未及寒暄，便焦急道："国相，主君在城里修了一座大台，您知道这件事吗？"

晏婴诧异道："什么大台？我不知道啊！"

"我想着国相就不知情，不然怎会同意？现在已到冬天，并不是施工的合适季节，强征民役成千上万，自带口粮，许多人还衣服单薄，大家受冻挨饿，已经有几个人撑不住而死去了。这种状况如果不停止，后面死的人会越来越多！"

"到底是怎么回事？你从头仔细说给我听！"

"是这样的，您跟主君出访鲁国这段时间，临淄城内大修高台，就在小城东北部，规模很大，为此拆了很多房屋。这项工程由梁丘据大人负责，据他说这是主君亲自安排的。先修一座大台，之后还要不断扩建，总规模将超过现在的宫殿。"

"这么大的事，主君为何没对我说过？"

"估计主君是故意的，怕您反对，所以偷偷安排，专门在您不在的这段时间开始施工。等您回来生米已经煮成熟饭，再反对也没有用了。"

"现在这个工程已进行到什么程度？"

"房子已拆完，工地平整出来了，材料也已经备齐，正准备开挖基坑。"

"那还好，还有余地。"

大兴土木，劳民伤财，不符合晏婴向齐景公提出的治国理念。晏婴了解齐景公，知道他本性上并不是一个喜欢过苦日子的人，他喜欢享受。想必梁丘据等人正是抓住了这一点，不断怂恿，想把这件事情做成。齐国的情况虽然有了一些好转，可也只是开个头，如果这时候大修宫室，就会向外传递出错误信息，好不容易凝聚起来的人心也会慢慢散掉。晏婴决心全力阻止这件事。

晏婴进宫，求见齐景公。

齐景公回来后有不少大臣进宫问候，齐景公见了不少人，一高兴，齐景公命人设宴，与众人同饮。考虑到晏婴也是刚刚回来，年事已高，家中也有些事情要处理，就没有叫晏婴。听说晏婴来了，齐景公起身相迎。

齐景公居中坐首席，梁丘据本来坐在左手第一的位置上，见晏婴来了，急忙让人撤下自己的座席，换新座席请晏婴入座。晏婴也不客气，直接就座。

齐景公道："国相辛苦劳烦，年纪又大了，寡人就没让他们请国相来。国相来了，正好，咱们君臣一起痛饮。一个多月没跟众卿饮宴，这不算奢靡吧？"

晏婴道："君臣偶尔同乐，不算奢靡。为助主君与各位大人之兴，请让我在这里唱一支歌。"包括齐景公在内，众人从来没听晏婴唱过歌，所以都十分好奇。

齐景公道："寡人还不知道国相会唱歌。那就请国相一展歌喉，以助今日之兴吧！"

晏婴离席，来到厅堂中央。站定，向齐景公施了礼，齐景公在座上还礼。晏婴又整了整衣冠，清了清嗓子，唱了一支《冻水歌》。歌中有两句，晏婴反复吟唱数遍："冻水洗我若之何，太上糜散我若之何。"冰水将冻死我，怎么办？上天要我死，怎么办？唱第一遍时，在场的人还在注意听晏婴的歌声是否美妙。唱第二遍、第三遍时，在场的人开始注意这两句歌词的含义。再唱，在场的人听出晏婴歌声中的悲凄，看到他眼中流出的泪水。

唱毕，晏婴仍站在那里一动不动，偌大的厅堂内鸦雀无声。有不少人低头沉思，大家都知道晏婴为什么唱这首歌了。半晌，齐景公缓缓站起，来到晏婴近旁。

齐景公低声道："国相何必如此呢？您大概是为了建造大台的事，怜惜那些劳工，寡人下令将它停建就是了。"

晏婴拜谢，也不多说什么，重新入座。

从宫中刚回到家，晏婴就听到消息，说齐景公下令将小城东北部在建的高台停工了，工役全部遣散回家，准备的材料也转到其他建设工地，空出的一大片场地，下令先种些树木。这件事情就算过去了，很快传到了鲁国，孔子听了，对晏婴大加称赞。

齐景公对这次的鲁国之行十分满意，鲁昭公、孔子也给齐景公留下了很好的印象。回到临淄后齐景公做出一个决定：将之前通过战争手段从鲁国夺取的一部分土地归还给鲁国，主要是泰山北边的数百个村庄。

齐景公命晏婴与鲁国接洽，完成这件事。鲁昭公自然感到欣喜，派子叔昭伯来接受土地。让晏婴奇怪的是，鲁国方面并没有全部接受。

晏婴不解："我国主君诚心诚意归还土地，为的是齐鲁两国世代友好，为什么不全部接受呢？"

子叔昭伯道："我接受命令时，主君对我说：'诸侯相见，在交往中要多多礼让，把对方看得高贵些，把自己看得卑微些，这才符合礼仪。'我也听说，不全部拿走别人喜欢的东西，不穷尽别人的忠诚，这才符合君子之道。所以，不能全部接受。"

晏婴回到临淄，向齐景公报告了情况。齐景公高兴道："鲁国国君竟如此懂礼仪吗？"

晏婴道："我听说大国贪图名声，小国贪图实在，这是诸侯的通病。如今鲁国不贪图尊位，也不贪图多取，以加深双方关系。鲁国国君的做法不同于世俗，确实值得称赞。"

"寡人喜欢鲁国国君，所以才归还土地。如今他的行为更让人喜欢了，寡人应当派人前去道谢和祝贺。"

"那倒不必。主君因为喜欢而归还其土地，又去祝贺其推辞土地，这样做固然礼数周到，但显得不那么亲近，鲁国国君会认为双方有些生分。"

"国相说得也有道理。"

于是，齐国没有专门派出正式使臣去鲁国道谢，只是在鲁国派人来齐国做礼节性拜访时回赠了更多的礼物，这样的做法十分得体，进一步加深了双方的感情。

第四节　出使吴国

除了鲁国，晏婴建议与吴国、楚国也保持密切关系，这两个国家都是南方大国，跟它们搞好关系有利于为齐国争取到稳定的外部环境。近年来，吴国与楚国的关系很差，时常刀兵相见，但这不影响齐国与它们分别发展关系，从某种程度上说，吴国与楚国的敌对状态也为齐国争取外交主动创造了条件。

二十多年前吴国的季札曾到访过齐国，与晏婴有过深入交谈。从那以后齐国与吴国之间的来往较少。齐景公二十一年（前527）吴王夷昧去世，他的儿子吴王僚继位。吴王僚的叔父季札、吴王诸樊的儿子公子光在吴国都有很大的影响力，与季札不同，公子光不仅有能力而且有很大的政治野心。公子光认为："我父亲兄弟四人，应该传国传到我叔父季札。现在叔父季札不当国君，我父亲是最先当国君的，我就应当继承父亲的国君之位。"齐景公二十三年（前525），公子光率兵征伐楚国，打了败仗。三年后，楚国大臣伍子胥逃到吴国，公子光待以客礼。公子光暗中结纳贤士，准备夺取国君之位。齐景公二十九年（前519），公子光再次攻打楚国，这一次击败了楚军，将楚国前太子建的母亲从居巢接回吴国。公子光又借势北伐，击败陈国和蔡国的军队，吴国一时间兵威甚盛。

晏婴建议此时应主动出访吴国，巩固与这个南方新崛起的诸侯国的关系。吴国都城为吴，即今江苏省苏州市，与临淄相距遥远。齐景公决定自己就不去了，派晏婴为使臣出使。

晏婴到了吴国，先拜见吴王僚。国事活动十分简单，只是礼节性的问候，呈上从齐国带来的一些特产，待离开吴国时，吴王也会赠送若干吴国特产。

因为是晏婴，吴王僚才与齐国来使多交谈了一阵。晏婴在诸侯国之间的名望越来越高，不仅因为他学识过人、见解深刻，而且晏婴忠诚于君主、善于治国，也受到大家的高度肯定，人们都希望与他见上一面，并就治国、修身等进行交谈，认为这是一种荣幸。吴王僚也不例外。国事活动结束后留下晏婴，设宴款待，席间向晏婴请教了很多问题。

吴王僚道："晏先生奉齐侯之命来到我吴国这个偏远贫穷的地方，寡人与吴国士人深感荣幸，期待您的赐教。"

晏子恭敬道："晏婴只是北方一个低贱的小臣，得以奉主君之命来到贵国，唯恐因辞令不周而被议论，实在不知道如何回答大王的问题。"

吴王僚问："在先生看来，什么样的国家可以让人留下来，在什么情况下可以离开呢？"

晏婴没想到吴王首先问的是这个问题，略加思考，回答道："一般而言，受到重用的人以及生活安定的人都不会选择离去，只有受到迫害的人、生活不安定的人才会离开。"

"可有些人并没有受到迫害，生活也很安定，为什么还会选择离去呢？"

"当然也有例外。有人认为自己怀才不遇，受不到重用，觉得自己的治国理念不被接受，这时也会选择离开，前往能施展自己才华的国家。还有就是，在有些地方人们为得到一点点金钱和地位，就不顾亲情，六亲不认，导致秩序混乱，处在这样混乱的地方，有谁不想离去呢？"

"原来如此。经先生一说，顿时解惑。再请问先生，一个国家如何长久地保持强盛呢？"

"国君应先为民众考虑再为自己考虑，先给予而后惩罚；国家强盛时不以暴力欺负弱小，在国家内部，地位高贵的人不欺凌地位低贱的人，富裕的人不傲视贫穷的人；在治理国家时，官员不侵犯百姓，百姓能和谐相处；大国不以强势逼迫别国君主退位，不以武力兼并别国的土地。能做到这些就能保持长久兴盛，而不会衰落。"

吴王僚听了，陷入深思。过了一会儿，对晏婴道："先生说得好啊！齐国逐渐走向强大，寡人知道原因了。"

按照吴国的安排，晏婴也拜访了公子光。这本是礼节性的拜见，却险些酿出外交纠纷。

公子光是一个有想法的人。他也早听说了晏婴的大名，但他并不想向晏婴请教称霸及治国之道。公子光即大名鼎鼎的阖闾，几年后他杀了吴王僚成为吴国君主。他在政治上、军事上都有自己的想法，其他人的治国之策充其量只作为他的参考。

公子光想在见面时故意为难晏婴一下，看看晏婴的反应，如果晏婴反应失当，比如有不知所措或存在明显失礼的地方，那将很快传遍各诸侯国，自己将借机扬名。公子光对负责接待的官员道："我听说这个晏婴很厉害，机敏而善于辩论，通晓礼仪。他来时，负责引导宾客的官员就说'天子请见'，看看晏婴做何反应。"

晏婴来了，引导官果然高声道："天子请见。"晏婴听了一愣，立即停下了脚步，站在那里一动不动，脸上毫无表情。

引导官提高嗓音，再次喊道："天子请见！"

晏婴显出不安，仍然一动未动。

引导官第三次高声道："天子请见！"

晏婴仍不动，对引导官道："我奉我国主君之命来到吴国，拜会吴国大臣，却因为自己头脑不清楚，误至天子的朝廷。请问，这里既然是周天子的居所，那吴王和吴国的大臣还在吗？"

引导官一时语塞，只好改口道："公子光请见。"

晏婴这才进去相见，用的是臣子相见之礼。

这时季札仍活着，晏婴既来吴国，当然要拜访一下老朋友。尽管只是二十多年前见过一面，但始终神交于心。

见了面，二人都很高兴。晏婴奉上自己送给季札的礼物，这是一柄出自齐国知名工匠的佩剑，十分精美。晏婴道："说起剑，还是吴国剑师铸造的最有名。不过，听说上次您出使列国，在徐国失去了心爱的佩剑，这件事广为人知，我便想着为您铸一柄剑，以报答您的恩情！"

季札道："那次路过徐国，徐侯非常喜欢我佩的剑，但没有启齿相求，我因为还要去其他国家，所以当时也未以剑相赠。待归来又路过徐国时徐侯已死，想起之前的相见，我便解下佩剑，挂在徐侯墓旁的松树上。"

"您重情重义，天下人无不佩服！"

"晏子，你也知道奉承起人来了？对了，你说我有恩于你，我怎么有些糊涂呢？"

"是这样的：您上次出访齐国时，我刚向主君辞让了六十座城邑的封地，众人都以为能做到这些已经极不简单了，只有您对我说这样做还远远不够，应该把所有的封地都辞让了，把大夫一职也辞去。当时我有些不解，但还是那样做了。不久后齐国即发生了栾高之乱，如果我没有辞去封地和官职，势必卷入这场政变中。您及时点拨，我才避免了灾祸，所以您对我有恩啊！"

说着，晏婴起身向季札深施一礼，季札起身还礼。

晏婴本想利用这个机会，深入了解一下吴国内部的情况，但发现季札对此并不愿多谈，尤其涉及公子光，季札对这个侄子似乎存有戒心，晏婴也不便多问。二人聊了聊学问上的事，之后晏婴就告辞了。

第五节　激辩楚宫

晏婴离开吴国，没有马上返回齐国，而是向西，前往楚国。与吴国、楚国同时保持友好关系符合齐国的利益。

楚国的先祖鬻熊是芈姓季连部落酋长，在商衰周兴时审时度势，率全族投靠周文王，受到周王室的重视，给予其"子"的封号，臣属于周。进入春秋时期，楚国在楚庄王在位时最为强盛，成为"春秋五霸"之一。

楚庄王即位时还不到二十岁，那时楚国内部矛盾重重，爆发了叛乱。面对复杂的形势，楚庄王以静制动，故意不理国政，实际上在暗中观察情况。即位三年后，楚庄王对政局和各类人物都有了清楚的了解，开始整顿国家。楚庄王重用伍举、苏从等忠臣，打败了前来进犯的庸国，使楚国的势力不断向西北扩展。又任用孙叔敖为令尹，发展社会生产，整顿内政，推行改革，楚国的国力不断上升。

公元前606年，楚庄王讨伐戎人取得大胜。获胜后，为显示军威，楚庄王故意把大军开到周朝国都洛邑的南郊，在那里举行了盛大的阅兵仪式。周定王派王孙满前来慰劳。楚庄王见到王孙满，劈头问道："周天子的鼎有多大、多重？"鼎是周天子权力的象征，楚庄王的意思是要与周天子比比权力大小。王孙满委婉地说："一个国家的兴亡在于德政和仁义，不在于鼎的大小和轻重。"楚庄王继续示威："不要自以为天子有九鼎，我楚国折下戟上的锋刃，就足以铸成九鼎！"面对雄视北方的楚庄王，王孙满绕开话锋，大谈鼎的制作年代和传承经过，最后说："周王室虽然衰败了，但天命没有改，宝鼎的轻重不能随便过问！"楚庄王这才冷静下来。公元前597年，楚庄王派出三支精锐部队同时北伐，包围了郑国的国都。晋国闻讯救援郑国，楚军将晋军打败；楚国军威大振，楚庄王成为新的霸主。

但楚国的称霸势头未能长久保持，北方有晋国，南方有吴国，它们的强大对楚国构成了威胁。楚国先后败于晋国、吴国，不再是天下盟主，但大国的底子还在，国土面积也十分广大，在各诸侯国中仍有举足轻重的分量。

齐景公八年（前540），楚灵王即位。楚灵王立志兴霸，雄心勃勃，他几度大规模对吴国用兵，但败多胜少。楚灵王连年穷兵黩武，遭到内部广泛反对。楚灵王是楚共王的儿子。楚共王有五个儿子，死时长子楚康王即位，楚康王死后儿子熊员继位，可他却被二叔公子围杀死，公子围成为国君，即楚灵王。与此同时，楚共王的三儿子公子比逃到晋国，楚国只剩下楚灵王与公子弃疾。齐景公十九年（前529），楚灵王领兵在外，流亡在晋国的公子比与公子弃疾结盟，趁机返回楚国，夺取王位，也就是楚初王，楚灵王则死在了外地。当时消息闭塞，人们不知道楚灵王已死。有人劝楚初王杀死弟弟弃疾，楚初王不忍。公子弃疾放出消息说楚灵王已经回来了，楚初王担心受辱，于是自杀。就这样，公子弃疾成为楚国国君，即楚平王。

楚平王即位后一反楚灵王的做法，采取休养生息的政策。楚平王"息民五年"后政局日趋稳定，国势也渐渐恢复。但是，楚平王热衷享乐，忠奸不分，听信佞臣费无极，杀害忠臣伍奢、伍尚，迫使足智多谋的伍子胥逃往吴国。而在与吴国的战事中，楚国又接连失败。

晏婴此次出访，楚国也十分关注。晏婴先去了敌国吴国，楚平王颇不高兴，认为轻慢了自己。晏婴还没到楚国前，楚平王先想好了几个办法，要给晏婴一些难堪。

楚国的国都是郢，在今湖北省荆州市荆州区。晏婴一行到达这里时遇到了前来迎接的楚国礼仪官。按照礼仪，齐国使团将在楚国礼仪官的引导下进入郢都城门，即便没有隆重的欢迎仪式，也应该大开城门，让使团堂堂正正地入城。

然而，晏婴来到城门处，却发现城门紧闭，而在大门旁边不远的地方有一个新开凿出来的小门。这扇门不高，还没有晏婴的个子高，普通的成年人即便弯着腰也很难进去，要想进，只能爬行。原来，楚平王听说晏婴个子矮，就想出了这个主意，意图对其羞辱。

礼仪官向晏婴做出"请"的姿势，所有人的眼睛一下子都瞅向了晏婴。晏婴也马上明白了将要发生的事，知道这是蔑视和羞辱，而且不仅仅针对自己，更针对齐国。如果晏婴这时表现得很愤怒，那将使两国之间产生矛盾，这对齐国是不利的；如果晏婴忍辱负重，从这个"狗洞"里爬进城，那齐国的尊严将受到极大伤害。

晏婴笑了笑，对礼仪官道："我听说，出使狗国的人从狗门进城，出使人国的人从人门进城！"声音不大不小，远处的人或许听不清楚，但近旁的人都听清了。楚国官员一脸尴尬，齐国使团的人则为国相的机智在心中叫好。

楚国礼仪官除尴尬外，还顿感为难。对于晏婴可能做出的各种反应，楚国官员事先已有了种种准备，但晏婴这软中带硬的反击却不在准备的预案之中。楚平王已有交代，不准晏婴由正门进城，可晏婴看样子又拒绝从"狗门"进去，而且没有恼怒，一脸笑意，这就让人不好办了。

礼仪官做不了主，想去向楚平王汇报再说。可这时城门已在楚平王的严令下关闭了，任何人无权下令将城门打开。礼仪官"急中生智"，干脆从"狗门"爬了进去。看到这个景象，齐国使团里的人再也忍不住，扑哧笑出声来，若不是晏婴及时用目光提醒，他们估计会哈哈大笑起来。

听了报告，楚平王吃了一惊。楚平王想："这个晏婴，果然是一位机智聪明的人啊！"僵持下去不是一回事，城门处人聚得越来越多，人们不会笑话齐国使团，会嘲笑自己。楚平王赶紧下令，准许齐国使团从正门进城。

晏婴来到楚国宫殿，宾主双方见过礼。晏婴表达了此次出访楚国的来意，转达了齐国国君的问候，呈上带来的礼物清单。楚平王还了礼，请转达他对齐侯的问候。此次国事活动的主要内容也就结束了。这时楚平王看了一下站在那里的晏婴，仔细打量着他，还有很多的好奇。

楚平王突然发问："齐国难道没有人了吗？"这句话有些莫名其妙，但在场的大多数人都听出了话中的含义：齐国没有像样的人吗？怎能让一个矮子出使楚国？

晏婴仍没有生气，而是平静地说："临淄城里有三百个里巷，人们展开衣袖就可以遮天蔽日、挥汗如雨，街上的人肩并肩排列、脚挨脚相继而行，怎么能说没有人呢？"

"既然如此，为什么派先生做使臣呢？"

"在下不知大王此话何意？"

"还不明白吗？使臣代表国家，是国家的颜面，既然齐国不缺人，为何派你这么个又矮又丑的人出使我楚国？"

"哦，大王原来是这个意思。请允许我禀告大王：齐国向别国派遣使臣，会根据出使对象的不同选择使臣，贤能的人出使到贤能的君王处，不贤能的人出使到不贤能的君王处。我晏婴最不贤能，所以只好出使楚国了。"

此言一出，满座皆惊。

楚平王内心十分愤怒，恨不得下令将这个讨厌的人拉出去砍了。但他强压住怒火，眼前的这个矮子不是普通人，在各诸侯国之间拥有巨大声望，是他万万不能加害的。而且，事端由他而起，对方只是反击，自己如果反应过度，将会惹天下人耻笑。

想到这里，楚平王笑了，态度很温和。楚平王客气了几句，然后说明天晚上将摆下酒宴，宴请齐国使团一行。

次日晚，楚宫内灯火通明。

宴会在欢快的气氛中进行，仿佛昨天没有发生过任何不快。楚平王频频举杯向晏婴劝酒，晏婴也向楚平王敬酒，说了许多赞美的话。

正在举杯畅饮之际，忽然见几名侍卫押解着一个犯人走来。晏婴见状，虽不知道这名犯人是谁，但意识到或许又是楚平王制造出来的一个"插曲"，于是警觉地看着眼前发生的一切。

侍卫向楚平王报告："我们刚刚在外面抓住了一个贼，此人已经全部招供。据这名贼人讲，他是齐国人。请大王明示，该怎么发落？"

楚平王手中正举着酒杯，听完报告，立即带着诡异的笑容朝晏婴道："晏先生，你们齐国人是不是天生就爱做盗贼呢？"听到这带着嘲讽的话，晏婴没有立即做出分辩，也没有从正面来回答楚平王的问题。

晏婴道："这怎么说呢？举个例子吧：橘树生长在淮河以南，就叫橘子树；如果生长在淮河以北，就叫枳子树。橘子树结出的果实香甜可口，惹人喜爱；而枳子树结出的果实又干又苦，没有人理会。同样的一种树，为什么会结出两种完全不同的果实呢？其实不是树的原因，而是生长的地域环境不同。"

楚平王似乎听懂了，似乎又没有听懂："先生说这些，与这名盗贼有关系吗？"

晏婴道："有啊。站在这里的这个所谓的齐国人，他在齐国不偷盗，却在楚国偷盗，很可能是受楚国人偷盗成风的环境影响所致。这就怨不得他了，因为其他国家的人来到楚国，很可能也会跟着楚国人学会偷盗。"

晏婴说完，一脸笑容地看着楚平王，又将目光环视一遍殿内的人们，那些楚国大臣虽然很生气，却一时无话可说，没有人站出来反驳。楚平王愣了一下，转而哈哈大笑，以此掩饰尴尬。楚平王命人将那名"齐国贼人"带下去，继续饮宴。

楚平王平时也没有太多追求，因而对晏婴的治国之策兴趣不大，只有他的儿子子期对晏婴十分崇敬，问了晏婴一些治国方面的问题。晏婴根据自己的见解做了回答。比如，子期问："有没有那样的士人，不辅佐君王，不抚恤百姓，只是过着自己的小日子，凭借这些就能博取名声？"晏婴回答："有能力辅佐君王、抚恤百姓，却不去做，这叫作不仁。我还没有听说过不仁的人能博取名望的。"

这次出使楚国，气氛虽然没有出使吴国那么友好，但也没有发生严重的矛盾，楚平王并没有与齐国为敌的意思，为难晏婴，只是想引起齐国的注意，让齐国在对待楚国、吴国时一视同仁。晏婴返回时，楚平王命人准备了丰盛的楚地特产，再次表达了对齐景公的问候。

总体来说，晏婴对吴国、楚国的访问都取得了成功，加深了与这两个南方大国之间的关系。未来即便无法成为盟友，至少也不会成为敌人，能达到这样的目的，对齐国而言也应该满意了。

第八章

齐宫风云

第一节　祝祷

晏婴回到齐国，将出使吴国、楚国的情况向齐景公做了详细汇报，齐景公听完非常高兴。晏婴注意到，几个月没有见，齐景公的气色非常不好，一脸憔悴。

晏婴关切地问："主君病了吗？"

齐景公道："唉，寡人生了疥疮，后来又患了疟疾，这两种病都没有好，已有一段时间了。"

"请主君保重身体，遵医生之嘱，慢慢养病！"

"好吧，国相也保重。"

又过了一个月，齐景公的病仍没好。这一天，齐景公把晏婴、梁丘据叫来，还有大臣会谴，对三人道："我的病看来不轻，几个月了还没好。我派史固、祝佗去各地祝祷，巡视山川宗庙，为此准备了大量祭祀用的牛羊牲畜以及玉器，数目多于先君桓公。桓公用一份祭品，我就用两份。可病仍不能痊愈，反而加重了，看来上天仍在生气。我想杀掉史固、祝佗以取悦上天，可以吗？"

梁丘据、会谴均道："可以。"

晏婴却道："不能！"

齐景公问晏婴："为何不能？"

"主君认为祝祷有用吗？"

"有用。"

"如果认为祝祷有用，那么诅咒也就有害了。我听说，在有些地方仍存在官吏治理失法的问题，引起众人怨愤。从聊、摄以东，到姑水、尤水以西，这一带人口众多，而百姓怨愤最重，他们心中暗自诽谤，诅咒主君。成千上万的人在诅咒，只有两个人在祝祷，虽善于祝祷，也无法胜过。上天如有神明，那就不可以欺骗；上天如果不神明，那祝祷也毫无用处。所有这一切，还希望主君明察。惩罚无罪的人，正是夏商两朝灭亡的原因啊！"

"国相说得有理，解答了寡人心中的疑惑！"

齐景公下令不追究史固、祝佗的责任，命他们返回临淄。齐景公也承认，最近在地方治理以及外交方面确实出了一些问题，他接受了晏婴的观点，认为自己之所以生病，齐国内政外交还有不足才是根源。晏婴出访的这几个月里地方治理交给了会谴，与各诸侯国的外交事务交给了梁丘据。二人在能力上比晏婴差了不少，这些齐景公也有很深的感受。当着二人的面，齐景公宣布地方治理、外交事务等仍由晏婴负责，梁丘据、会谴协助。

齐景公想起一件事，对晏婴道："先君桓公认为管相国最得力，将狐城、谷城赏赐给他。赏赐忠臣，才能得到更好的忠臣。国相是如今的管相国，是齐国的忠臣，此次出使又大获成功。为此，寡人准备将州款城赏赐给您，这次千万不要再推辞了！"

晏婴仍推辞道："管相国的美德，晏婴不如；管相国有一项不足，晏婴却不忍效仿。管相国的不足就是轻率地接受了封地。"在晏婴的再三推辞下，这件事只得作罢。

过了十多天，齐景公的病虽然稍有些起色，但仍看不到痊愈的希望。晏婴在外面忙碌着，每天都要处理许多大大小小的事务，但仍时常抽时间进宫，探望齐景公的病情。

这一天，会谴先来探病。齐景公在病床上说道："寡人背上长的这些疮，很难受，但寡人看不见。你来摸一下，看看究竟是怎样的。"齐景公趴下，命侍者除去上身的衣服。会谴上前，摸了一下疮口。

齐景公问："摸着热吗？"

会谴回答："热。"

"有多热？"

"像火一样。"

"什么颜色的？"

"像没有成熟的李子。"

"大小如何？"

"像散开的豆粒。"

"下陷了吗？"

"像踩踏过一样。"

会谴刚走不久，晏婴也来探病。晏婴行臣子之礼，站在那里问候病情。齐景公道："国相可以靠近些吗？"晏婴上前，来到病床前。齐景公又命晏婴抚摸背上的疮，晏婴叫侍者拿来水盆、毛巾，洗了手，再上前小心地触摸。

齐景公问："发热的程度怎样？"

晏子回答："像烈日。"

"是什么颜色的？"

"像青色的玉。"

"大小如何？"

"像玉璧上的凸起那样大小。"

"下陷的地方是怎样的？"

"像珪。"

齐景公道："刚才会谴说的，跟国相说的完全不同。"于是把会谴刚才的回答说给晏婴听。晏婴笑道："其实我们二人说的是一回事，只是用作打比方的东西不同。如果是普通百姓，会谴的回答没有问题，豆子、李子是百姓常见的。而对主君，玉璧、珪更好理解。"

齐景公一听，也笑了："还真是这么回事。"

晏婴道："主君生病，马上就满一年了。各诸侯国知道主君病了，纷纷派人来慰问。之前主君没有杀史固、祝佗，但梁丘据、裔款认为，诸侯们不知内情，恐怕还会说我们对鬼神不敬，所以仍提出杀史固、祝佗以谢众宾客。"

"国相怎么看？"

"微臣还是之前的看法。当年齐国与宋国会盟时，屈建曾经向赵武询问范会德行如何，赵武说：'范会把家族中的事情处理得很好，在晋国说话，可以尽情言说而不用有所隐瞒，他的祝史祭祀鬼神的时候可以向鬼神诉说实情而内心一点也不觉得惭愧；他治理家族中的事情坦荡而没有什么可猜疑，所以能受到鬼神的庇佑，因而他的祝史不用费尽心思为他祈求。'屈建把这些话告诉康王，康王说：'神灵和人民都没有怨言，能够光耀宗族辅佐五个国君的人只有范夫子才是最合宜的，完全可以成为各路诸侯的盟主了。'"

"国相说这些，想强调什么呢？"

"微臣想强调的是，如果是有德行的国君，朝廷内外的事务都不会被荒废，全国的民众都没有怨恨，行动上没有违背德义的事，他的祝史向鬼神祭献贡品陈说事实的时候就没有什么愧对良心的了。所以鬼神都来享用他的祭品，国家也能受到神灵的福佑，这是祝史参与打理的。他们之所以能够子孙繁衍多福多寿，是因为他们是诚实守信的国君的遣使，是他们对鬼神说出了诚实可信的话。如果他们恰巧遇到荒淫昏聩的君王，朝廷内外偏颇邪恶，举国上下相互怨恨，做一些邪僻而违背常理的事，放纵欲望满足私心，建筑高台挖掘深池，整日沉浸于歌舞奏乐之中，随意斩杀摧残百姓而竭尽民力，搜刮聚敛掠夺百姓的积蓄，以致形成了违逆仁义的错误行为，不知体恤，肆意行事不守法度，无所顾忌，不去思虑别人的怨恨和诽谤，不忌惮鬼神的报应，因此使鬼神愤怒、百姓痛恨，可他们心里却不知悔改，这时他们的祝史向鬼神祭献说出真实的情况，这就是在述说君王的罪过；如果掩饰这些过失而只说君王的好事，那就是欺骗鬼神；进退两难之中，真话假话都不能说，那就只好说一些虚空的话向鬼神讨好，鬼神有知，所以不会去享用他们的祭品，还会给他们的国家造成灾祸。出现后面说的这些情况，也有祝史的原因，所以他们的子孙后代就会出现夭折、愚昧、孤寡和多病的情况，他们有如此下场，是因为他们做了暴君的使者，他们所说的话是在欺诈轻侮鬼神。"

齐景公听了，一时沉默。齐景公听懂了晏婴话中的意思，祝史是遵照国君命令行事的，代表的是国君，祝史如果有罪，其实罪在国君。齐景公不再提杀人的事，而是安心请医生治病。

又过了几天，晏婴进宫探病时发现齐景公的气色好了很多。

齐景公却道："昨天晚上寡人做了一个梦，梦见寡人居然与两个太阳相斗，寡人无法取胜。国相帮寡人解解梦，这是不是预示着寡人的病再也好不起来了？寡人是不是快要死了？"

晏婴道："臣不精通解梦，无法回答主君的问题。要解梦，请找占梦师。"

齐景公命人去召占梦师，晏婴也告辞出来。晏婴来到宫门口，在那里等着。过不多时，有车子载着占梦师来了。晏婴将他叫住，拉到旁边跟他说话。

占梦师有些好奇："国相大人有何吩咐？"

晏婴悄悄道："昨夜主君梦见自己与两个太阳相斗，无法取胜，主君怀疑自己将要死了，所以召你来占梦。"

"原来如此，那我回去取占梦书。"

"不必，主君的梦我能占。主君一直生病，病理属阴，太阳属阳。梦中的情景是一阴战二阳，而一阴无法战胜二阳，预示着主君的病快好了。你进去以后，就这样回答。"

占梦师进去，齐景公将自己的梦境又重复了一遍。占梦师道："主君所患之病属阴，太阳属阳，一阴不能战胜二阳，主公的病快好了。"齐景公不敢完全相信，但之后病情果然大为减轻。齐景公大喜，又召来那个占梦师，加以厚赏。

占梦师道："这不是我的本事，是国相教我的。"

齐景公又让人传召晏婴，也要赏赐他。

齐景公道："国相不是说过不精通占梦嘛，为何占得如此之准？"

晏婴道："其实道理就是那样的，非常简单，占梦师那样回答，主君听了肯定感到心情轻松，心情一好，有利于治病。可是这些话如果是我说的，主君一定会认为是我编出来哄您开心的，就不会相信。我让占梦师说，主君深信不疑，病情很快就减轻了。这还是占梦师的力量，没有我的功劳。"

齐景公对二人都进行了赏赐，称赞晏婴："国相不争夺别人的功劳，不掩盖别人的才能，这一点值得众人好好学习啊！"

第二节 社鼠与猛狗

齐景公之前放弃了在临淄小城里修建新宫殿的想法，但那边空出了一大片地，看着总觉得有些浪费，于是悄悄命人在那里修了一座规模较小的高台。这件事晏婴是知道的，但这一回他没有进谏阻止，一来这座台子不算大，工程量有限；二来经过观察，晏婴发现齐景公近年来基本能约束住自己，不好大喜功，也不怎么有劳民伤财的举动了。

可是，这座台子建成后齐景公从来没有登临过。负责修建这座台子的是大臣柏常骞，他有些着急，担心自己没有修好，令齐景公不满意。

柏常骞问齐景公："主君想建台时很着急，台子建成了，主君为何不登台呢？"

齐景公道："是这样的：我听见有猫头鹰在台上叫唤，声音时而凄厉，时而悲伤，时而高亢，什么声音都有，我觉得很讨厌，因此不想登台。"

"这是灾兆，不过我有办法禳灾。"

"什么办法？"

"建一间新屋，屋里放上白茅，便可禳灾。"

齐景公于是命人修建了一间新屋子，在屋里放置了白茅，柏常骞便在深夜到屋里去禳祭。

第二天，柏常骞问齐景公："主君昨晚又听到猫头鹰叫了吗？"

齐景公道："只叫了一声就听不见了。派人去看，发现猫头鹰落在台阶上，翅膀张开着，伏在地上死了。"

"恭喜主君，此灾已除！"

"先生既然有如此强大的法术，能不能为我增加寿命呢？"

"能。"

"能增加多少？"

"天子能增加九岁，诸侯能增加七岁，大夫能增加五岁。"

"太好了！如果能给寡人增加七岁的寿命，寡人要好好封赏你！"

柏常骞于是开列了一长串为增加寿命而需要的东西，里面也没有什么名贵的，只是奇奇怪怪，显得很神秘。齐景公的心思全在延续寿命上，命人马上去办。

柏常骞把自己关进一间更大的屋子里，不许外人进去，在里面施展"法术"。过了几天，柏常骞出来，对齐景公道："再次恭喜主君，延寿已成，主君可以增加七岁的寿命！"齐景公欣喜异常："先生为寡人增寿，其功甚大，寡人要大大封赏你！"正要说如何奖赏，突然想到一件事，对柏常骞道："先生说增寿成功，那天神一定会有所表示吧？"柏常骞道："有。增寿成功，大地将震动。"齐景公道："待大地震动时寡人将召集众臣，当众宣布对先生的封赏！"

柏常骞从宫中出来，路上遇到晏婴。柏常骞慌忙下车，在路边揖拜。晏婴见柏常骞一脸兴奋的样子，便问："柏大人从哪里来？"柏常骞道："刚从宫中来。进宫为主君请寿。"晏婴一愣："请寿？这是怎么回事？"柏常骞便向晏婴说了刚才与齐景公的对话。

晏婴听完，脸色一变。

晏婴厉声道："柏常骞，你干的好事！昨天夜里我观察天象，见维星消失，枢星散乱，预示着大地将有震动，你是不是也看到了？"

柏常骞一窘，低头道："是的，看到了。"

"你预先知道大地会震动，于是故意编出所谓增寿的鬼话，以此邀功请赏，我说得对吗？"

柏常骞的头更低了，不敢看晏婴。

"仅就这一点，我若告诉主君，你就得被砍头！"

柏常骞吓得扑通一声跪倒，哀求道："国相饶命啊！"

"要想活命，你得听我的。"

"一定听，请国相吩咐。"

"我不揭穿你，你见到主君时，对主君说：要想延寿成功，宫里除了刚修好的那座台子外，不能再动土木。另外，大地震动之后，有些地方会受灾，你要建议主君对这些地方的百姓免税并加以抚恤，这样天神才会高兴，延寿的事才能万无一失。"

"我一定按国相吩咐的去说。"

过了几天，齐国东部某地果然发生了一次地震，齐景公大为高兴，认为柏常骞果然有法术，准备加以封赏。柏常骞却一反常态，将封赏给自己的土地全部推辞掉，将其他赏赐的东西都散给地震灾区的百姓，还建议齐景公对受灾的百姓加以免税，并从府库中调拨粮食、衣物等物资予以抚恤。齐景公全都答应了，对柏常骞进行了夸奖。

齐景公登上新台，他很喜欢这座高台。台子虽然不算很宏伟，但在临淄城中也是一个制高点。站在台上，远处近处都一览无余，尤其是夜晚，城里星星点点的灯火更织出了一幅如仙如梦的画卷。

这一天是齐景公的生日，为庆贺，齐景公下令在台上设宴，齐国重要大臣都到场。在晏婴的主政下，齐国内政、外交逐渐走上正轨，大家都很高兴，于是君臣畅饮，气氛融洽而欢快。

正在这时，隐隐约约传来哭声，声音虽不大，但在场的人都听到了。这是一个年轻男子的哭声，哭得十分凄切。

齐景公放下酒杯，问道："快去看看，是什么人在哭？"

有侍者刚要去看，被梁丘据叫住了："不必去了，我知道是谁在哭。回主君，哭的人名叫鞠语，曾拜鲁国孔丘为师，明晓礼乐，对服丧的礼仪格外重视。三年前他的母亲死了，他用隆重的仪式厚葬了母亲，虽然已服丧三年，但仍时常悲哭。他家就在宫外不远处，之前没有高台，有高墙阻隔，他的哭声传不进来。现在登上高台，遇顺风时哭声就会传过来，因此可以听到。"

齐景公道："原来如此。这是个孝子啊，其孝行值得称赞！"

梁丘据道："主君仁慈！确实是孝行，应加以宣扬。"

晏婴起身道："我看未必。"

齐景公道："国相不觉得能这样做实属不易吗？"

晏婴道："自古以来，圣人们不是不知道用烦琐的礼仪来规范人们，不是不知道推行各种仪教来教化民众，只是因为这些烦琐的礼仪让人劳累，所以圣人制定礼仪时以人们行事方便为原则。圣人不会同意劳累身心、竭尽国力来供奉死者，不会赞同在服丧期间长时间地悲痛哭泣，因为这样做对死者并没有补益，反而会深深伤害活着的人。所以，不用这套东西来教化百姓。"

齐景公道："还是国相说得对。礼仪固然重要，但不能烦琐；孝行固然重要，但应当适度。"

梁丘据道："虽然这样说，但鞠语的做法也让人感动，加上他是鲁国孔丘的弟子，主君还是应当召他来加以表彰。"

晏婴看了梁丘据一眼，没说什么。君臣继续饮宴，把这件事放到了一边，只是偶尔仍会听到几声哭声。晏婴眉头紧锁，心中不快。

宴会结束，众臣离去，晏婴留了下来。齐景公知道晏婴有话要说，于是待众人走后，缓步来到高台上的露台，晏婴跟了出来。

凉风轻拂，黑夜沉沉，临淄城中的灯火已经不多了，点点星星，陆离斑驳。齐景公兴致很好，指着远处的灯火道："国相请看，这像不像天上的繁星？"

晏婴道："国家稳定，百姓安宁，向主君致贺！"

"齐国能有这样的局面，国相出了大力啊！"

"微臣不敢居功。这都是主君圣明、齐国百姓勤恳劳作所致。"

"国相，我一直以来都有个疑问：一个国家，如果拥有能力很强的大臣，可以完全依靠他们吗？一个家庭，如果有能力很强的兄弟，可以完全依靠他们吗？"

"不能。"

"为什么？"

"说到能力强的臣子，没有谁能比得上商汤；说到能力强的兄弟，没有谁能比得上夏桀。可是，商汤最终杀死了他的国君夏桀，夏桀最终迫使他的兄弟逃亡。"

"寡人明白了，重要的不是能力，而是忠诚。"

"是的。如果没有忠诚，没有高尚的品德，能力越强反而越危险。"

"在寡人的身边，目前最危险的是什么？"

"是社庙中的老鼠。"

"哦，什么意思？"

"社庙的房屋通常是在里面捆着木板、在外面涂抹泥土修建的，老鼠看到，便在里面掘巢做窝。要驱走老鼠，用火熏烤的话，担心烧毁木柱；用水浇的话，又害怕冲毁泥土。这些老鼠之所以无法驱除，不是它们多厉害，是因为社庙本身有缺陷。国家也有这样的老鼠，也就是主君左右的小人，他们对内遮掩恶行，对外卖弄权术，不驱除他们国家就会陷入混乱。然而，驱除他们又困难重重，这些人就成为国家的社鼠。有一个卖酒的人，装酒的器具很干净，门前

206

的招牌很醒目，但他的酒放酸了也卖不出去。他问乡邻是什么原因，乡邻说："你家的狗太凶猛了，提着酒罐进你的店铺，想要你家的酒，狗却迎面扑咬，谁还敢去你家买酒啊？'国家也有这种凶猛的狗，那些手握权力侍奉您的人中就有。有才能的人想求见主君，而那些手握权力侍奉您的人就迎面扑来咬人，这就是国家的猛狗。左右的人是社鼠，掌权侍奉您的人是猛狗，您怎能不被蒙蔽呢？"

齐景公听完，心情沉重起来。齐景公望着黑夜中的临淄城，思忖着晏婴刚才说的每一句话。近年来，在重用晏婴治国理政的同时，他的确也宠信了一批人，从梁丘据到柏常骞、会谴、艾孔，他们都忠于自己，时刻都在讨着自己的欢心，但不得不承认，他们正是晏婴所说的社鼠和猛狗。

第三节 "二桃杀三士"

　　齐景公沉默了许久，没再说话。夜风愈加凉了，吹得台角上的旌旗扑啦啦作响。想说的话已经说了，晏婴打算告退。

　　"主君，夜露已升，寒气甚重，您刚刚大病一场，还是多加珍重，早些歇息吧。微臣告退。"

　　"不着急。寡人还有些话要跟国相说。"

　　"请主君吩咐。"

　　"咱们进内室说吧。"

　　齐景公在前，晏婴在后，二人进到屋内。高台式建筑的特点是在土台上建房，既高大威严又视野开阔，利于防卫。高台通常体量巨大，台上可建宫殿。正厅一般用来议事或举办宴会等活动，后室则用来居住。齐景公领着晏婴来到正厅后面的一间幽室，这里没有侍者，也没有宽大的窗户，关上门，只剩下君臣二人。

　　"国相请坐。"齐景公坐下，示意晏婴在一侧的座席上也坐下，两个座席相距不远。

　　"国相刚才说到社鼠、猛狗，寡人深以为然。猛狗固然可以看家护院，但咬起人来也相当凶残，如果咬到了主人，那就罪恶深重了！"

　　晏婴闻言吃了一惊："主君何出此言？"

　　"国相可知公孙接、田开疆和古冶子？"

　　"这三位不是主君宠爱的武将吗？"

　　"正是。这三人勇猛异常，如同猛狗。寡人确实很宠爱他们，但他们都有一个共同的毛病，那就是居功自傲，浑身都是戾气。之前倒不觉得有什么，猛将嘛，难免有些骄傲。可最近以来寡人发现他们三人变得难以约束，在寡人面前也越来越缺少恭敬。寡人让梁丘据暗中去查，发现他们个个野心都不小，私下里跟大臣们来往密切，还在军中拉拢部下，培植个人势力。长此以往，恐怕会影响齐国江山社稷的稳定啊！"

"武人过问政治，必然是国家大患！"

"确实如此。但他们没有明显的过失，世人也皆知他们一直受寡人宠信，所以不好直接打压。梁丘据建议悄悄将三人抓捕，然后杀了，对外称他们谋反。但寡人以为这几个人虽然骄悍，却没有什么大的罪过，谋反之说恐世人难信，一下子把他们都除掉，难以服众。而且，这三人在军中已有一定的势力，做得若不周密，恐引起军中哗变。既要解决问题，又不能引起混乱，请国相想想办法。"

"臣领命。可否容臣考虑一下，再来禀报主君？"

"好。不过得抓紧，梁丘据大概行动得不够谨慎，已引起三人的警觉，时间拖得越长越不利啊！"

齐桓公时，管仲作为齐国国相曾直接参与军队事务，比如他提出的"乡里建设"构想，把齐国分为十五个乡，每乡分为十个连，每连分为四个里，每里分为十个轨，每轨由五户构成。在此基础上，每户征兵一人，每个乡征兵两千人，把五个乡的兵源集中在一起就是一万人，编为一个军，这样齐国一下子就有三个军的常备军，而且都牢牢抓在国君的手中，这成为齐桓公称霸的最重要的资本。

晏婴作为齐国国相，齐景公也让他参与军队里的事，但晏婴却较少插手。晏婴知道现在的主君不是当年的齐桓公，自己也不是管仲。现在这位主君虽然曾是自己的学生，对自己也十分敬重和信任，但在气量上比齐桓公差得多。经历过权臣当道，在君权式微的阴影下度过多年岁月，这位主君深知军队的重要性，所以必须由他自己来掌握，任何人都不能插手。晏婴明白这一点，通常不过问军队里的事，只是当军队需要武器、粮食、服装等物资时想办法予以全力保障。

晏婴思考着齐景公交代的事，盘算着该怎么办。现在看来，齐景公在军队控制上出了问题，这是个大问题，处理不好将影响齐国的安危。于今之计，就是要果断清除军中的这几员悍将，另选忠诚可靠的将领统率军队。

过了两天，晏婴进宫对齐景公道："臣听说，圣明的君王蓄养勇猛之士，对上要有君臣大义，对下要有长幼伦常，对内可以制止暴乱，对外可以威慑敌军。国家因为他们而有了安全保障，臣民对他们的勇气感到钦佩，所以国家给予他们很高的地位，增加他们的俸禄。可是，现在主君蓄养的公孙接、田开疆和古冶子等武士对上没有君臣大义，对下不讲长幼伦常，对内不能制止暴乱，对外不能威慑敌军。这几位不过是祸国殃民之人，不如下决心尽快除掉。"

齐景公考虑了半晌，说道："既然国相跟梁丘据都这样认为，寡人也同意。只是这三个人极富勇力，在军中也有一定的势力，硬拼恐怕不成，刺杀也怕难以奏效，得用一个稳妥的办法才行。"

晏婴道："办法微臣已经想好了。"于是向齐景公说出了自己的办法，齐景公连连称妙。

这一天，临淄城外的军营里，公孙接、田开疆和古冶子又聚在一起。最近以来三人都察觉到有人在暗中调查自己，也都猜出是齐景公所指使，这让他们很不安，今天凑在一起就是想商量一个对策。

毕竟是武夫，打仗、杀人不眨眼，说到阴谋诡计却不在行。他们恃宠而骄，从不把别人放在眼里，但他们知道这种宠信来自哪里，所以对齐景公向来绝对服从，让他们做出任何对齐景公不利的事，他们连想都没有想过。现在，要对付的人恰恰是齐景公，他们一下子蒙了。

正不知所措时宫中有人来了，说齐景公有东西赏赐给他们。三人很高兴，慌忙出来迎接。

宫中一名侍者道："有人给主君进贡了桃子，又大又甜。主君念你们有功，特意赏赐给你们。"说着，将一只精美托盘拿出来，托盘上是两只很大的桃子，一看就熟透了，十分诱人。见齐景公对自己仍然很宠信，三人高兴异常，可很快发现了问题。

公孙接问道："我们是三个人，这里只有两只桃子。主君不知道我们有三个人吗？"

侍者道："主君知道你们在一起，但只有两只桃子。"

田开疆问："那怎么分啊？"

侍者道："主君说，你们三个人可以按照功劳大小来分吃这两只桃子。"

公孙接抢先道："我公孙接曾打败过野猪，又曾经打败了正在哺乳的母虎。像我公孙接这样的勇力，可以单独吃上一只桃子，而不用与别人分享。"说完，拿走了一只桃子。

田开疆接着道："我手拿兵器，接连两次击退敌军。像我田开疆这样的功劳，也可以单独吃上一只桃子，而不用与别人分享。"说完，也拿起了一只桃子。

看着托盘里没有桃子了，古冶子不服："我曾经跟随主君横渡黄河，一只大鳖咬住主君车驾左边的马，拖到河流中间。危急关头，我潜到水里，顶住逆流，潜行百步，又顺着水流潜行了九里，最后找到那只大鳖，将它杀死。我左手握着马尾巴，右手提着大鳖的头，像仙鹤那样跃出水面。渡口上的人看到这一幕都极为惊讶，以为河神出来了。像我古冶子这样的功劳，也可以单独吃上一只桃子，而不用与别人分享！你们二人为何不把桃子交还给我？"说完，古冶子抽出宝剑，对二人怒目而视。

公孙接、田开疆见状道："我们比不上您勇敢，功劳也比不上您，却在您之前拿起桃子而毫不谦让，这就是贪婪；如此贪婪，却依然恬不知耻地活着，还有什么勇敢可言？"二人交出桃子，接连刎颈自杀。

古冶子看到这种情形，说道："他们两个都死了，唯独我古冶子活着，这是不仁；用话语羞辱别人，吹捧自己，这是不义；悔恨自己的言行，却不敢去死，这就是无勇。我是一个不仁、不义、无勇的人啊！话虽如此，他们二人如果同吃一只桃子，也是恰当的；我独自吃上一只桃子，也是应该的。"一边喃喃自语，一边露出羞惭之色。古冶子最后也刎颈自杀。

侍者回宫，报告给齐景公："他们三个人都死了。"齐景公派人来到军营，用上等棺材，按勇士待遇将三人安葬。

晏婴来了，齐景公有些忧伤道："这三个人都死了。两只桃子杀了三名勇士，这是不是寡人的阴谋？"

晏婴道："这不是阴谋，是阳谋。这三位勇士没有认清自己的角色，违背了应该承担的责任和义务。他们的勇猛，应该表现在与敌人的战斗中，这才是勇士应该承担的责任。他们现在骄傲自矜，目中无人，意图用威猛来获得别人的赞誉与钦佩，甚至到了危及国家安危的程度，这就犯了大错。主君不必为此自责。"

第四节　折冲樽俎

　　有晏婴辅政，齐国国势不断上升，外交方面也颇多起色，与鲁国、吴国、楚国等重要诸侯国都强化了友好关系，这一连串的变化引起了晋国的警觉。

　　放眼天下，能对晋国形成挑战的诸侯国中齐国排在首位。近年来，尽管齐国与晋国保持着相安无事的状态，没有发生过大的冲突，但这建立在齐国对晋国的服从之上。每当晋国召集会盟，齐国总会及时响应，承认晋国的霸主地位。但国与国的竞争关系从来不是一成不变的，外交关系的变化来自实力的变化，一个不断崛起的齐国还会不会臣服于自己？对于这一点，晋平公没有把握。从战略上说，守成的一方如果还想将主动权掌握在自己手中，那就要先下手为强，趁着挑战者没有完全强大起来将其上升的势头打下去。

　　有了这样的想法，晋平公决心对齐国下手。这将是一场北方的大战，决定了两个北方大国的国运浮沉，也决定着未来几十年中谁是天下霸主——至少是北方的霸主。晋平公将这个想法对几位心腹大臣一说，众人却都认为必须谨慎从事，至少要摸清齐国的真实情况才能动手。

　　可是这两年齐、晋两国来往得明显少了，齐国的真实情况如何还真的不清楚，尤其是齐国君臣的斗志如何，都是未知数。只听说齐国在晏婴的治理下呈现出蓬勃气象，齐景公这个资质平平的国君也被晏婴教导得有了些明君的样子。

　　晋平公道："干脆这样，派人到齐国走一趟，暗中观察齐国的情况，尤其是齐国君臣的精神状态。如果他们表现得很软弱，那就下决心一战；如果他们很强硬，而且国内很团结，那就把这趟出使作为一次友好往来，今后继续与齐国和平相处。"众臣都认为这个办法最稳妥，是进是退都有对策。晋平公于是派大夫范阳作为使者，出使齐国。

　　齐国这些年对晋国持敬而远之的态度，没有跟晋国有过摩擦，但关系明显不那么亲近。这是一种策略，既不与晋国争锋，又避免受晋国的干扰与控制。现在，听说晋国主动派使者前来修好，齐景公有些紧张。

晏婴道："主君不必多忧，晋国派来的是使者而不是大军，这说明他们并不敢小觑齐国，只需观察来使的意图，顺势而为就是了。"

齐景公命晏婴负责接待晋国使者。晏婴多年前出访过晋国，跟叔向有过密切交往，而叔向几年前已经去世，这位范阳在晋国的政坛属于后来者，所以在晏婴面前颇为谦虚。

齐景公设宴招待晋国使者。席间，齐景公频频举杯劝酒，范阳也表现得很得体，气氛和谐融洽。但饮了一会儿，气氛出现了变化。也不知道是不是酒劲上来了，范阳说话逐渐随便起来，对着齐景公说话时礼数也不那么周全了。齐景公虽不快，但碍于他是晋国使者，也没有发作，仍不断劝酒。

正饮着，范阳突然离席，高声道："把齐侯的酒杯拿来，我要用它饮酒！"国君的酒具都是专用的，一个臣子居然要用国君的酒具饮酒，非常失礼，更何况还是别国的国君。

满场的人都愣住了，齐景公显然也没有心理准备，愣在了那里。不过齐景公很快反应过来，没有动气，而是笑道："快将寡人的酒杯拿给范大夫！"侍者上来，将齐景公面前的酒杯撤下，转放到范阳面前的食几上。在众人目光注视下，范阳若无其事地往杯中斟满酒，然后一饮而尽。齐国大臣有人心中气愤难当，但不敢作声，都怕把这场重要的外交活动搞砸了。

范阳饮完，还要往杯中续酒再饮，这时有人喝道："放下！"轮到范阳发愣了，手本能地停将了下来。循声看去，见是晏婴。

晏婴道："将晋国使臣面前的酒杯撤去，再换新杯！"有侍者赶紧上前，将范阳刚刚饮过的那只酒杯收走，又换上一只新酒杯。范阳大为不悦，离开座位，来到场地中间。在场的人都屏住了呼吸，不知道他要做什么。

范阳已有醉态，高声道："奏乐，奏乐，我要舞一曲！"

齐景公看向晏婴，晏婴向齐景公微微点了点头。齐景公命乐人奏乐。乐声随即响起，是齐国的乐曲，常在宴会上演奏的那种。

范阳道："不要齐乐，奏周乐！"

乐声停止。范阳继续道："为我奏周乐！"

晏婴也离开座位，来到范阳近前。晏婴道："周乐乃天子之乐，奏周乐，人主必当舞之。范大夫作为人臣，舞天子之乐不妥。请范大夫入座！"

213

范阳闻言大怒，哼了一声，甩袖而去。

宴会不欢而散。齐国大臣们怀着惴惴不安的心情先后离去，只有几位重要大臣没有走，他们还要跟齐景公一起商议对策。

梁丘据道："国相不该如此，惹恼晋使对齐国没有任何好处！"

艾孔也附和道："是啊，晋国本就想找碴儿，咱们小心应对就是，激怒他们，正好中计，晋国以此为借口兴兵问罪，就麻烦了！"

晏婴道："艾孔大人，咱们有罪吗？"

艾孔分辩道："有罪与没罪，是由实力说了算的，事实如何并不重要。"

晏婴道："范阳无礼，大家都看到了，如果晋国以此发难，只能说明晋国的无礼。无礼之兵，难为天下信服，不足为惧。"

齐景公道："话虽如此，但没有必要在这个场合与晋使闹僵。国相一向持重，刚才确实有些莽撞了。"

晏婴道："微臣听说这位范阳大人一向知书识礼，是最懂礼数的人。他今天的行为实在有些古怪。主君有没有想过，这是为什么？"

齐景公问："那是为什么呀？"

晏婴道："答案只有一个，那就是故意在激怒我们。"

齐景公问："为何要激怒我们？是为开战找借口吗？"

晏婴道："未必是开战，而是试探我方虚实。微臣不示弱，就是告诉他齐人不可欺。如果我们示弱了，反而会助长其开战的野心。"

齐景公听了，这才稍稍放下心来。

那边，范阳回到晋国，向晋平公报告了宴会上发生的事情，禀告道："据臣下观察，齐国上下一心，君臣不肯示弱，现在伐齐不是好时机。"晋平公听完，放弃了出兵伐齐的打算。

这件事情传到鲁国，孔子对晏婴的表现十分赞赏。孔子对弟子道："夫不出于樽俎之间，而知千里之外，其晏子之谓也。可谓折冲矣！""樽""俎"皆为酒器，"折"指折断、中止，"冲"为战车。孔子的意思是：没有离开宴席之间，却能知敌于千里之外，这些晏子都做到了，他能折断冲车、中止战争啊！

第五节　宠姬与太子

渭水一带原来有个翟国，距秦国、晋国和周王室都很近。后来翟国被晋国所灭，一部分人遂以翟为氏，活动于晋、卫、齐、鲁、宋等国之间。

翟国王子羡来到齐国，做了齐景公的臣子。王子羡喜欢用加倍的马拉车，齐景公看见了很不高兴。按照制度，天子驾六，即乘坐用六匹马拉的车，而诸侯驾四，大夫驾三，士人驾二，庶人驾一。王子羡只能坐三匹马拉的车子，却擅自增加到六匹，这是一种违制行为。

齐景公想治王子羡的罪，但齐景公的宠妾婴子却很喜欢看六匹马拉车，不让齐景公治罪，还要齐景公安排一次驾车表演，她要亲自看看六匹马拉车子是什么样的。

齐景公无奈道："真想看的话，等国相生病卧床时再安排吧。"

这一天晏婴病了，向齐景公请了病假。齐景公赶紧告诉了婴子，又让人去通知王子羡，命他驾着六匹马拉的车子来临淄城外的园林中。王子羡驾车来到，齐景公和婴子早早登上园中的一座高台，在台上观看王子羡的驾车表演。婴子看完很高兴，对齐景公道："应该给王子羡增加俸禄！"齐景公答应了。

晏婴病愈，来见齐景公。

齐景公道："翟国王子羡的车驾，我很喜欢，能推广这种车子吗？"

晏婴道："为主君驾驭马车的事情，不该微臣我管。"

"我想增加王子羡的俸禄，可以吗？"

"从前卫国人东野的车驾，主君喜欢，婴子不喜欢，主君也说不喜欢，于是就不去看。如今王子羡的车驾，主君不喜欢，但婴子喜欢，主君因此而喜欢。婴子为他提出请求，主君立即答应，主君这就是被妇人控制了。"

"先生说得太严重了，我哪里被妇人控制？"

"事实就是这样啊！主君不乐于治理百姓，而乐于车马；不厚赏贤人，而厚赏驾车的人。先君桓公时，齐国地域比现在小，但桓公行法治，推广教化，因而称霸于诸侯。如今主君您追求车驾技艺，还破坏车驾制度，对错误行为大加赞美，这是不应该的。况且车驾马匹增倍，车子体量就得变大，如果大家都仿效，道路该有多拥挤！"

"国相说得对，寡人错了。"

"主君能知错，这是齐国百姓之幸！不能只听宠妾的，那样一来就会令大臣们伤心，令百姓与主君疏远，臣民心中甚至会积蓄怨恨。"

"寡人知道了。"

齐景公不仅没有给王子羡增加俸禄，还罢免了他的官职。

齐景公的第一个夫人是燕国人。齐景公九年（前539），燕国发生内乱，燕惠公逃到齐国避难，齐国联合晋国讨伐燕国。在那一战中燕国非常害怕，献出美人燕姬和无数财宝，齐景公这才退兵。齐景公对燕姬很宠爱，立她为夫人。但随着岁月的侵蚀，燕姬容颜不再，齐景公开始宠爱别的妾，先是宠爱芮姬，后来又移情于婴子。

可婴子没过多久就死了，齐景公大为伤心，守着婴子的尸体三天都没有吃饭，任凭侍者如何相劝，齐景公都不听，一直坐在那里发呆。宫里的人不知所措，连忙去请晏婴。

晏婴进来宫中，禀报道："有懂巫术的医者说婴子生病死了，他愿来医治。"

齐景公一听，腾地跳了起来："生病而死的人也能救活吗？"

"他自认为是良医，请求尝试一下。"

"太好了！要是能救活婴子，要什么寡人都给！"

"还请主君回避一下。请清洁沐浴，离开死者的房间。医者将在这里祭祀鬼神。"

"好的。"

齐景公前去沐浴。晏婴命人将婴子迅速入殓，之后回复齐景公道："医者无法救活死人，已入棺殡殓，不敢不将此事禀告。"

齐景公有些生气："先生故意借医者将寡人调开，不让寡人看，殡殓也不让寡人知道。寡人身为一国之君，不过是徒有虚名而已！"

晏婴道："主君难道真不知道人死不可复生吗？我听说，君主正派、臣子服从叫作顺；君主邪僻、臣子服从叫作逆。如今主君不走顺道而走邪道，跟着走邪道的就亲近，劝导您的就疏远。这样一来，谗谀之人就会得势，贤良之人就会被废弃。先君桓公任用管相国而称霸天下，但后来宠爱竖刁等人而灭亡。如今主君菲薄贤人，独自沉浸于对宠妾的哀伤中，是否不妥呢？"

齐景公听了，默不作声，怒气有所缓解。

晏婴继续道："古代圣王畜养私爱，但不伤及品行；殡敛死者，不放纵宠爱。品行损，则沉溺于私欲；放纵宠爱，则伤害身体。所以，圣王对死者能节制悲伤，立即殡敛，不存在侥幸活过来的念头。况且，朽尸不入殓是对死者的不敬，百姓尚且非议，何况君主？"

齐景公这才缓过神来，对晏婴道："听凭先生处理吧。"

孔子也听说了这件事，感叹道："再多的星星，即便它们再明亮，也比不上阴暗的月亮；再多小事上的成功，也抵消不了一件大事上的失败。君子的过错，是小人做了再多的好事也抵消不了的。这些说的就是晏子吧！"

齐景公有五个儿子，为培养他们，齐景公挑选了最得力的大臣分别担任他们的老师，这些大臣都是齐国重臣，晏婴也是其中之一。齐景公分别召见了五位老师，对他们说的意思只有一个："望你们努力而为，把你们所教的孩子培养成齐国太子！"

召见晏婴时，晏婴推辞道："主君命令臣子根据自己肩负的责任来尽自己的努力，臣子哪敢不尽心尽力？如今五位老师都是齐国掌权的重臣，人人都得到了主君相同的命令，要把几位公子都培养成太子，这样就会形成各树一党的局面，离国家覆亡也就不远了。我不敢接受这样的命令，望主君重新考虑这件事。"

一句话提醒了齐景公，赶紧收回成命，为几个孩子另选了老师，同时按照嫡长子世袭制，立嫡长子阳生为太子。太子人选确定，上下安心，避免了争夺继承权的斗争。

但是，没过多久齐景公又反悔了，想废掉阳生的太子之位，另立最小的儿子公子荼为太子。公子荼的母亲是淳于国进献的美女，目前深得齐景公宠爱。这一次齐景公没有立即宣布，而是先跟晏婴商量，听听他的看法。

晏婴道："万万不可！废长立幼是祸乱的根源。阳生年长，深受国人爱戴，不能没理由就废除。主君应以礼制教育公子荼，长幼各行其道，这样永远不会出问题。"

齐景公忧虑道："可是，将来阳生当了国君，会不会做出对荼儿不利的事情呢？"

晏婴道："长幼各守伦理，就不会出问题。阳生当了国君，难道敢不让荼吃美味食物、享受音乐歌舞吗？难道会迫害他吗？废长立幼会使伦理丧失，正宗和庶出没有差别，就会诱发奸邪，到那时什么事情都会发生。"

齐景公想了想，觉得晏婴说得有道理，暂时不再提废长立幼的事。但是，一旦单独面对公子荼的母亲，齐景公又会动摇起来，总想改立公子荼为太子，始终处在这种矛盾的心理之中。

第六节　高台论礼

　　齐景公住在路寝台的宫室里，半夜时分忽然听到宫室西面有男子的哭声，声音十分哀痛，令听者为之悲伤。第二天，齐景公见到晏婴，把昨夜的事情讲了，问道："国相是否知道，哭的人是谁啊？"

　　晏婴回答："这个我还真知道。西边住着一个平民士子，名叫盆成适。他是一位孝子，也曾经是鲁国孔丘的学生。他的父亲已经去世，最近母亲也不幸去世，可父母还没有合葬。听说他家里很贫穷，且身体多病，孩子也弱小，恐怕没有能力让母亲和父亲合葬在一起，所以才会悲伤哭泣。"

　　齐景公听了十分伤感，为盆成适的孝行所感动，说道："国相替寡人去吊唁一下吧，顺便问问他父亲的灵柩葬在什么地方？"

　　晏婴奉命而去，吊唁完，问盆成适的父亲的灵柩葬在哪里。盆成适再三拜谢，跪在地上叩头，不肯起来，说道："我父亲的灵柩就安葬在路寝台偏侧的墙基之下。我穷困潦倒，没有能力让父母合葬。今天您屈尊来到我的家中，恳请您替我完成这个心愿吧。"

　　晏婴道："好。你说的事情很重要，可我担心主君不肯同意啊。"

　　盆成适猛然站起来道："这就全依仗先生了！我听说，越王喜好勇力，所以他的臣民都轻视死亡；楚灵王喜欢细腰的美人，所以他的国家里大多数人都饿死了；伍子胥忠于自己的君主，所以天下的人都希望得到伍子胥的教诲。我现在作为人子，却让自己的父亲和母亲离散，我能说自己是个有孝行的人吗？我还有什么脸面称为人臣呢？我的父母能合葬在一起，我才能活下去，我刚刚死去的母亲也才能得到安息；如果不能，我就请求拉着灵车寄宿在国都城外的屋檐下，不喝水不吃饭，抱住车辕，拉着车辘，像树木一样慢慢干枯，任由禽鸟在身上栖息，直到袒露肉身、暴露尸骸，以此希望君王能怜悯我。我虽愚昧卑贱，但仍希望圣明的君王能怜悯我！"

　　晏婴回去，把盆成适的话说给齐景公听。齐景公听后脸色大变，继而愤怒

219

道："先生为何要听那些令人厌恶的话而来教训寡人呢？"

晏婴道："微臣听说忠诚的人不回避危险，仁爱的人不会对他人恶语相加。微臣也认为，这件事情太难办了。如今主君在这里营建了一处供游乐观赏的场所，已经侵占了人家的地方，现在又禁止他的父母合葬，这是不仁；主君行事随心所欲，不听别人劝谏，不体恤百姓的忧愁，这又是不义啊！主君为什么不愿意听从良言呢？"

晏婴不顾齐景公的愤怒，又把盆成适说的话讲了一遍。齐景公怒火稍息，不由得生出感慨，长叹道："真令人悲伤啊！先生不要再说了。"

齐景公下令，调集几百名赤裸着上身的男子和摘下发笄以麻束发的女子，命他们在路寝台偏侧的墙基之下开出了一条能进入盆成适父亲灵柩的通道，以迎接盆成适母亲的灵柩下葬。

盆成适脱掉丧服，戴上用丝条装饰的帽子，穿着染了黑边的衣服，来拜见齐景公。齐景公看到他，说道："我听说，五个不好的儿子，他们的声誉加在一起都占不满一个角落，如今一个儿子就已经誉满朝堂，这说的不就是你吗？"

合葬时，由于临近宫室，盆成适不敢哭出声来，一切都按照下葬的礼仪办理。安葬完毕，盆成适走出宫门，这时再也忍不住悲痛的心情，放声大哭起来。

齐景公在路寝台上，看着四周的美景，问身边的晏婴："多么美丽的景色，多么美丽的宫室啊！国相说说，将来谁会拥有齐国呢？"晏婴没想到齐景公会突然问这样的话，一时不知如何作答。

晏婴道："这不是微臣敢议论的。"

齐景公道："这也没什么。如果得到天下就能永远不失去的话，那么虞舜和夏禹就会永远存在了。"

"微臣听说，事情还没有显现出足够的真相就已经知道结果的，是聪明的人；做出判断而后来得到证实的，是有智慧的人。聪明和智慧是君子才拥有的，微臣哪能知道未来是什么样呢？"

"那国相再为寡人说说治国之道吧。"

"所谓治国之道，微臣还是之前的主张：一个国家，国君强大、臣子弱小才是治国的根本；国君和臣子之间应当像歌唱一样，国君主唱，臣子相和，这样才能教化兴隆；刑罚大权掌握在国君手中，百姓应该遵守纲纪。做到这些，国家就行驶在了正确的道路上。"

"依国相看，现在的齐国是否行驶在正确的道路上呢？"

"微臣不敢妄议。不过，田无宇家族几代人为齐国建立功勋，他们却从不居功自傲，还经常将钱财和粮食分发给孤寡贫穷的百姓。作为臣子，对百姓施舍得比国君还多，君臣之势本末倒置，长此以往，齐国怎能不衰亡啊！"

"田无宇？这些年来他不是很恭顺吗？国家大事他已经不再过问，大权都在寡人手中，他难道敢造反不成？"

"田无宇不会造反，这正是他的聪明之处，也是他厉害的地方。主君如果想治他的罪，甚至找不出借口来。但微臣斗胆预言：过不了多久，也许是二三十年，也许是数十年，也许是一二百年，齐国就将是田氏的了！"

"那该怎么办啊？"

"没有更好的办法。田氏一族的势力很大，如果公开发难，势必造成齐国分裂，主君即便除掉田氏之忧，但齐国的命也只剩下半条了，到那时不说晋国、楚国，即便鲁国、燕国也能轻松地将齐国灭掉。所以不能硬来，只有通过礼仪来制止事态的发生。"

"礼仪能胜过武力吗？"

"礼仪可以胜过武力。有礼仪的规范，臣子、大夫私自向百姓的施予就不能超过国君，臣子、大夫也不能侵占国家的利益。田氏虽强，毕竟是臣子，不能处处抢在主君之前，不能为获取私誉而什么都做，必须受到礼仪的约束。"

"好，寡人就以礼仪来治理国家。"

"礼仪可以治国，可以与天地并存。君子无礼，形同庶人；庶人无礼，形同禽兽。在礼仪规范之下，国君可以命臣子尽忠，可以使父母慈爱、儿子孝顺，使兄弟之间互相敬爱，使夫妻之间和睦，还可以使婆婆仁慈、媳妇顺从。有礼仪的规范，国君的命令不会违背道德，臣子对国君可以做到忠心不贰，这是礼仪的实质，过去的君王之所以能君临天下，正是因为用礼仪来教化百姓。"

晏婴的这番话令齐景公感到深深震撼。之前，在治国之道方面更多的是听晏婴阐述如何减赋、如何轻刑、如何发展经济、如何处理与各诸侯国之间的关系等，但现在看来只做到这些还不够，因为无论对国家还是对家庭仅仅富裕起来并不能解决所有问题，还要推行礼治，只有这样才能保证国家和家庭的稳定和谐，在这方面也不能松懈。

第九章

全身而退

第一节　家有老妻

晏婴作为国相，论权力仅在齐景公之下，但他平时的生活却十分朴素，每天吃的是仅脱掉谷皮的粗糙粮食和粗盐腌制的咸菜、煮熟的蔬菜等，偶尔有肉食，但一顿饭绝对不会超过一道肉菜，这成了晏府的规矩。

跟晏婴生活了几十年的芮姜发现丈夫的官职越来越高，但日子越来越清苦，对自己和家人甚至到了苛刻的程度。"咱们年纪都大了，尤其是你操劳政务，忧心国事，吃不好哪行呢？"芮姜总是关切地对丈夫说。晏婴笑道："现在吃得挺好，没有饿着。想一想，全天下还有多少人吃不饱饭啊。咱们齐国的百姓这些年的日子虽然好过了不少，但不能忘记以前还经常饿死人。所以不能浪费，省下来的粮食储藏在府库里，以备饥年之需。我作为国相要带这个头，现在一些官员、豪族之家的生活有些奢侈了。"

齐景公看到晏婴如此节俭，实在看不下去。齐景公发现，晏婴平时总穿着粗布衣服，有重要活动时也只不过把衣服和帽子洗干净穿上而已，唯一好点的衣服是一件狐皮大衣，在齐景公的印象中，自己小时候就见晏老师穿过这件衣服，三十多年了还在穿。之所以如此耐穿，是晏老师平时并不穿，只在出使他国或参加盛典时才穿上。

齐景公让人给晏婴用白狐皮做了一件新裘衣，衣襟是用漂亮的豹皮做成的，十分名贵。齐景公派梁丘据给晏婴送去，可晏婴辞谢不受，来来往往送了好多次，最后还是被退回宫中。

齐景公无奈道："寡人有两件这样的裘皮衣，天冷了，准备穿着它上朝，如今国相不接受这件裘衣，我也不敢穿了。反正已经做好了，与其将其收藏在府库中，哪里比得了穿在身上有价值呢？"

晏婴道："主君赏赐微臣这件名贵衣服，是勉励微臣继续在百官面前主持政事。主君和微臣如果都穿上这件衣服，就不符合礼仪了，而且不能用来教化百官，以使众人养成节俭的习惯。"

在晏婴的努力辅佐下，齐国国力逐渐提升，在诸侯国中慢慢成为经济较发达的国家，正因为这样，奢侈之风也慢慢盛行起来，晏婴想通过自己的示范来反对这种风气。齐景公不好再勉强，命人将衣服都收藏起来，自己也不穿了。

晏婴上朝时乘坐的车子慢慢又破旧了，拉车的马年龄也越来越大，晏婴从不说更换。高纠提醒过好几次，晏婴总是说不着急，车还没有坏，马还没有老，还能为国家效力。

别的大臣这些年来换了不知道多少次车和马，而晏婴的车马很少更换。之前齐景公为晏婴换过一次车马，但也是很多年前的事情了。看到晏婴的车和马实在与国相的身份不相配，齐景公又提出为他换车马，但提了多次都被晏婴谢绝。

齐景公道："唉！难道寡人给先生的俸禄太少吗？为什么乘坐这么不堪胜任的破旧马车呢？"

晏婴道："微臣仰赖主君恩赏，俸禄荫及三族，还惠及亲友。微臣现在能吃饱穿暖，还有旧车和劣马以供出行，对微臣来说这一切已经足够了。"

但是，齐景公觉得堂堂国相坐这样的车子实在不妥，于是不再跟晏婴商量，直接命梁丘据从宫中选了一辆由四匹好马拉着的大车送给晏婴，晏婴仍然拒绝了。梁丘据送了三次，三次都被退回。齐景公有些不快，立即召见晏婴。

齐景公道："国相如果不接受这辆马车，那么寡人以后也不乘坐马车了。"

晏婴道："主君命微臣治理百官，微臣理当节俭，以在官员中养成节俭风气，从而带动良好社会风气的养成。这辆四匹好马驾驭的大车，主君您乘坐是可以的，微臣也乘坐的话百官就会效行，百姓也将不再节俭，到那时将会出现追求奢华的风气，如此下去微臣也没有理由去禁止他们。"

晏婴再三谦让，齐景公无奈，只得不再勉强。

晏婴担任国相以来与田无宇一直保持着较好的关系。对于权臣，晏婴是充满反感的，行为上也是抵触的，但对于田无宇这样的权臣晏婴却有些恨不起来。因为田无宇为人低调，在外面也不盛气凌人，对百姓更是处处爱护，做了很多善事，口碑很好。

田无宇对晏婴十分支持，从不给晏婴制造难题。晏婴遇到难办的事，请田无宇相助，田无宇总是二话不说，全力相帮。田氏子孙也继承了田无宇的优点，一族上下很得人心。晏婴虽然知道长此以往齐国终究会改换门庭，国君将改姓田，但他实在找不出与田无宇决裂的理由。

田无宇时常来晏婴府上坐坐，作为相交一生的老朋友，二人有时也无话不谈，甚至还会开上一些玩笑。

一次，田无宇在晏婴府上闲坐，芮姜进来献茶，之后退了出去。田无宇讥笑道："刚才进来的人是谁啊？"田无宇跟芮姜也很熟，他是故意这样说的。

晏婴道："是我的老妻。"

田无宇道："你现在居国相之位，田赋收入每年有七十万，为什么还要以如此苍老的妇人作为妻子呢？"

尽管是老朋友的玩笑话，晏婴仍正色作答："抛弃年老的妻子，可称为乱；纳娶过于年轻的女子，可称为淫；看见美色就忘记了大义，身处富贵就失掉伦理，称为违逆。我不能有淫乱的行为，不能违逆美德。"田无宇收敛起笑容，坐直身子认真聆听，被晏婴的正气所感染。

还有一次，齐景公来府上做客，也见到芮姜。芮姜出去后，齐景公也问："刚才那个老妇人是谁啊？"

晏婴答道："是芮姜啊，微臣的妻子。"

齐景公想起自己少年时代作为学生来晏府时的情形，那时晏老师的妻子还是那么年轻美丽，岁月不饶人啊！

齐景公问："先生现在有多少妾室？"

晏婴道："家中仅有老妻，并无妾室。"

齐景公道："这怎么可以？这样吧，我在公族中选一名年轻貌美的女子，嫁过来充实先生的内室吧。"

晏婴连忙离席，躬身答道："微臣的妻子虽然现在又老又丑，但微臣与她已经一起生活了几十年，在过去的时光里她也曾经是年轻貌美的女人。人生原本就是在年轻中寄寓着衰老，在容貌姣好中寄寓着丑陋，年轻时她将终身托付给了微臣，微臣也接受了她的托付，这一点至死不变。主君对微臣恩赐，可微臣无法背弃曾经的承诺啊！"

晏婴再三拜谢，齐景公也不好再勉强了。

第二节　家臣高纠

家臣高纠来到晏婴府上也有很多年了。高纠属于不爱说话、踏实肯干、没有心计的人，深得芮姜的信任，晏婴也很喜欢他，府里大小杂务都交由高纠打理。

高纠在外面也有了一些名气，人们都知道晏相国的府上有一名好管家。甚至齐景公都知道了高纠的名字。有一次来晏婴府上，齐景公特意道："听说国相府的家臣高纠很不错，寡人想见见他。"

家臣的实际地位并不高，仍属于仆从的地位，如果有机会出去做官，哪怕职位很低，也算彻底改变了命运。国君公开点名召见，对高纠来说是一个重要的机会，如果能给国君留下美好的印象，边上再有人帮忙说几句话，就能立即谋得一官半职，甚至谋到别人都羡慕的官职也未尝不能。眼看高纠的命运将发生戏剧性变化，但被晏婴制止了。

晏婴道："高纠很普通，只是一名为获取收入而做事的人，对主君不会有什么裨益的地方。"齐景公听了，笑了笑，没有再说什么。

齐景公走后，芮姜埋怨丈夫："你一向喜欢高纠，对他也很好。今天是个多好的机会啊，为什么不让主君见高纠？"

晏婴道："对高纠来说，确实是一个极为难得的机遇，甚至可以改变他的一生。只不过高纠太老实，做事很认真，他适合做一些具体事务。他缺乏自己的见解，如果勉强当官，会害了他的。"

过了没有多久，晏婴做出了一个令人意外的决定：辞退高纠。

不仅众人不解，高纠自己也想不通。高纠对晏婴忠心耿耿，已经把自己的生命交给了晏府，准备在此供职到死，现在却被辞退，心中非常难过。

高纠道："是不是我做了什么错事？请国相指出来，我一定痛改。"

晏婴道："你没有做错什么。你来这里侍候我已经很多年了，我没有给你争取到官职，也没有为你谋个爵位，你都不抱怨，一直忠心耿耿，我都看在眼里。你的优点，我不多说了。说起缺点，你确实有。至少有两条：闲时懒散，不关心社会和政事，属于不能同心；出门在外做到不互相传扬美德，回到家中做到不互相指出过错，属于不能同德。不能同心同德，只能辞退你。"

高纠道："可是，我什么都不会，也一无所有，离开这里我又该去哪里呢？"

晏婴笑道："这一点你不用担心。在东莱那边我还有一些地，都给你。你离开临淄后就去那里，带上妻子和孩子耕田种地，踏踏实实做一名普通百姓，让子子孙孙也有个稳定生活。"

高纠道："我不要土地，我愿意在这里永远伺候您！"

晏婴道："唉，我也不可能永远当国相，也会成为一名普通百姓，你跟着我怎么办呢？你跟越石父他们不一样，你的性格不适合做官，还是种地去吧。"

芮姜反对辞退高纠，认为那样做太不近人情，即便不为高纠谋官职爵位，也应该允许他永远生活在这个家中，他已经成为这个家的一分子。然而，晏婴的态度十分坚决，一定要高纠走。高纠只得含泪告别，带着家人去了东莱。

高纠走后，晏婴对芮姜道："我也不忍心辞退高纠，可你我年纪都大了，高纠也不小了，他不可能一直在这里侍候咱们。高纠为人善良，没有心计。最近以来不断有人询问高纠的事，甚至惊动了主君，表面上看是有很多诱人的机会，但很难说不是深渊。高纠把握不了这些，你我活着时他或许不会遇到麻烦，但你我死了，他怎么办呢？不如早早就去做一名普通百姓，踏踏实实过普通人的日子。"

这是芮姜第一次听丈夫说到死，心中不禁一悲。虽不愿意想这些事，但这也总是绕不开的，年纪一天天大了，是该考虑身后的事情了。

说到死，很快就传来了一个死讯：梁丘据死了。

梁丘据在晏婴的眼中并不是一名称职的好官员，他的长处是讨齐景公欢心，但除此之外也没有太多可圈点的地方了。不过，梁丘据也不是那种恶行深重的人，他也知道收敛，对晏婴也始终敬畏。梁丘据曾对晏婴说："我到死也赶不上夫子您啊！"

梁丘据的死令齐景公十分伤心。齐景公对晏婴道："梁丘据生前对寡人忠心爱戴，寡人想厚葬他，把他的坟墓修得高大些。"

晏婴道："主君说梁丘据很忠心，能说出来一些具体的事情让微臣听

228

听吗？"

"寡人喜欢什么东西，有关官员没能提供给寡人，梁丘据总能把他自己所有的拿出来供寡人玩乐，通过这件事就知道他的忠心；每逢疾风骤雨，即使是夜半时分，只要召见，他必会及时赶到，通过这件事也知道他对寡人的爱戴之心。"

"可是，这些并不算忠心爱戴。"

"为什么？"

"微臣回答了，一定会得罪主君；不回答，那微臣又不算尽职。微臣听说，臣子只会侍奉君王，讨君王欢心，实际上是不忠；儿子只会孝顺父亲，为此不惜任何手段，实际上是不孝。齐国疆界内的四方之民都是主君的臣子，却只有梁丘据竭力爱戴主君，为什么爱戴主君的人这么少呢？四方疆界内的财物都归主君所有，却只有梁丘据能用私人财物向主君尽忠，尽忠的人为什么也这样少呢？其实，是梁丘据处处设防，堵塞了群臣尽忠之路，所以才那么少。梁丘据表面拥戴主君，实际上是蒙蔽主君，难道不是太过分了吗？"

"哦，原来是这样！若不是先生告诉寡人，寡人还不知道梁丘据竟然蒙蔽寡人到了这种地步！"于是，齐景公停止了为梁丘据修筑高大坟墓的事，同时命群臣相互陈述过失，积极向自己进谏，广开言路，以使臣民的忠心不被埋没。

第三节　孔子来访

这段时间里，鲁国又发生了内乱。

齐景公三十一年（前517），鲁国权臣季平子与大夫郈昭伯斗鸡，季平子给鸡套上护甲，郈昭伯给鸡套上金属爪子，双方越斗越狠，并由斗鸡而公开交恶。此外，季平子还与大夫臧昭伯交恶，臧氏和郈氏于是联合起来向鲁昭公告难。

鲁昭公一直想除掉季氏，觉得这是个好机会，于是在这一年九月十一日攻伐季氏。季平子被围在府中，登台请求道："主君听信谗言，要诛伐臣下。请主君允许臣下迁居到沂水边。"鲁昭公不允。季平子又请求将自己囚禁在鄪邑，鲁昭公也不允许。最后季平子请求只带五辆车逃亡，鲁昭公仍不允许。大臣子家驹劝鲁昭公："主君还是答应他吧，季氏的势力在鲁国盘根错节，党羽极多，把他们逼急了将很难对付。"鲁昭公仍不听。郈昭伯请求一定要杀死季平子。

看到这种情况，另一位权臣叔孙氏感到了寒意。叔孙氏的家臣戾对部众道："没有季氏与有季氏，哪种情况对咱们有利？"部众均道："没有季氏，就没有叔孙氏！"众人于是决定营救季氏。叔孙氏出手，很快击败了鲁昭公的军队。孟懿子看到叔孙氏获胜，也加入讨伐鲁昭公的行动中。鲁昭公不敌，只得逃往北边的齐国。

齐景公接纳了鲁昭公一行。齐景公对鲁昭公道："我想奉送两万五千户给你，你从此就在齐国居住吧。"鲁昭公想答应下来，子家驹劝道："抛弃周公的基业来做齐国的臣子，这样做好吗？"鲁昭公于是作罢。子家驹还劝鲁昭公，认为齐景公信誉不佳，不如逃到晋国想办法，但鲁昭公不听。

叔孙氏随后来到齐国，拜见鲁昭公。回国后，叔孙氏去见季平子，劝季平子迎回鲁昭公，季平子也答应了下来。可是不久孟孙氏、季氏反悔，这件事也就作罢，鲁昭公只能在齐国暂住下来。

与鲁昭公一同逃出来的还有孔子，这一年孔子三十五岁。五年前，齐景公与晏婴往鲁国问礼，齐景公曾见过孔子，对他印象颇好。

孔子一向主张礼，说话做事都很注意细节。自走进齐宫大门开始，孔子便谨慎而恭敬，站立时不在门的中间，走路时提起衣服的下摆，小心谨慎，以免踩到门槛。经过齐景公的座位时，孔子的脸色显得格外庄重，脚步也加快，同时屏住呼吸，好像不喘气一样。退下时脸色才舒展开来，小心地走完台阶，才迅速向前走。

见到齐景公，孔子手持着圭，恭敬谨慎。将圭向上举，好像作揖；放下时，好像给人递东西。看到这些，齐景公十分欣赏。齐景公再次与孔子进行了交谈，就治国问题向孔子请教。孔子重点讲了"为政在于节约财物"等观点，还讲了许多关于如何节约财物的方法。

齐景公很高兴，打算在齐国赏赐给孔子一块封地。晏婴知道后，忙来劝阻道："孔丘只是一名能言善辩的儒生，他讲的那些不能作为法律来遵循；孔丘和他的弟子多少有些自大，不可能教育好百姓；他们崇尚过度的丧礼，不惜破费财物厚葬死人，这种葬礼绝不能成为风俗；他们四处游说，乞官求禄，也不可能治理好国家。"

齐景公道："我看孔丘的说法中也有一些可取之处，比如他对礼仪方面的见解就很不错。国相也曾教导寡人，要以礼治国。"

晏婴道："自从圣君贤相离世以后，周王室日渐衰落，礼乐制度残缺不全，很难恢复到从前的模样。孔丘讲究仪容服饰，强调烦琐的礼仪，甚至举手投足都有细致规定，这些是几代人都学不完、一辈子都很难搞清楚的礼仪。主君要想用他的这套礼仪来改变齐国旧俗，恐怕在百姓那里就行不通。"

晏婴的这些话影响到齐景公，齐景公再见到孔子时便不再与他探讨礼仪方面的问题。晏婴其实也很重视礼，他与孔子的不同在于如何推行礼。他不主张推行那些礼仪上的烦琐细节。晏婴听说孔子在日常生活中有许多讲究，比如在衣饰方面，孔子强调不用深青透红或黑中透红的布镶边，不用红色或紫色的布做居家穿的衣服，夏天穿粗的或细的葛布单衣，必须套在内衣外面，在家穿的皮袍要做得长一些，右边的袖子要短一些，还强调睡觉时一定要有睡衣，睡衣要有一个半的身长。晏婴批评这些烦琐礼仪，而不是批评礼仪制度本身。晏婴曾说："礼是用来统治人民的，辔是用来驾驭马的。不使用辔却能够驾驭好马，不使用礼却能够治理好国家，这样的事我没有听说过。"但就对礼的理解和遵守而言，晏婴比孔子更现实也更灵活，他不主张处处强调细节，而主张必须考虑实际情况，做到灵活变通。

说到底，晏婴并不是一位纯粹的思想者，他主要是一位实践家，作为一国之相，他考虑的都是一些实际问题，对于任何治国之策，首先想到的是能否顺利实行下去，会不会遇到抵触，而不是看它是不是宏大华美。

孔子来到齐国后一直没有去拜见晏婴。齐景公感到有些奇怪，问孔子："先生为什么不去见一见寡人的国相呢？"

孔子道："我听说晏婴侍奉过三位国君，都能顺从他们。可见晏婴是一个有三种心思的人，我不愿意见他。"说晏婴三心二意，这并不是孔子首先提出来的，之前就有人这样说过，晏婴曾给予过驳斥。

齐景公将孔子的话告诉晏婴，晏婴不悦道："微臣并没有三样心思，而是三位主君有一样的心思，那就是都希望国家繁荣强大，因此我才顺从并辅佐他们。把对的说成错的，把错的说成对的，都是错误的。孔丘二者必居其一，才会这样说我。"

孔子后来还是见到了晏婴。这时，孔子已经知道了晏婴就自己一人事三君所做的解释，明白自己误解了晏婴，于是向晏婴致歉。二人没有深谈，这次见面更多的是礼节性的。

齐景公铸造了一口大钟，准备把它悬挂起来。晏婴、孔子和柏常骞三人正好都在场，他们不约而同地说："这口钟不结实，一撞就坏。"等撞击大钟时，果然毁坏了。齐景公有些惊讶，问他们怎么知道这口钟将要毁坏的。

柏常骞道："今天是庚申日，是天上打雷的日子，而钟声不能胜过雷声，所以说这口钟将会毁坏。"

晏婴道："铸造大钟，不用来祭祀祖先却当作宴饮时取乐的乐器，不符合礼仪，所以这口钟将会毁坏。"

孔子道："这口钟很大，而且是在向下悬挂时撞击它，钟声产生的强大气流传到地上，受到地面上的阻力而又向上回传，压迫到钟里，大钟便受到了强大气流的冲击，所以说大钟将要毁坏。"

齐景公觉得孔子的说法似乎更有道理。

齐景公外出打猎，途中与晏婴又谈起孔子，对孔子仍然十分赞赏，甚至将其与禹舜进行比较。晏婴不以为然："孔丘的一举一动都有着严格的规范，即便身处普通百姓之中人们也很容易认出他。可是，舜身处普通百姓中间，就像普通百姓一样；身处贤人君子中间，就像一名贤人君子；与圣人在一起时，就是圣人中的一员。这是孔子不如舜的地方。"

晏婴没有全面否定孔子，但他的看法影响到了齐景公。齐景公原打算重用孔子，甚至向孔子表示，愿意用像季孙氏那样的待遇挽留孔子，但最终用的是上卿季孙氏与下卿孟孙氏之间的待遇。

孔子在齐国尽管是逃难客居，但日子过得还不错。有一次，孔子在齐国城门外遇到一个小孩拿着一件酒器与他一起行走，那小儿目光纯洁、心神纯正、举止端庄。孔子对驾车的人说："快一点，快一点，韶乐就要开始了。"孔子到了前面，果然听到韶乐的演奏。韶乐是禹舜时代的古乐，春秋时流传到陈国，田完逃到齐国时把韶乐也带到齐国。韶乐是歌颂舜德政的音乐，舜在位时天下平和，其位由尧所禅让，舜传位于禹也是如此，所以其乐和平，孔子曾赞叹其尽美又尽善。

听完韶乐，孔子感叹："听了这么美妙的音乐，可以'三月不知肉味'了！"孔子认为，音乐不仅仅是用来让自己快乐的，它还可以让别人一起快乐；音乐不仅仅能让一个人自己品行端正，也能起到拿来正人的作用，所以音乐其实很伟大。

然而，齐国一些大臣对齐景公重用孔子表达了不满，甚至想加害孔子。孔子听说后，赶紧向齐景公求救。可齐景公却不着急，只是说了一句莫名其妙的话："我老了，恐怕帮不上你什么了。"

孔子大惧，于齐景公三十三年（前515）逃回鲁国。鲁国的几位权臣倒没有为难孔子，孔子在鲁国继续开坛讲学。

孔子在齐国前后待了两年，随孔子而来的还有一些弟子，其中有一个弟子是曾子，晏婴很喜欢他。这位曾子不是曾参，曾参去世于周考王六年（前435），去世时七十一岁，推算下来孔子此次来齐国时他还没有出生。这位曾子，是孔子的另一位姓曾的弟子。

晏婴与曾子做过多次交谈，有许多共同语言。曾子离开齐国时晏婴专程送别，对他道："君子认为赠送别人车子，还不如赠给几句话。请问，你希望我送给你一些良言，还是赠送给你一辆车子？"

曾子道："请赠给我一些良言吧。"

晏婴道："那些车子的车轮，原本都是山上笔直的树木，手艺精巧的工匠用火烤这些树木，使它弯曲，烤成后的圆形符合圆规，即使风吹日晒也不会干枯，不会再变回笔直的状态。所以，君子要小心那种能隐蔽本性的事情。和氏璧本是埋没在市井之中的一块普通玉石，经过手艺精巧的工匠细心雕琢，变成镇国之宝，所以君子应当加强自我方面的修养。现在再看那兰草，要历时三年才能长成，可要是用苦酒浸泡，君子就不会再去接近它，平民百姓也不再佩戴它，而用麋鹿做的肉酱去浸泡，它的价值就能去跟商人换一匹马了。这并非兰草自身质地多么美，而是浸泡过它的东西让它们变得昂贵了。希望你前程远大，能寻找到好的浸泡自身的东西。"

曾子道："谨听先生教诲！"

晏婴又道："我还听说，君子选定住所时必然先去选择邻居，交游时必然去接近贤明之人。选择邻居的原因就是寻求贤士，寻求贤士是因为与贤士相处能避免灾祸。我还听说，打破常规通常能改变人的本质，调节习惯能改变人的性情，这些话你不能不认真对待呀！"

第四节　夹谷之会

孔子回了鲁国，鲁昭公却回不去。鲁昭公希望齐景公派兵护送他回国，但齐景公的态度有些消极。齐景公三十四年（前514）鲁昭公到了晋国，请求晋国护送他回国。此时晋平公已经去世，他的儿子晋昭公仅在位六年也去世了，目前在位的是晋平公的孙子晋顷公。季平子在鲁国听到消息，派人贿赂晋国六卿。晋国六卿接受贿赂，劝阻晋顷公，晋顷公也不提护送鲁昭公返国的事，而让鲁昭公居住在晋国的乾侯，鲁昭公极为失望。

第二年，鲁昭公又来到齐国，齐景公派人给鲁昭公送信，信中自称"主君"，把鲁昭公比作齐国大夫。鲁昭公感到受到了羞辱，十分恼怒，又返回乾侯。

齐景公三十一年（前517），晋国终于决定护送鲁昭公回国。就在前一年，晋顷公去世，他的儿子晋定公即位。晋定公为鲁昭公返国一事召见了季平子，季平子身穿破衣，赤足而行，通过晋国六卿向晋君谢罪。六卿为季平子解释道："晋国想护送鲁昭公回国，但鲁昭公身边的随从们不愿意。"晋定公又打消了护送鲁昭公回国的想法。

又过了一年，鲁昭公病逝于乾侯，终年五十一岁。

鲁国人立鲁昭公的弟弟公子宋为国君，即鲁定公。鲁定公听说孔子开坛讲学，主张"君君臣臣"以及"仁政"，就召见了孔子，听孔子分析鲁国的内忧外患与治国之道。孔子提出对外联合齐国，对内重振君威，为此提出一系列具体措施。

鲁定公大喜，重用孔子在鲁国推行革新。消息传到齐国，齐景公感到担忧，对晏婴道："邻国有圣人，这是我们的忧虑。怎么办？"晏婴道："主君不必忧虑。鲁国国君是一个昏庸软弱之人，孔丘即便很有能力，但鲁国国君未必肯听，不足为虑。"

虽说如此，但随着鲁国国力的逐渐上升，对齐国的态度也由联合逐渐转为对抗。齐景公四十六年（前502），鲁定公率领军队攻打齐国，齐国也派兵攻打鲁国，而晋国站在鲁国一边，双方你攻我伐，互不相让。

就在这时，鲁国季氏家臣阳虎想杀掉季桓子以及季氏、叔孙氏、孟孙氏的嫡子，而以自己看中的庶子取代他们。阳虎与鲁国权臣们发生了激烈冲突，权臣们联合起来攻打阳虎，阳虎退往阳关。

第二年，鲁国权臣们所掌控的鲁军攻打阳关，阳虎不敌，投奔齐国，请齐景公出兵伐鲁，齐景公不同意，反而囚禁了阳虎。阳虎找机会逃了出去，投奔晋国。

齐景公没有接纳鲁国叛臣阳虎，为齐、鲁两国修复关系创造了契机。齐景公四十八年（前500），齐、鲁两国决定在夹谷举行一次会盟，重启两国友好关系，齐景公和鲁定公亲自出席。

按周朝礼制，诸侯出国须由正卿随行，鲁国刚刚经过阳虎之乱，内部一片混乱，权臣们要么大权旁落，要么不敢轻行，鲁定公于是委派大司寇孔子"摄相事"，也就是代理正卿，随自己去夹谷，并主持会盟仪式。

齐国这边，国相晏婴虽然年事已高，身体也不好，但考虑到这是一次重要的国事活动，所以仍抱病随行。出发前，大臣犁弥向齐景公建议："孔丘虽通晓礼仪，但不擅长军事，我们可在会盟现场安排莱人战俘进行战阵表演，乘其不备，劫持鲁侯，从而迫使鲁国就范。"齐景公觉得此计可行，于是让犁弥去准备。齐景公觉得晏婴一定会反对这样的冒险计划，便没有告诉他。

哪知，孔子已意识到会盟中可能出现风险，临行前提醒鲁定公："外交必须以军事手段为后盾。古时候诸侯国国君出境必须配备相应的文武官员随行。此次夹谷之会，请主君命左右司马领军随行。"鲁定公接受了这个建议。

鲁定公一行到达夹谷，齐国已在此筑起一座高台。两国国君先行见面之礼，之后互相谦让，才共同登上高台。双方相向而坐，中间空出一块场地，孔子在高台下一直密切关注着现场的动静。

酒宴摆起，双方互相敬酒。这时，犁弥趋步向前奏请："两国国君在此友好会盟，何等盛大！为什么不让莱人战俘上来演奏四方之乐以助兴呢？"齐景公应允，鲁定公也不好反对。于是，一群头上插着羽毛、手持剑戟的莱人战俘敲着战鼓声一拥而上，高台中间的场地内载歌载舞，场面顿时一片混乱。

孔子在下面发现情况不对，赶紧快步登上高台，保护鲁定公向后撤去，同时命令鲁国士兵上前驱散莱人战俘。孔子怒斥："今天两国国君在这里举行友好会盟，异族战俘竟手持兵器扰乱会场，对我主君图谋不轨，这难道就是齐侯用来征服天下诸侯的办法吗？"

晏婴在场看到这一切，被惊得目瞪口呆，想反驳孔子，却找不出反驳的话来。齐景公心中有鬼，自知理亏，无法发作，只好向鲁定公表达歉意。

齐景公命犁弥等人："孔先生陪同鲁君与我们在此会盟，遵循的是古礼，目的是重修旧好，你们却招来莱人战俘扰乱会场，真不知道你们想干什么？"犁弥等人见状，只好带着莱人战俘退了下去。

会盟继续进行，孔子又退到高台下面静候。

齐国司仪官奏请："请奏宫中之乐。"齐景公应允。

乐声立时大作，场面又混乱起来，这一次上来的不是战俘，而是歌舞俳优和小丑，他们表演着各种低俗不堪的歌舞和杂耍，会盟现场一时变得乌烟瘴气。

孔子发现高台上又有了异常情况，再次快步登台，高声道："你们这些小丑，竟在大庭广众之下戏弄诸侯，败坏礼制，请左右司马立即行刑！"众人见孔子一脸肃穆，态度坚定，都不敢上前阻拦，只好眼睁睁看着俳优和小丑被冲上来的鲁国武士斩断手脚，齐景公也被吓出一身冷汗。这些安排事先都瞒着晏婴。晏婴在毫不知情的情况下目睹了发生的一切，看到齐国处处被动，只感到无能为力。

不过，虽然有这些插曲与不快，齐、鲁两国最终还是达成了许多共识，双方决定结束战时状态，结为同盟关系。双方歃血为盟，宣读盟书。这份盟书是讨价还价的结果，齐国要求在盟书上特别注明："两国盟约订立后，凡齐国出境征战，鲁国须派三百乘兵车从征，否则就依本盟约加以制裁。"针对这项额外条款，鲁国也要求加上一条："两国盟约订立后，齐国若不归还侵占鲁国的汶阳之地，而仅要求鲁国派兵随齐军征战，也将按本盟约加以制裁。"所谓汶阳之地，是齐国之前侵占鲁国的地方，有郓、讙、龟阴等地。

第五节　离开人世

在夹谷会盟上晏婴几乎没有什么作为，有两个原因，除了事先有很多事情不知情外，还有一个原因是身体不好。

这一年晏婴已九十多岁了，无论在现在还是在那时，都绝对属于高龄。常年的劳累，让再坚强的人也支撑不住，更何况是处于如此高龄的人。晏婴本就有病，这趟劳累下来病情加重了。

在病床上，晏婴做出两个决定：一是辞去国相一职，在家静养；二是归还所有食邑。之前晏婴辞让过国君赐给自己的食邑，但从父亲晏弱那里晏婴还继承了一些食邑，晏婴决定将这些也归还给国君，所有食邑一概不再拥有。

齐景公对此不能接受。齐景公道："自从寡人祖上太公定国以来，出仕入朝为官的人有很多，但是大夫当中还没有一个告老退养时归还全部食邑的。先生归还食邑，是要破坏国家固有的制度，也是要抛弃寡人啊！不可！"

晏婴道："主君请听我说：前代那些贤臣都是依靠自身才能与德行获得食邑的，道德品行深厚才能接受俸禄和食邑，以此彰显君主的圣明。微臣如今年老体衰，德行浅薄，没有能力再辅佐主君，却依然享受丰厚的俸禄和食邑，这样做不合适，也容易引导下边的人变得贪婪，所以不可以这样做。"

齐景公仍不许："先君桓公时有管相国辅佐治国，管相国告老还乡时先君还额外封赐给他三处食邑，使国家的恩泽遍及管氏子孙。如今先生也是寡人的辅相，寡人不仅不接受先生归还食邑的想法，还准备效仿先君再赏赐给先生三处食邑，这难道有什么不妥吗？"

晏婴道："当年管相国侍奉桓公，使桓公的德行道义高于各路诸侯，从而成为五霸之首。如今我侍奉主君，而齐国国力仅与各诸侯国持平，百姓的生活也不如桓公之世，这都是我无能。主君还要封赐予我，我德行浅薄，俸禄、食邑却丰厚，这违背了圣人的教化啊！万万不可。"

任凭晏婴坚持，但齐景公就是不答应。过了些日子，晏婴再次抱病入宫，

238

要辞去国相一职，并再三请求归还食邑。齐景公见晏婴身体状况确实很差，怕他为此事过于忧心，就答应了他的请求，并嘱咐他回到府中安心静养。

晏婴回到府里，把芮姜叫来，拉着她的手嘱咐道："你跟着我几十年，也没有享受过荣华富贵，担惊受怕倒有不少，辛苦你啦！"

芮姜强忍泪水，含笑道："我不后悔！"

晏婴道："我把厅堂西南角上的柱子凿开了，把写好的一封遗书放在里面。暂时先不告诉儿子，等你也要离开人世时，你再告诉他，让他取出来看。"晏婴有一个儿子，名叫晏圉。

两行眼泪终于从芮姜脸庞滑落，她重重地点了点头。

一个月后，晏婴的生命终于走到尽头，在齐国国都临淄去世，享年九十六岁。

又过了几年，芮姜也病重，不久于人世。临终前，芮姜将晏圉叫到跟前，对他道："你父亲去世前将一封遗书藏在厅堂的柱子里，我走以后你可以打开柱子，拿出来看。"

芮姜死后，晏圉从柱子里拿出晏婴留下的遗书，见上面写道："布匹、丝绸不能浪费，浪费了就没有穿的；牛马不能浪费，浪费了就没有拉犁种地的牲畜；作为一个士人，不能没有气节，没有气节就不要做官；国家不能物资匮乏，要发展经济、勤俭治国，否则国家就要灭亡。"

遗书虽不长，却体现出晏婴一生都心忧社稷和百姓的赤子之情。要穿衣服就必须用心耕种和纺织；牛马充足除了可以耕种和驾车外，还可以转变成战马，加入保家卫国的战斗中；国家没有人才是不可以的，人才是国家强盛的基石。上面这三点如果都做到了，自然能达到民富国强，其他国家也自然不会小瞧。晏婴至死不忘国家、不忘百姓，就连在最后的遗嘱中谈的也都是国事，没有私事。

晏婴去世时齐景公正在外地巡视，突然听到消息，立即下令返回临淄。路上，齐景公不停地催促车辆快一些再快一些。到了不好走的路段，齐景公嫌车子太慢，干脆从车上下来，奔跑着往前赶。跑了一会儿，马车又追了上来，齐景公又坐上车子。又遇到不好走的路段，齐景公再次下车奔跑。如此往复，齐景公四次下车奔跑。

终于到了临淄城，齐景公命车驾直接前往晏婴府上。进了府，来到晏婴的灵堂前，齐景公快步上前，扑倒在晏婴的灵柩边，忍不住大声号哭。

齐景公悲切道："先生以前不分白天黑夜规劝责谏寡人，连细小的事情也不遗漏，可寡人仍恣纵逸乐，以至于百姓心中充满怨恨与责备。如今上天对齐国降临灾祸，灾祸没有施加在寡人身上，却施加给了先生。从今往后，寡人再遇到疑难又该向谁请教？百姓有愿望又该向谁去告求啊？"

齐景公从身上解下一块玉佩交给晏圉，嘱咐他把玉佩放进晏婴的棺材里作为陪葬。要走了，齐景公又忍不住回头，再次来到晏婴的灵柩前痛哭，涕泪沾湿了衣襟。

弦章见状，上前劝谏道："晏先生毕竟是臣子，主君这样做不太符合君臣之礼。"齐景公道："这时候还讲什么礼法吗？当年我与先生出巡，先生在一天内曾三次劝谏我，如今还有谁能这样做呢？寡人失去了先生，就什么都没有了，还有什么礼法可讲呢？"

说完，又大声痛哭起来。

齐景公对晏婴一直念念不忘，经常想起晏婴，每次都十分悲痛。一次，齐景公与大臣们饮宴，席间兴致一起，就玩起了射箭游戏，弓箭越出靶子，没能射中，但在场的大臣们依然高声叫好。齐景公见状不悦，发出一声长长叹息，扔掉弓箭，离席而去。

弦章追出来，齐景公道："弦章啊，自从晏先生去世后，就再也听不到有人指出我的不妥了。"弦章答道："是啊。臣下听说，主君喜欢穿讲究的服饰，大臣们也跟着讲究服饰；主君喜欢饮宴，大臣们就跟着讲求饮食。尺蠖是一种虫子，它吃了黄色的食物会变成黄色，吃了深青色的食物会变成深青色。主君是不是如同在食用谄媚之人的言辞呢？"齐景公道："是啊，寡人以后再也不听那些阿谀奉承的言辞了。"

齐景公为激励弦章直谏，赏赐给他一些鱼。弦章回家，突然发现家门口的道路被各式各样的车子堵塞了，一问，吓了一跳，这些车子是那些大臣派来的，都是来给他送鱼的。弦章大悲："从前晏先生用辞谢赏赐的方式匡正主君，他因此能做到不掩饰君王的过失。现在大臣们都在阿谀奉承以谋取私利，我如果接受了这些鱼，就违背了晏先生的精神。"弦章坚决不接受这些鱼。

晏婴去世十年后，齐景公也得了重病。临终前，齐景公立宠妾芮姬生的最小的儿子公子荼为太子，并将上卿国夏、高张叫到病榻前，将幼子托付给两位重臣。齐景公最终没有听取晏婴的劝谏，仍废长立幼。

　　齐景公尸骨未寒，田无宇的儿子田乞便联合鲍牧及诸大夫发动政变，率甲士攻打齐宫。高张、国夏驱车救援，双方在庄街遭遇，进行巷战。田无宇这时已经去世，但他生前那些收买人心的种种手段发挥了效力，齐国人倒向田氏、鲍氏及诸大夫一边。高张、国夏寡不敌众，战败后逃往莒国。晏婴生前一直是齐景公的坚定支持者，自然被田氏视为对立面，晏圉知道在齐国无法容身，于是率族人逃往鲁国避难。弦章已经去世，他的儿子弦施也逃往鲁国。

　　如晏婴之前多次做出的预言那样，田氏控制了齐国大权，只是这一天似乎比晏婴预料得还要早些。田乞以诈术胁迫鲍牧另立齐景公的儿子阳生为国君，即齐悼公。齐悼公只是田氏的傀儡，为绝后患，田乞派人弑杀了公子荼。齐国大权落入田氏之手。田氏世代辅佐齐侯，政由田氏，祭由吕氏。到公元前386年，周安王正式册封田和为齐侯，田氏取代吕氏成为齐国国君。

附录：晏婴年表

公元前 596 年（齐顷公三年），1 岁

晏婴出生于齐国，祖籍夷维，是齐国大夫晏弱之子。（晏婴出生的准确时间史书没有明确记载，这里的年份是根据相关史料推测的，另有出生于公元前585 年等说法）

公元前 571 年（齐灵公十一年），25 岁

齐灵公派大夫晏弱率兵攻打莱国，莱国灭亡，莱共公不降而被杀。

公元前 558 年（齐灵公二十四年），38 岁

齐灵公攻打鲁国北鄙，在之后的四年中五次伐鲁。

公元前 556 年（齐灵公二十六年），40 岁

晏弱因病去世，晏婴继任为齐国大夫。

公元前 555 年（齐灵公二十七年），41 岁

晋国联合鲁、宋、卫、郑、曹、莒、邾、滕、薛、杞、小邾共十二家诸侯兴师伐齐，一度攻至齐都临淄外，焚烧四郭，兵逼城下。

公元前 554 年（齐灵公二十八年），42 岁

齐灵公病重，立公子牙为太子，大夫崔杼暗中接回故太子光。齐灵公去世后太子光即位，是为齐庄公，杀公子牙。

公元前 553 年（齐庄公元年），43 岁

齐庄公与鲁、晋、宋、卫、郑等国国君在澶渊会盟，齐、晋关系有所缓和。

公元前 551 年（齐庄公三年），45 岁

晋国内乱，大臣栾盈投奔齐国，齐庄公予以接纳，晏婴劝阻，齐庄公
不听。

公元前 550 年（齐庄公四年），46 岁

齐庄公派栾盈潜入晋国曲沃为内应，齐军紧随其后，登上太行山，进入孟
门关，攻打晋国。之后栾盈失败，齐军退回。

公元前 548 年（齐庄公六年），48 岁

崔杼在自己府宅内弑杀齐庄公，晏婴闻听，不顾个人安危前往崔府吊唁。
崔杼等拥立齐庄公的异母弟杵臼为国君，是为齐景公，崔杼任右相，庆封任左
相，晏婴继续为大夫。

公元前 545 年（齐景公三年），51 岁

庆封的势力被清除，齐景公封给晏婴邶殿和周边六十个城邑，晏婴不
接受。

公元前 544 年（齐景公四年），52 岁

吴国大臣季札聘问齐国，与晏婴交谈。晏婴通过田无宇交还官职和封邑。

公元前 539 年（齐景公九年），57 岁

晏婴奉命出使晋国，送齐国公主出嫁。晏婴在晋国期间与晋国大臣叔向交
谈。晏婴出访期间，齐景公为其扩建私宅，晏婴归来后将府宅恢复旧貌。

公元前 536 年（齐景公十二年），60 岁

齐景公攻打燕国，欲送燕简公归国，晏婴劝阻。

公元前 532 年（齐景公十六年），64 岁

齐国爆发栾、高、田、鲍四个家族参与的内乱，田氏、鲍氏取胜，欲瓜分

栾氏、高氏的家产。晏婴劝田无宇将栾氏、高氏的家产交与齐景公。

公元前 531 年（齐景公十七年），65 岁
晏婴出使楚国，楚王多次欲加以羞辱，均被晏婴化解。

公元前 528 年（齐景公二十年），68 岁
田开疆、公孙接、古冶子居功自傲，晏婴设计"二桃杀三士"。

公元前 522 年（齐景公二十六年），74 岁
齐景公访问鲁国，晏婴陪同。在鲁国期间齐景公、晏婴分别与孔子交谈，本年孔子三十岁。

公元前 516 年（齐景公三十二年），80 岁
鲁国发生内乱，鲁昭公逃亡到齐国，孔子随行。晏婴劝说齐景公，不要给孔子封地。

公元前 500 年（齐景公四十八年），96 岁
齐、鲁两国在夹谷会盟，齐景公、鲁定公参加，晏婴、孔子分别陪同。同年晏婴因病去世，齐景公极为悲痛。

参考文献

［1］吴则虞．晏子春秋集释 [M]．北京：国家图书馆出版社，2011.

［2］卢守助．晏子春秋译注 [M]．上海：上海古籍出版社，2006.

［3］张纯一．晏子春秋校注 [M]．北京：中华书局，2014.

［4］汤化．晏子春秋 [M]．北京：中华书局，2011.

［5］骈宇骞．晏子春秋校释 [M]．北京：书目文献出版社，1988.

［6］赵蔚芝．晏子春秋注解 [M]．济南：齐鲁书社，2009.

［7］李学勤主编．十三经注疏 [M]．北京：北京大学出版社,1999.

［8］李民，王健．尚书译注 [M]．上海：上海古籍出版社，2004.

［9］韦昭．国语注 [M]．上海：上海古籍出版社，1988.

［10］蒋伯潜．诸子通考 [M]．上海：上海古籍出版社，2013.

［11］杨树达．论语疏证 [M]．上海：上海古籍出版社，1986.

［12］程树德．论语集释 [M]．北京：中华书局，1990.

［13］黄怀信．论语新校释 [M]．西安：三秦出版社，2006.

［14］王德明主编．孔子家语译注 [M]．桂林：广西师范大学出版社,1998.

［15］杨伯峻．列子集释 [M]．北京：中华书局，1979.

［16］黎翔凤．管子校注 [M]．北京：中华书局，2004.

［17］吴毓江．墨子校注 [M]．北京：中华书局.1993.

［18］杨天宇．礼记译注 [M]．上海：上海古籍出版社，2007.

［19］韩席筹．左传分国集注 [M]．南京：江苏人民出版社，1963.

［20］李梦生．左传译注 [M]．上海：上海古籍出版社，2016.

［21］杨伯峻．春秋左传注 [M]．北京：中华书局,1990.

［22］祝敏彻．诗经译注 [M]．兰州：甘肃人民出版社,1984.

［23］袁梅．诗经译注 [M]．济南：齐鲁书社,1980.

［24］高亨．诗经今注 [M]．上海：上海古籍出版社,1980.

［25］杨任之．诗经今译今注 [M].天津：天津古籍出版社，1986.

［26］司马迁．史记 [M].北京：中华书局，2013.

［27］班固．汉书 [M].北京：中华书局，1962.

［28］王志民．齐文化概论 [M].济南：山东人民出版社，1993.

［29］王振民主编．晏子研究文集 [C].济南：齐鲁书社，1998.

［30］王修德．齐国大事纪年 [M].济南：齐鲁书社，2007.

［31］童书业．春秋左传研究 [M].北京：中华书局，2006.

［32］王阁森，唐致卿．齐国史 [M].济南：山东人民出版社，1992.

［33］徐杰令．春秋邦交研究 [M].北京：中国社会科学出版社，2004.